ANNETTE WEBER-MÖCKL

„Das Recht des Königs, der über euch herrschen soll"

Historische Forschungen

Band 27

„Das Recht des Königs, der über euch herrschen soll"

Studien zu 1 Sam 8, 11 ff. in der Literatur der frühen Neuzeit

Von

Dr. Annette Weber-Möckl

DUNCKER & HUMBLOT / BERLIN

CIP- Kurztitelaufnahme der Deutschen Bibliothek

Weber-Möckl, Annette:
„Das Recht des Königs, der über euch herrschen
soll": Studien zu 1 Sam 8, 11 ff. in d. Literatur
d. frühen Neuzeit / von Annette Weber-Möckl. —
Berlin: Duncker und Humblot, 1986.
    (Historische Forschungen; Bd. 27)
    ISBN 3-428-05963-8

NE: GT

Inhaltsverzeichnis

Einleitung

„Kirchengeschichte ist die Geschichte der Auslegung der Heiligen Schrift"[1].
Diese 1947 von Gerhard Ebeling erhobene Forderung ist bis heute weitgehend unbeachtet geblieben, wenn auch die Bedeutung der Geschichte der
Auslegung einzelner Bibelstellen für die politische Geschichte seit langem
zumindest erkannt, aber nicht konsequent erforscht ist. So spielen exegetische Fragen zweifellos eine große Rolle im Investiturstreit, für die seit der
Reformation wichtig werdende Frage der religiösen Toleranz und für das
Verständnis des Römerbriefes im Verhältnis zwischen Obrigkeit und
Untertanen.

Von der gut erforschten Wirkungsgeschichte des Römerbriefes abgesehen
gibt es verhältnismäßig wenig Arbeiten, die sich bemühen, den Wandel des
Schriftverständnisses in Beziehung zur allgemeinen politischen Entwicklung
zu setzen[2].

In dieser Arbeit soll die Auslegung einer Textstelle des Alten Testamentes
verfolgt werden. 1 Sam 8 ist dafür besonders geeignet, weil die detaillierte
Aufzählung der königlichen Rechte (1 Sam 8, 11 ff) gerade in Zeiten, in denen
das Verständnis der Königsherrschaft sich grundsätzlich wandelte, provozierend wirken mußte. Kaum eine Abhandlung über Königtum und obrigkeitliche Rechte im 16. und 17. Jahrhundert kommt an dieser Stelle vorbei. Sie
gibt Anstöße zur Reflexion über das Verhältnis von Königtum und Volk an
sich und auch über das Verhältnis von Priesterschaft und Königtum. Das
Alte Testament spielt in staatstheoretischen Schriften des Mittelalters und
der frühen Neuzeit eine weitaus größere Rolle als das Neue Testament, denn

---

[1] Ebeling, Kirchengeschichte 22.

[2] Ernst Käsemann, Römer 13, 1-7 in unserer Generation; Werner Affeldt, Die weltliche
Gewalt in der Paulus-Exegese; Fritzhermann Keienburg, Die Geschichte der Auslegung
von Römer 13, 1-7; Peter Meinhold, Römer 13 Obrigkeit, Widerstand, Revolution, Krieg;
Gerta Scharffenorth, Römer 13 in der Geschichte des politischen Denkens.
Die historische Exegese anderer wichtiger Bibelstellen liegt folgenden Arbeiten
zugrunde: Roland H. Bainton, The parable of the tares as the proof text for religious
liberty to the end of the sixteenth century; Hans Mohr, Predigt in der Zeit; Lukas Vischer,
Die Auslegungsgeschichte von 1 Kor 6, 1-11. Rechtsverzicht und Schlichtung; Werner
Brettschneider, Die Parabel vom verlorenen Sohn; Bruce Demarest, A History of Interpretation of Hebrews 7, 1-10 from the Reformation to the Present; Johann Gamberoni,
Die Auslegung des Buches Tobias in der griechisch-lateinischen Kirche der Antike und der
Christenheit des Westens bis 1600; Kenneth Hagen, Hebrews Commenting from Erasmus
to Bèze 1516-1598; Werner Monselewski, Der Barmherzige Samariter.

dieses konnte kaum zur Ableitung konkreter Normen staatlicher Gestaltung
herhalten, weil es diese Fragen selten und sehr abstrakt behandelt. Dagegen
bot das Alte Testament mit seiner Fülle an Historien und Gesetzesvorschriften — und vor allem der Darstellung sakralen Königtums — reichlichen,
wenn auch nicht problemlos zu übernehmenden Stoff.

So schrieb etwa 1526 Urban Rhegius:

„Ein Christlicher Fürst soll die feinen Exempel/ für Augen haben/ das er stetigs sehe/
was großer wunderbarlicher ding die König und Fürsten inn Israel gethon haben/
Nicht auß eigener macht/ unnd klugheyt/ sondern durch Gottes gnad und hülff/
Damit kan ein Fürst seinen glauben oder vertrawen in Gott auch stercken/ unnd zum
Exempel seines thuns/ oder lassens annemen/ was wol und recht gehandelt ist/ so
weyt sein beruff erheischet."[3]

Jan von Leiden proklamierte sich zum neuen David, Königin Elisabeth I.
zog viele alttestamentliche Benennungen auf sich, Heinrich IV. von Frankreich und Wilhelm von Oranien wurden jeweils von ihren Parteigängern als
„neuer David" gepriesen. Die schwedische Geistlichkeit erklärte im 30jähri-
gen Krieg Gustav Adolf zu einem Gesalbten des Herrn nach alttestamentli-
chem Vorbild. Deutsche Fürsten des 16. und 17. Jahrhunderts bekräftigten
ihre testamentarischen Ermahnungen für die Thronfolger mit zahlreichen
Zitaten gerade aus dem Alten Testament. Sicherlich ist der Bezug auf das
Alte Testament unter den jeweiligen aktuellen politischen Bedingungen zu
interpretieren:

„Die ganze israelitische Geschichte muß Zeugniss ablegen heute für ein absolutes
Königthum (Jakob I), morgen für strengen Republikanismus (Milton), und erweist
sich eben durch diese entgegengesetzte Verwendung als unkräftig, um in diesen
Dingen zur Norm zu dienen."[4]

Aber nichtsdestoweniger stellte gerade in der englischen Revolution die
politische Auslegung des Alten Testamentes und besonders seine Aktualisierung durch typologisches Verständnis eine stark aktivierende Triebkraft dar,
deren Folgen etwa für die Entwicklung der Vereinigten Staaten nicht zu
unterschätzen sind[5]. In den deutschen Territorien fehlte der revolutionäre
Impetus der Schriftauslegung:

„Diese einseitige biblische Orientierung der weltlichen Regierung ist gewiß ein Zeichen für die Enge und Weltabgewandtheit des deutschen Territorialstaates; und wenn
noch in den Zeiten des Dreißigjährigen Krieges die brandenburgischen Geheimräte
und der brandenburgische Gesandte Graf Wittgenstein glaubten, die schwedischen
Ansprüche auf Pommern damit abtun zu können, daß sie sie als unchristlich bezeich-
neten, und in laute Klagen ausbrachen, als die Schweden diese rationes christianae in
den politicis nicht gelten lassen wollten, so grenzt das schon an das Lächerliche."[6]

---

[3] Rhegius, Enchiridion, Bl. LXXXV a/b.
[4] Diestel, 548; vgl. Oestreich, Strukturprobleme, 189.
[5] Hierzu die Arbeit von Klaus Schmidt: Religion, Versklavung und Befreiung.
[6] Hartung, Der deutsche Territorialstaat, 100.

Wenn man also die Geschichte eines biblischen Bildes oder Motivs in politischen Kontroversen bzw. in der Entwicklung seiner Anwendung auf diesem Gebiet verfolgt, scheinen zwar überraschende, aber nicht unbedingt zum Verstehen politisch-historischer Prozesse beitragende Erkenntnisse gewiß zu sein — so muß man wohl das weitgehende Schweigen der Forschung zu diesem Thema verstehen. Das Interesse historisch-politischer Untersuchungen zur politischen Theorie der Neuzeit konzentriert sich verständlicherweise auf die Neuerungen des 16. und 17. Jahrhunderts, z. B. auf die allmähliche Herausbildung kameralistischer Disziplinen[7]. Die Ansicht Schieders[8], politische Ideengeschichte erfreue sich keines großen Ansehens, ist zwar so nicht — mehr — zutreffend. Festzuhalten bleibt aber ein Mangel an Einführungen und handbuchartigen Werken zur politischen Theorie und staatsrechtlichen Praxis[9]. Dieses Defizit ist allerdings auch in der Vielfalt der Richtungen und Schulen begründet, so daß Arbeiten zur politischen Ideengeschichte meist einzelne Theoretiker oder Universitäten zum Gegenstand haben[10].

Andere für die Thematik wichtige Arbeiten betreffen den Prozeß der Säkularisierung von Staat und Wissenschaft. Betonte man bis vor wenigen Jahren mehr den radikalen Wandel, der hier eingetreten sei[11], so treten heute mehr die Übergänge, verschiedene Spielarten ideengeschichtlicher „Pseudomorphosen" und das Fortleben traditioneller Anschauungen in den Mittelpunkt[12]. So findet auch wieder die Reichsverfassung Interesse, die lange Zeit als anachronistische Erscheinung galt.

Das Thema dieser Arbeit ist im Grenzgebiet zwischen Theologie, Geschichte und historischer Politikwissenschaft angesiedelt. Die angegebene Bibelstelle 1. Sam 8, deren Auslegung in politischen und auch literarischen Werken der Neuzeit verfolgt werden soll, ist im Zusammenhang der untersuchten Schriften nicht immer von gleich zentraler und tragender Wichtigkeit gewesen. Oftmals ist sie nur ein Argument von zweit- oder drittrangiger Bedeutung. Aber auch das Verschwinden bzw. grundsätzliche Fehlen der Bedeutsamkeit

---

[7] S. den Literaturbericht von Horst Dreitzel in NPL 16 (1971).

[8] Schieder in HZ 212 (1971), 616.

[9] Erst kürzlich ist die erste deutschsprachige Geschichte der politischen Ideen erschienen: Fenske u. a. 1981.

[10] Z. B. Dreitzel, Protest. Aristotelismus; Dollinger in AKG 46 (1964); Hoke in: Der Staat 15 (1976); Hammerstein, Jus und Historie; Jessen, „Biblische Policey"; Klein, Recht und Staat, Conservatio Republicae; Kleinheyer/Schröder, Deutsche Juristen aus fünf Jahrhunderten; Meyer, Christoph Besold; Stolleis (Hg.), Staatsdenker im 17. und 18. Jahrhundert; Seils, Contzen.

[11] Z. B. Engel, Hdb. der europ. Geschichte Bd. 3, 200 f.

[12] Z. B. Wolfgang Philipps Monographie; Abel, Stoizismus; Zimmermann (Hg.), Antiqui und Moderni; Eccleshall, Order and Reason; Oberman, Werden und Wertung der Reformation.

biblischer Zitate soll als Problem erfaßt und untersucht werden. Daneben behandelt die vorliegende Arbeit auch einen Teilaspekt des großen Themas „Verhältnis von weltlicher Gewalt und Kirche", das von den ersten Staatenbildungen der christianisierten Volksstämme bis in die Neuzeit reicht. Höhepunkte stellen dabei zweifellos der Investiturstreit und die Umwälzung der Reformation dar. Anders gefaßt: in dieser Arbeit soll ein kleiner Ausschnitt aus der Geschichte der Säkularisierung des Staates beschrieben werden, nicht nur unter dem Aspekt des Verhältnisses Staat - Kirche, sondern vor allem unter dem des allmählichen Verschwindens einer biblisch und überhaupt christlich fundierten Legitimierung des Staates.

„Politik ist traditionell nichts anderes als politische Ethik gewesen, und daher galt die Berufung auf die Bibel keineswegs als inadäquat. Seit dem Humanismus zeichnete sich allmählich ein inhaltlicher Wandel des Politikbegriffes in Richtung auf ein mehr technokratisches Verständnis hin ab. Im 17. Jahrhundert versuchten dann die Juristen und Politiker von verschiedenen Ausgangspositionen aus die Probleme des staatlichen Lebens zu lösen[13].

Die Rezeption alttestamentlicher Vorbilder in der Staatslehre des Abendlandes ist in einigen Aufsätzen behandelt worden. Als erstes ist die Abhandlung von Georg Jellinek „Adam in der Staatslehre" (1893) zu nennen. Jellinek will zeigen,

„wie die theologische oder doch theologisch gefärbte Staatslehre sich der Gestalt des Adam bemächtigt und ihn in das Getriebe der kirchlichen und politischen Parteien herabzieht, sodann aber, wie die von theologischen Voraussetzungen scheinbar ganz unabhängige moderne Staatslehre Jahrhunderte hindurch von der Vorstellung des Adam beherrscht ist, oft ohne es zu ahnen."[14]

Paul Kirn schrieb ein dreiviertel Jahrhundert später in seinem Aufsatz „Saul in der Staatslehre":

„. . . gewiß ist ein guter Teil der staatstheoretischen Darlegungen über imperium und sacerdotium, Monarchie und Volkssouveränität nicht verständlich, wenn man nicht die Gedankengänge kennt, die die Denker vieler Jahrhunderte an die Geschichte des ersten israelitischen Königs geknüpft haben."[15]

Die weitergehende Frage nach dem Verständnis des alttestamentlichen Königtums an sich in Mittelalter und Neuzeit lenkt den Blick auf weitere Probleme, die mit der historischen Exegese verbunden sind. So ist etwa die Frage nach der Überlagerung biblischer und heidnischer Motive interessant. Weiter kann nach dem Verhältnis von naturrechtlichen und biblizistischen Vorstellungen, nach konfessionellen Unterschieden sowie nach der Rhetorik

---

[13] Reinhard in: Fenske u. a., Geschichte der polit. Ideen, 203; Hoke in: Der Staat 15 (1976), passim; Ullmann, The bible and principles of government, 212.

[14] Jellinek, Adam in der Staatslehre, 297.

[15] Kirn, Saul in der Staatslehre, 47.

und dem Verwendungszusammenhang der biblischen Bilder gefragt werden. Grundlegend für das Verständnis der biblischen Topoi ist allerdings die Frage nach dem typologischen Geschichtsverständnis, das ja erst die Berufung auf David und Salomo auf eine besondere Heilsebene hebt.

Die Gültigkeit der typologischen Geschichtsauffassung begründet daher auch die zeitliche Begrenzung der Quellenauswahl. Die Neuerungen, die sich seit Renaissance und Reformation auf religiösem und politischem Gebiet abzeichnen, beleben die Verwendung biblischer Argumente. Gleichzeitig deutet die Verbreiterung auf die Verflachung der Argumentation hin. Zu Ende des 17. Jahrhunderts verliert die biblische Argumentation im politischen Bereich zusehends an Bedeutung und entwickelt auf dem Gebiet der Staatslehre keine neuen Gedanken mehr. Analog dazu setzt mit Humanismus und Renaissance der Abbau des typologischen Denkens ein und am Ende dieser Entwicklung, also etwa zu Ende des 17. Jahrhunderts sind aus „bedeutenden" Topoi bloße Versatzstücke einer geschmückten Rede geworden. Gerade in dieser Übergangzeit werden aber noch einmal an ein breiteres Publikum gerichtete Schriften interessant, in denen sich — wie zu zeigen sein wird — die herkömmlichen Argumente aus der politischen Diskussion in veränderter Form wiederfinden. In diesem Zusammenhang wird der Begriff der Erbaulichkeit zu diskutieren sein. Auch ein anderes Phänomen wird in dieser späten Zeit besonders wichtig, wie nämlich verschiedene Argumentations- und Bildsysteme nebeneinander als Bewertungsmaßstab dienen können.

Seit circa 1460 steht neben der christlichen Bilderwelt eine durchaus gleichwertige antiker Mythologeme[16]. Wie sich dieser Synkretismus darstellen konnte, verdeutlicht eine Äußerung des Grafen Lehndorff über Prinz Heinrich, den Bruder Friedrichs II.:

„Die Lobreden auf diesen sind unerschöpflich; während die Akademie ihn mit Seipio, Germanikus, Condé und Türenne vergleicht, rühmen die Prediger ihn als einen zweiten David, einen zweiten Josua und einen zweiten Ahab."[17]

So muß bei der biblizistischen Denkweise stets auch die antike Ausdruckswelt mitberücksichtigt werden. Freilich hatte sich schon im Mittelalter gezeigt, daß politische und rechtliche Konflikte allein auf der Basis der Bibel und des christlichen Weltverständnisses nicht gelöst werden können. Daher wurde schon seit dem 13. Jahrhundert verstärkt auf die antike Philosophie zurückgegriffen. Gleichzeitig weist das obige Zitat darauf hin, daß klassische und biblische Topoi in ganz bestimmten Verwendungszusammenhängen standen, daß nämlich die Wissenschaft sich klassischer und die Kirche sich biblischer Bilder bediente.

---

[16] Sedlmayr, 205 f.
[17] Ernst A. Heinrich von Lehndorff, Tagebuchaufzeichnung zum 15.5.1757, 79.

Um die Auslegungsvielfalt möglichst breit abzudecken, wurden Quellen in verschiedenen Bereichen gesucht, so etwa in Schriften über Staat und Geschichte der Hebräer und exegetische Ausführungen zum Deuteronomium und den Samuelbüchern. Von den gerade im 17. Jahrhundert immer häufiger werdenden Werken zur Allgemeinen Staatslehre „De re publica" oder „De lege regia" wurde versucht, einen repräsentativen Querschnitt zu erfassen. Zur Ergänzung wurden Werke aus dem nichtdeutschen Raum herangezogen — gerade die Entwicklung in England bietet sich wegen des guten Forschungsstandes an — und auch die zeitliche Beschränkung auf das 16. und 17. Jahrhundert wurde in Einzelfällen überschritten, um die weitere Entwicklung zu umreißen.

Neben der schon genannten Literatur sind weitere Werke zur historischen Schriftauslegung, bzw. zum Einfluß des Alten Testamentes auf das politische Leben heranzuziehen. Allgemein in die Geschichte der Exegese führen Kraus, Rupprecht und Schäfer ein[18]. Gut erforscht ist der Einfluß des Alten Testamentes auf die mittelalterlichen Institutionen[19], ebenso das Fortleben biblischer Stoffe in Literatur und Kunst[20]. Hinzuweisen ist auch auf das umfangreiche und in seiner Art einzigartige Werk von Arno Borst[21], dessen problemgeschichtliche Untersuchung den Topos der Sprachverwirrung (Gen 11, 1-9) durch die Zeiten und Völker verfolgt.

Wenig bekannt sind die beiden Aufsätze von Josef Funkenstein zu diesem Thema[22], die sich mit theokratischen Vorstellungen, welche an die Interpretation alttestamentlicher Vorbilder im Königsamt geknüpft werden, beschäf-

---

[18] Kraus, Geschichte der hist.-krit. Erforschung des AT; Rupprecht, Die Predigt über alttestamentliche Texte in den luth. Kirchen Deutschlands; Schäfer, Die Bibelauslegung in der Geschichte der Kirche; wichtig sind auch die folgenden Literaturberichte: Gustav Adolf Benrath, Neuere Arbeiten zur Mittelalterlichen Schriftauslegung, Beate Stierle, Schriftauslegung der Reformationszeit; sowie die Einführung von Klaus Scholder zu diesen beiden Literaturberichten.

[19] Chydenius, Medieval Institutions and the Old Testament; Hackelsperger, Bibel und mittelalterlicher Reichsgedanke; Kottje, Studien zum Einfluß des Alten Testamentes; Schramm, Herrschaftszeichen und Staatssymbolik; Schramm, Das Alte und das Neue Testament in der Staatslehre und Staatssymbolik des Mittelalters.

[20] Frenzel, Stoffe der Weltliteratur; Schwenke, Zur Ovid-Rezeption im Mittelalter; Deuschle, Die Verarbeitung biblischer Stoffe im deutschen Roman des Barock; Steger, David Rex et Propheta; Urbanek, Die Gestalt König Davids in der deutschen dramtischen Dichtung; Moser, Veritas und fictio als Problem volkstümlicher Bibeldichtung; vgl. den Sammelband: Haug (Hg.), Formen und Funktion der Allegorie. L. Hirschberg, Saul-Tragödien, in: Allg. Zeitung des Judentums 74, 1910 — war mir leider nicht zugänglich. Reinitzer (Hg.), Aspekte des religiösen Dramas; Breit, Alttestamentliche Gestalten in modernen Romanen und Erzählungen; auch das Lexikon der christlichen Ikonographie unterrichtet über das Fortleben biblischer Motive.

[21] Arno Borst, der Turmbau von Babel.

[22] Samuel und Saul in der Staatslehre des Mittelalters, in: Archiv für Rechts- und Sozialphilosophie 40 (1952/3); Malkizedek in der Staatslehre, in: Archiv für Rechts- und Sozialphilosophie 41 (1954/55).

tigen. Einige verstreute Bemerkungen zu diesem Thema sind auch bei Diestel zu finden[23]. Haben die genannten Arbeiten den Einfluß des Alten Testamentes auf die Staatslehre zum Gegenstand, so beschäftigen sich Schöffler, Dismer und Klaus Schmidt[24] mit der aktiven Umsetzung des am Alten Testament orientierten Denkens. Vor allem bei Schmidt und Dismer wird die dynamische Kraft einer aktualisierten Schriftauslegung in Phasen des schnellen Wandels klar herausgestellt. Besonders hingewiesen werden muß hier auf Reventlows umfangreiches Werk: „Bibelautorität und Geist der Moderne"[25], schon allein wegen des umfangreichen Literatur- und Quellenmaterials, das allerdings wegen ungünstiger Anlage des Registers nur schwer zu erschließen ist. Reventlow weist anhand der englischen Entwicklung nach, daß das moderne Weltbild nicht direkt aus der protestantischen Reformation hervorgegangen ist, sondern aus der sogenannten „zweiten" Reformation, die die Elemente des Humanismus — Rationalismus, Ethik, Anthropozentrismus — mit spiritualistischer Theologie und radikalem Biblizismus alttestamentlicher Prägung verband.

Der Aufbau der Arbeit ergibt sich aus der Überlegung, daß die Geschichte der Auslegung von 1 Sam 8 in der Neuzeit als Exempel für die Auflösung des typologischen Denkens erst verständlich wird vor dem Hintergrund einer Darstellung der Bedeutung der Typologie, die sich nicht allein auf das typologische Schriftverständnis beschränken darf, sondern weiter auf das Geschichtsverständnis der frühen Neuzeit und dessen Erschütterungen durch politische, soziale und geistige Krisen eingehen muß. Im ersten Teil sollen daher die zentralen Begriffe definiert und die nicht allein christlichen Aspekte der Königstypologie, die mittelalterliche Schriftauslegung und ihre Bezüge zur staatlichen Selbstdarstellung sowie der geistesgeschichtlich relevante Umbruch vom typologischen Denken zum modernen Fortschrittsglauben als Grundlagen für die Auslegungsgeschichte von 1 Sam 8, besonders in der frühen Neuzeit, vorgestellt werden.

Weiter ist die Frage nach dem Verständnis der Erhebung des Königs Saul nicht ohne einen Blick auf das frühneuzeitliche Bild von den anderen Königen des Alten Testamentes und die Rolle der Bibel als Vorbild in politischen Fragen zu beantworten. Dies soll im zweiten Teil in der gebotenen Knappheit unternommen werden, bevor im dritten Teil die Auslegung von 1 Sam. 8, 11 ff. vor dem geistesgeschichtlichen und politischen Hintergrund konkrete Gestalt annehmen kann.

---

[23] Geschichte des Alten Testamentes in der christlichen Kirche (1869).

[24] Schöffler, Abendland und Altes Testament; Dismer, Geschichte, Glaube, Revolution; K. Schmidt, Religion, Versklavung und Befreiung.

[25] Die Bedeutung des Bibelverständnisses für die geistesgeschichtliche und politische Entwicklung in England von der Reformation bis zur Aufklärung (1980).

I. Das typologische Denken und seine Auflösung

1. Literarische Manifestationen des typologischen Denkens

Typologisches Denken kann zunächst in seinen literarischen Manifestationen gefaßt werden. Das auf die Geschichte bezogene Denken in Typen und seine literarische Widerspiegelung — die Topoi — sind zwar eng aufeinander bezogen, entfalten aber doch ihr jeweiliges Eigenleben. Das ist gerade bei der Arbeit an den Quellen zu berücksichtigen. Ein Typos im engeren von der Theologie bestimmten Sinn bezeichnet die Wiederaufnahme eines Motivs, sei es eine Person, sei es eine Begebenheit aus dem Alten Testament im Neuen Testament. So deutet z. B. die Geschichte Abrahams, der seinen Sohn opfern will, auf den Opfertod Christi hin. Wichtig für das ursprüngliche Verständnis der Typologie ist 1 Kor 10, 1-12 geworden. Dort wird deutlich, „daß Typologie im urchristlichen Verständnis zunächst nicht das Herausgreifen und Identifizieren zweier geschichtlicher Wirklichkeiten meinte, sondern ein abschließendes und damit steigerndes zu-Ende-kommen von Geschichte."[1] Die typologisch verstandene Wiederkehr deutet auf die Wahrheit des Ereignisses hin, die Gegenwart als Heilszeit findet sich in alten Zeugnissen vorangekündigt. Die typologische Schriftauslegung — und damit auch das Geschichtsverständnis im Neuen Testament — ist also eschatologisch auf das Ende, die Heilszeit oder Parusie ausgerichtet und nicht als Allegorese zu verstehen[2]. Allegorien bleiben auf den Sachbezug beschränkt[3]. Gründer schreibt zur Unterscheidung von Allegorie und Typologie:

„Allegorie läßt sich theologisch nur in einer überanstrengten Verbalinspirationslehre begründen: Durch die Inspiration des schreibenden Autors, sei es nun durch sein Bewußtsein hindurch oder darüber hinweg, kommt der höhere Sinn in den Text, und sein Verständnis setzt einen inspirationsähnlichen Vorgang beim Lesen des Textes voraus . . . Die Vorsehung ist ein Aspekt des Heilsplanes. Das bedeutet für die in ihr gründende Typologie die wesensbestimmende „Beschränkung" auf die Heilsgeschichte. Nicht alles, was schlechthin passiert, und nicht ein jedes in jeder Hinsicht

---

[1] Vollmann-Profe, Diskussionsbericht zum ersten Tag, in: Haug (Hg.), Formen und Funktion der Allegorie, 174.

[2] Fuchs, 192; Gründer, 118 f.

[3] Zur Allegorie und ihr Verhältnis zur Bibel: Kleinschmidt in: Haug (Hg.), Formen und Funktion der Allegorie.

kann typologisch vorbedeutet werden, sondern „nur" das als Heilsgeschichte ausgezeichnete Geschehen, d. h. zunächst die Geschichte Israels, in der Hauptsache aber das Christusgeschehen."[4]

Die Typologie gehört wie die Allegorie zu den Formen bildhaften Sprechens: „Wenn Worte Bilder sind, ist Reden Nachahmen. Zum Bild gehört als Kategorie der Aktualisierung seit alters . . . die Nachahmung."[5] So ist wohl als ontologische Implikation dieser Nachahmung die Nichtschriftlichkeit anzusetzen. Das Auffinden von Typoi setzt das Verstehen des Geschichtsablaufs als vorausgeplant und vorhergesehen voraus[6]. Typologisches Geschichtsverständnis reißt das fortlaufende Kontinuum der Geschichte auseinander und ordnet einzelne Ereignisse in sinnvoller Weise aneinander. Dies führt zur Weiterentwicklung des ursprünglichen biblischen typologischen Prinzips. Auerbach hat die These aufgestellt, der biblische Stil mit seiner bewußten Hintergründigkeit verlange geradezu nach typologischer Auslegung, er rufe nach „grübelnder Vertiefung und Ausdeutung"[7]. Dieser Stil ist Ausdruck der besonderen jüdischen Realitätserfahrung;

„Das Deuten in einem bestimmten Sinne wird zu einer allgemeinen Methode der Wirklichkeitsauffassung; die jeweils neu in den Gesichtskreis tretende fremde Welt, die sich meist so, wie sie sich unmittelbar bietet, als ganz unbrauchbar für die Verwendung innerhalb des jüdisch-religiösen Rahmens erweist, muß so gedeutet werden, daß sie sich in diesen einfügt."[8]

Die auf die Naherwartung setzende frühchristliche Typologie wandelte sich, als die Parusie ausblieb. Die Tradition jüdisch-christlicher Heilserwartung setzte sich auch unter verwandelten Zeitläufen fort:

„Aus dem zweistufigen Schema bei Paulus wird bald ein dreistufiges, in dem die Erfüllung in Christus selbst wieder als Epiphanie auf die vollendete Parusie hinweist. In diesen figuralen Rahmen kann nun jedes beliebige Geschehen so einbezogen werden, daß man in ihm eine Figur künftiger Erfüllung versteht, jedes Geschehen kann auf diese Weise unbeschadet seiner innergeschichtlich beliebigen Wirklichkeit mit weltgeschichtlicher Bedeutung erfüllt werden."[9]

---

[4] Gründer, 136 f.; vgl. auch Auerbach, Mimesis, 11.

[5] Gründer, 157.

[6] Henschel, 310; vgl. Auerbach, Mimesis, 16.

[7] Auerbach, Mimesis, 17.

[8] Ebenda, 18 f.

[9] Henschel, 310; Ohly in: Haug (Hg.), Formen und Funktion der Allegorie, 126: „Mit Macht ergriffen von der schöpferischen Geistesbewegung einer mit Phantasie geführten und mit Konsequenz verfolgten Suche nach Wiederfindungen des Neuen in der Anlage des Alten, um auch den nichtprophetischen, geschichtlichen Aussagen des Alten Testaments eine ins Prophetien verwandelnde, der Gegenwart zugewandte, das Endgültige im Vorläufigen angezeigt erweisende Dimension zu geben, vollbrachte die Theologie der Väterzeit und vor allem noch einmal des hohen Mittelalters mit der stilsicheren Epochen eigenen Kraft das Werk eines nahezu totalen Sichhineinprojizierens in das Gewesene, um es dank seiner Vorläuferschaft ans Gegenwärtige zu binden und dieses aus jenem als einer Offenbarung des in Gottes Heilswillen von Anbeginn her Vorgesehenen noch tiefer zu legitimieren."

Anstatt „Typologie" wird für die spätere Zeit oft „Figuraldeutung" gebraucht. Damit wird der Ausweitung, nach Auffassung mancher Autoren auch Verflachung[10] dieser Methode Ausdruck verliehen. Das typologische Denken machte, nachdem es erst einmal zur beherrschenden Form der Wirklichkeitserfassung geworden war, nicht an den Grenzen der spezifisch christlichen Sphäre halt, sondern öffnete sich bald anderen Materien und Stoffen. Zum einen bemühte sich die Schriftauslegung von jeher um eine typologische Deutung von Natürlichem, wie Gestirne, Pflanzen, Tiere etc., zum anderen wurde auch die reiche antike Mythologie bald typologisch einem einheitlichen Geschichtsbild unterworfen[11]. Seit dem vierten nach-christlichen Jahrhundert ist die figurative Schriftdeutung allen Kirchenvä-tern geläufig[12]. Augustinus allerdings weigerte sich, die typologische Auslegung über Christus hinausgreifen zu lassen[13], der Prozeß der typologi-schen Ausweitung war aber nicht aufzuhalten. Eine qualitative wie quanti-tative Steigerung erfuhr die Typologie in der frühen Neuzeit.

Das literarische Pendant zum Typos ist der Topos. Die neuere Toposfor-schung versteht unter Topos nicht mehr einen mehr oder weniger starren literarischen Gemeinplatz, sondern vielmehr rhetorische Hilfsmittel,

„die in logischen Operationen, allgemein gültigen Sätzen, fertigen Beweisen, grundle-genden Themen, wichtigen Gegenstandsbereichen, psychologischen Einsichten und psychagogischen Praktiken, Methoden zum Auffinden von Beweisen, schematisier-ten Fragen, altbewährten Erwägungen und in Prinzipien für die Gestaltung bestimm-ter Teile der Rede . . . bestehen."[14]

Ein Topos zeichnet sich darüber hinaus durch sprachliche Vorprägung, Benutzung über einen Zeitraum von mindestens zwei Jahren und durch signifikante Häufigkeit der Verwendung aus[15]. Diese Bindung an eine litera-rische Tradition allein erklärt nicht die Verwendung der Topoi, sie müssen auch in Wechselbeziehung mit den eigenen Überlegungen der Autoren und deren „Sitz im Leben", d. h. den konkreten Bedingungen, immer wieder neu „gefunden" und verarbeitet werden[16]. Topoi sind in doppelter Hinsicht der Wandlung unterworfen, einmal als Topoi selber, d. h. in ihrer Verbindlich-keit und Qualität als loci communes, dann auch in der Art und Weise ihrer Verwendung. Dies entspricht der doppelten Qualität der Topoi als literari-

---

[10] Fuchs, 123: „Wenn die Typologie zum Stilmittel absinkt, heißt sie figürlicher Sinn." Das soll wohl heißen, daß eine Figur ihre transzendente Bedeutung verliert und allein auf der Ausdrucksebene Gültigkeit behält.

[11] Ohly, in: Haug (Hg.), Formen und Funktion der Allegorie, 127, 132 ff.

[12] Gründer, 120; Schönstädt, 89 ff.; Reventlow, 240.

[13] Meuthen, 205 f.; Auerbach, Figura, 457 f.

[14] Emrich, Topik und Topoi, in: Baeumer (Hg.), Toposforschung, 250.

[15] Grosse, 11.

[16] Eberhardt, 395; vgl. zur Toposforschung insgesamt die von Jehn und Baeumer hg. Sammelbände.

scher Elemente und zugleich als Sinnträger in der jeweiligen Gegenwart. Topoi „transportieren soziale Erfahrungen"[17], sie spiegeln die Substanz der „herrschenden Meinungen"[18] und üben so auch wieder einen ihrer geschichtlichen Wandelbarkeit entgegenstehenden — literarischen — Traditionsdruck aus[19]. Die historische Forschung sieht in der Verwendung von Topoi in den Quellen des Mittelalters und der frühen Neuzeit eher eine Verschleierung der historischen Wahrheit als ihre Widerspiegelung auf einer anderen Ebene. So schreibt Skalweit, daß das Herrscherbild des 17. Jahrhunderts kaum hinter dem Panzer erstarrter Konventionen, inhaltsleerer Begriffe und durch die Jahrhunderte mitgeschleppter Topoi zutage trete[20]. Dem hält allerdings Straub entgegen:

„Die immer gleichen Topoi, die durch Jahrhunderte das Herrscherbild erklärten, sicherten gerade durch ihre Gleichförmigkeit dem Ideal seine besondere Überzeugungskraft. Der moderne Mensch, von dem Gedanken der individuellen Originalität verführt, vermag kaum mehr das Pathos zu empfinden, das in der Wiederholung des längst bekannten liegt, das er mit Topos abwertend, für nicht sehr belangvoll hält. Dabei spricht die Häufigkeit, mit der ein Topos vorkommt, nicht für dessen Bedeutungslosigkeit, sondern für dessen sinnreiche Bedeutung, die er besessen hatte. Je seltener ein Bild verwendet wird, desto bedeutungsloser ist es für die Zeit, die nichts in ihm ausgedrückt findet, was ihren Gedanken gemäß ist. Seine häufige Anwendung beweist, daß die Zeit mit ihm einen Gedanken ausdrücken konnte, der ihr wichtig und wesentlich war."[21]

Zusammenfassend kann festgestellt werden, daß Typos ein geschichtstheoretischer Begriff und typologische Geschichtsbetrachtung realitätsabbildend ist. Topoi hingegen sind literarische Manifestationen der typologisch verarbeiteten Wirklichkeit: „Der Typos ruft den Topos hervor und solange der Typos als verpflichtendes Ideal lebendig ist, behalten die Topoi ihren Sinn."[22] Die typologische Weltbetrachtung weist allen Dingen ihren Platz im Weltenplan zu, als Topoi bewahren sie den blasser gewordenen Glanz dieser Ordnung auf literarischer Ebene. Dies kann am Beispiel der typologischen Sinngebung des Königtums gezeigt werden.

---

[17] Kiesel, 7.
[18] Bornscheuer, 21.
[19] Dies wird von Kiesel sehr gut am Beispiel der literarischen Hofkritik vorgeführt: Kiesel, 265.
[20] Skalweit, 66.
[21] Straub, 219 f.
[22] Straub, 220.

2. Königstypologie

Für das Verständnis des Königtums spielen seit Anbeginn uralte, völkerübergreifende Bilder und Mythen eine Rolle. Auch das Alte Testament spiegelt — neben spezifisch biblischen Vorstellungen — diese Tradition wider. Da ist zunächst die Israel, Griechenland und Rom gemeinsame königsfeindliche Tradition: Der König ist nicht nur der Herrscher, sondern auch der kollektive Sündenbock. So reinigt Saul das israelitische Königtum vom Frevel des Beginns und nach seinem Opfer beginnt der glanzvolle Aufstieg unter David[1]. Peter von Andlau greift die Vorstellung vom König als Sündenbock auf, wenn er feststellt, daß alle ersten Könige ein schreckliches Ende nahmen[2]. Der König gibt der menschlichen Gemeinschaft ihren inneren Zusammenhang und die Möglichkeit der Selbstwahrnehmung und Behauptung als nationale Einheit[3]. Der Gedanke, daß der König als kollektiver Mittelpunkt zugleich über dem Kollektiv steht und Einsichten hat, die sich nur durch das Einnehmen dieser alle Kräfte ausbalancierenden Funktion gewinnen lassen, kann ziemlich unverändert durch die Jahrhunderte verfolgt werden. In der Bibel gilt der König als Eingeweihter und Gottgeweihter. So heißt es etwa von Saul, daß ihm Gott, nachdem er von Samuel zum König gesalbt worden war, „ein ander Herz" gab[4].

Philo von Alexandria, der Sammler und Bewahrer jüdischer und synkretistischer Traditionen, präzisiert diesen Gedanken, indem er darauf hinweist, daß Saul sich erst von den äußeren materiellen Dingen habe freimachen müssen, um die Lehren des Königtums zu verstehen, denn Königtum bedeute Weisheit[5]. Der sogenannte Anonymus von York schreibt im gleichen Sinn, daß die Salbung die Könige in andere Menschen verwandle, darum würden Saul und David „Dii" genannt, und daher stehe auch die königliche Würde über der priesterlichen[6].

Die Königssalbung im europäischen Mittelalter hob die Könige nicht nur auf eine höhere Stufe der Erkenntnis, sondern brachte sie auch in eine Reihe mit ihren alttestamentlichen Vorfahren. Bei Peter von Andlau heißt es dann: „Omne preterea ens per participacionem reducitur ad ens per se. Presidentes

---

[1] Wolff-Windegg, 350, 89; A. Jeremias, Altorientalische Geisteskultur, 180.

[2] Libellus de Cesarea monarchia, 47. Kölmel nennt weitere Beispiele, die als „negative Typik" in der kirchenpolitischen Publizistik dienten (Kölmel, 293).

[3] Wolff-Windegg, 30; Jeremias, a. a. O., 179.

[4] 1 Sam 10, 9; s. auch: 1 Sam 10, 12 und 1 Sam 19, 20-24.

[5] Philo, de migratione Abrahami in: Opera, ed. Cohn/Wendland, Bd. II, 306 f. Philo bezieht sich dabei u. a. auf 1 Sam 10, 22, wo es von Saul heißt: „Siehe, er hat sich bei dem Troß versteckt."

[6] De Consecratione Pontificum et Regum (um 1100), zitiert nach Kern, Gottesgnadentum, 253 ff.

autem dominio plus vigent in natura entis, quam persone private: cum gerant vicem quasi tocius entis, cui presunt."[7] Ludwig XIV schreibt drei Jahrhunderte später in seinem Testament für den Thronfolger: „Ich scheue mich nicht, Ihnen zu sagen, daß, je erhabener der Platz ist, desto mehr Gegenstände hat er, die man nur erkennen kann, indem man ihn einnimmt."[8] Die folgende Bemerkung von Norbert Elias über den 'absolutistischen Herrschaftsträger' gilt in modifizierter Form auch für weniger institutionalisierte Gemeinwesen:

„. . . jenem ist als Herrscher die Aufgabe gestellt, innerhalb eines sozialen Feldes, dessen tatsächlicher Aufbau eine große Chance zur Ausbalancierung der sozialen Spannungen bereits bietet, sowohl diese Spannung, wie ihre relative Balance aufrecht zu erhalten oder auch immer wieder von neuem herzustellen."[9]

Ähnlich äußert sich Straub:

„Diese Weltharmonie, mit der das überlieferte Staatsdenken einen großen Abschluß gefunden hatte, veranschaulichte sich im Herrscheramt, und insofern war Herrschen mehr eine Sache der Einbildungskraft als des Verstandes."[10]

Daher wird gerade in Krisen immer wieder der Wunsch nach einem idealen König laut. So etwa bei den Juden, die in Christus fälschlich ihren König erhofften, im Dietrich von Bern-Sagenkreis, bei den zahlreichen Prophezeiungen der Wiederkehr des im Berg schlafenden Barbarossa etc. Wolff-Windegg weist ausdrücklich darauf hin, daß der ideale König keine begriffliche Abstraktion ist, sondern „ein Archetypus und als solcher auf die logische Sanktion nicht angewiesen."[11] Der König der Legenden und Märchen ist als König merkwürdig passiv und nur der ruhende Mittelpunkt, nicht aber der aktive Held der Geschichte[12]. Dem idealen König steht der gegenüber, der bloßer „Vollzugsbeamter" des Kollektivs ist, z. B. die Führer der Völkerwanderungszeit. Der ideale König soll einer sein, der gleichzeitig auch Priester ist: Das ist die Vorstellung vom Priesterkönig Melchisedech (Gen 14, 18 ff.).

Im Hebräerbrief (6, 20; 7, 1 ff.) wird Christus als Hohepriester nach dem Vorbild Melchisedechs bezeichnet. Wichtig für die Königstypologie ist die Beschreibung Melchisedechs:

„Aufs erste wird sein Name verdolmetscht: König der Gerechtigkeit; danach aber heißt er auch: König von Salem, das ist: König des Friedens. Er ist ohne Vater, ohne Mutter, ohne Stammbaum und hat weder Anfang der Tage noch Ende des Lebens. So gleicht er dem Sohn Gottes und bleibt Priester in Ewigkeit." (Heb. 7, 2-4).

[7] Libellus de Cesarea monarchia, 47.
[8] Zitiert bei: Hinrichs, Zur Selbstauffassung Ludwigs XIV. in seinem Mémoires, 300.
[9] Elias, Höfische Gesellschaft, 185.
[10] Straub, 213.
[11] Wolff-Windegg, 109. — Allerdings bleibt ungeklärt, warum es von Anfang an in den meisten Kulturen Widerstand gegen das Königtum gab.
[12] Graus, 392.

2*

Melchisedech wird oft als Typos Christi verstanden, er ist aber vor allem eine Erscheinungsform des idealen, utopischen Königs, des Wahrers von Frieden und Gerechtigkeit, der von Anbeginn der Zeiten war und von Gott selbst abstammt[13]. In der rabbinischen Exegese spielte Melchisedech als messianische Größe eine Rolle. Gleichzeitig konnte sich auch der christliche Missionsauftrag auf Melchisedech berufen[14].

Venantius Fortunatus redet Childebert, den Sohn Chlodwigs, im 6. Jahrhundert an: Du unser Melchisedech, verdienter König und Priester, als Laie hast du das Werk des Glaubens vollendet. Nach mittelalterlicher Vorstellung stand Melchisedech im sagenhaften Priesterkönig Johannes wieder auf[15]. Melchisedech wird daher gern in Schriften mit utopischer Tendenz als Präfiguration des kommenden Friedensfürsten genommen, etwa in der Reformatio Sigismundi[16].

Hier wird gleichzeitig verlangt, daß der Reichskaiser zumindest ein Prediger, besser noch ein Priester sein soll:

„Es soll auffsten ein cleiner gewichter, das merck man also: es soll auffsten ein demütiger gerechter, der geweicht ist zu priester . . . Cristus/ist priester gewesen und Melchisedech was ein konig und priester; der keyser von India der ist priester, do macht man auch kein keyser, er sey dann priester. Unnser keyser müst doch zum mynsten ewangelier sein; ist er dann priester, so wirdiger . . ."[17]

Die Melchisedech-Erzählung in der Reformatio Sigismundi wurde nicht direkt von der Bibel entnommen, sondern stammt aus der weitverbreiteten Historienbibel des Petrus Comestor[18]. Ein König soll immer auch durch besondere Gottesnähe ausgezeichnet sein. Aus dieser Sphäre zieht er seine herausragenden Fähigkeiten, wie zum Beispiel die, durch Handauflegen heilen zu können. Ein König heilt immer als Heiliger, nie als König[19]. Das Phänomen der Skrofulose heilenden Könige verschwand zusammen mit der sakralen Grundlage der Herrschaft. Im modernen Verwaltungsstaat braucht der König keine Legitimierung als Heilsbringer. Heilkraft und Gottesgnadentum stehen in enger Verbindung.

Dies weiß auch Peter von Andlau, wenn er, aristotelisches und christliches Gedankengut zusammenfassend, schreibt, daß jede Herrschaft von Gott sei, sowohl hinsichtlich ihrer geistigen Kraft, ihres Ursprungs, als auch hinsicht-

---

[13] Vgl. Wolff-Windegg, 140, Salem heißt Frieden, daher gilt Melchisedech als Friedenskönig; siehe auch Schramm, Das Alte und das Neue Testament, 240 ff.

[14] Mertens in: Fenske u. a., Geschichte der politischen Ideen, 152.

[15] Wuttke, 23; Eichhorn, 32, 28.

[16] Reformatio Sigismundi, 242, 328.

[17] Reformatio Sigismundi, 328.

[18] Migne, PL. 198, 1094 f.

[19] Wolff-Windegg, 209 ff.; Eichhorn, 8; Graus, 391; Gründlicher zu diesem Thema: Marc Bloch.

lich des Zwecks, der aus dieser Ordnung leuchte. Dafür sei Saul, der erste König der Israeliten, ein Beispiel, da über ihn bald nachdem ihn Samuel zum König erwählt hatte, der Geist des Herrn kam und er daraufhin zu weissagen begonnen habe (1 Sam 10). So habe sich auch Salomo nach seiner Erhebung zum König göttliche Weisheit erworben. Diese Beobachtung könne man auch bei einigen Fürsten in neuerer Zeit machen, die wegen ihrer größeren Teilhabe am göttlichen Wesen eine einzigartige Heilkraft gegenüber Kranken haben sollen. Solches werde von den Königen Englands und Frankreichs erzählt[20]. Der gleiche Geist, der Saul zum Propheten und Samuel zum Weisen machte, wirkt auch in der Heilkraft der späteren Könige. Die Sakralisierung der Herrschaft ist als eine Form der Bestätigung des Königsheils anzusehen, d. h. ein König, der sich als neuer David tituliert, bezeugt und beschwört seine Eigenschaften als Heilsbringer.

Praktisch-politische Bedeutung gewann Melchisedech in der Auseinandersetzung zwischen Papst und Kaiser im Mittelalter. Die Königspartei hob die rex et sacerdos Stellung des gesalbten Herrschers nach dem Vorbild Melchisedechs hervor[21]. Auch die Reformatio Sigismundi ist eine Stimme aus diesem Lager. Aber ebenso wie die weltliche Macht sich daran störte, daß die überragende Stellung des Herrschers nicht aus seiner weltlichen, sondern aus seiner geistlichen Stellung abgeleitet wurde, so versuchte die Kirche, insbesondere unter Innozenz III., Melchisedech zum Vertreter der Kirche zu machen, denn so wie Melchisedech Abraham segnete, so unterstehe auch die weltliche Macht der kirchlichen[22]. Darüberhinaus wurden die Ansprüche der Kirche auf den Zehnten mit Gen 14, 20 begründet: „Und Abram gab ihm (Melchisedech, die Verf.) den Zehnten von allem." Melchisedech wurde auch später, als der weltliche Staat immer mehr Befugnisse über die Kirche bekam und das Landeskirchentum sich durchgesetzt hatte, als Vorbild angerufen. Im 17. Jahrhundert konnten alle Fürsten in ihrem Gebiet auch die geistliche Herrschaft behaupten, und gerade die evangelischen Stände verkörperten am reinsten das Melchisedech-Ideal, da sie zugleich Landesherren und oberste Bischöfe waren[23].

---

[20] „Omnis namque principatus a Deo est, tum racione entis, tum motus, et finis, quod hoc ordine elucescit... Cuius rei exemplum est Saul ille regum Israel primus, quem mox ut per Samuelem assumptus esset in regem, insiliit Spiritus Domini, et prophetavit, ut I. Regum cap. 10 legitur. Et Salomon ordinatus in regem divinam meruit sapienciam. Claret illut quoque et in quibusdam moderniori evo principibus, quod ex ampliori participacione entis singularem quandam virtutem in egrotos habere dicuntur, ut de regibus Francie fertur et Anglie." Libellus de Cesarea monarchia, 47. — Die Heilkraft ist das Pendant zur Sündenbockfunktion, und es ist bezeichnend, daß Saul als Sündenbock und Prophet in die Geschichte eingegangen ist. Im Talmud findet sich die Meinung, Saul habe keine Gnade gefunden, weil er zu makellos gewesen sei.

[21] Funkenstein, Malkizedek in der Staatslehre, 33.

[22] Ebenda, 35 f.

[23] Straub, 214. Auch Petrus Cunaeus hält dieses Ideal hoch:
„Utique, si ad alias gentes eatur, Aristoteles primos mortalium ait ferme habuisse eundem

Dieser kurze Überblick über die Gestalt des Priesterkönigs Melchisedech sollte zeigen, in wieviele Sinnbezüge, christliche und vorchristliche, eine biblische Gestalt einbezogen werden konnte.

Nicht mehr zur eigentlichen Typologie, sondern zu den bildhaften Formen des Sprechens gehören die allegorischen Embleme, die seit dem 16. Jahrhundert eine starke Verbreitung finden. Allerdings haben verhältnismäßig wenig Embleme die Herrschaft zum Gegenstand, sie wird auch dann nur unter dem Aspekt der dem Herrschen innewohnenden Belastung dargestellt. Herrschaft wird als persönliches — oft schweres — Schicksal verstanden[24].

3. Der König als imago Dei

Im ersten Kapitel der Genesis heißt es, daß Gott den Menschen nach seinem Bilde schuf (Gen 1, 26 f.). Obwohl hier ganz allgemein vom Menschen gesprochen wird, interpretierte die Staatslehre des Mittelalters und der frühen Neuzeit diese Stelle als Auskunft allein über den König, als die Person, auf die sich die Hoffnungen der Menschen richten, in dem ihre positiven wie negativen Fertigkeiten kulminieren und der durch seine Herrschaftsgewalt Gott ganz besonders ähnlich ist. Im übrigen hat diese Interpretation auch Bezüge zur Ableitung der Herrschaft aus der väterlichen Gewalt Adams, denn Adam ist das Ebenbild Gottes. Die Gottesebenbildlichkeit des Königs ist eine von alters her verbreitete Vorstellung im orientalischen Raum. Mit dem Monotheismus des Alten Testamentes verträgt sich eine Vergöttlichung des Königs zunächst nur schwer.

Dieser Konflikt ist im oströmischen Reich durch die funktionale Trennung von imperium und sacerdotium bei gleichzeitiger Anerkennung der Führung des Kaisers gelöst worden[1]. Die Institutionalisierung der Kirche seit dem 12./13. Jahrhundert, d. h. der Ausbau der Hierarchie des geistlichen Standes, drängte den Kaiser aus seiner Mitverantwortung für die geistlichen Dinge heraus[2]. Aus diesen Gründen war im christlichen Mittelalter die Position des Königs gegenüber der des Papstes in die Defensive geraten. Gerade der Kaiser mußte, um seine Gleichberechtigung mit dem Papst zu

---

& regem & sacerdotem. Id quod haud pravum videri potest, propterea quod illi naturam adhuc incorrupti sequebantur, & quanto propius ab ortu & divina progenie aberant, tanto melius, quae erant recta, cernebant" (De Republica Hebraeorum, 121). Die Herrschaft nach dem Ideal des Melchisedech gilt also als besser, weil sie dem paradiesischen Ursprung der Menschheit näher liegt!

[24] Henkel/Schöne (Hg.), Emblemata. Dort die Spalten 970, 971, 1259, 1261.

[1] Mertens in: Fenske u. a., Gesch. d. polit. Ideen, 123.

[2] Ebenda, 145 ff.

beweisen, Argumente aus verschiedenen Bereichen sammeln: aus der Bibel, der Geschichte, dem Herkommen und auch aus dem römischen Recht. In diesem Zusammenhang gewann die Rex-imago-Dei-Lehre, die von typologischen Entsprechungen lebte, besonderes Gewicht. Sie hat eine lange Tradition in Fürstenspiegeln und zeremoniellen Krönungshandlungen des Mittelalters[3]. Besonders wichtig ist dabei ein Bibelkommentar des sogenannten Ambrosiaster aus dem 4. Jahrhundert geworden, der fälschlicherweise Augustin zugeschrieben wurde. Darin wurde der König wegen seiner Stellung als Spitze der Gesellschaft „imago Dei" genannt und ihm eine besondere Teilhabe an Gottes Heiligkeit zugebilligt[4].

Johann von Salisbury schreibt, der Herrscher sei auf Erden ein Abbild der göttlichen Allmacht, legt aber dann klar, daß es dem Herrscher keineswegs freistehe, gegen die göttlichen Gebote zu verstoßen und seine Untertanen schlecht zu behandeln. In diesem Falle werde er zum imago diaboli[5]. Aber erst bei Thomas von Aquin finden sich Ansätze, die Gottesebenbildlichkeit aller Menschen und somit die Teilhabe aller an der politischen Herrschaft stärker zu berücksichtigen[6]. Erst einige Jahrhunderte später wird dieser Sachverhalt von dem spanischen Naturrechtslehrer Franz Suarez in aller Schärfe ausgesprochen: „Da der Mensch zum Bilde Gottes geschaffen ist, ist er Herr seiner selbst und nur geschaffen, Gott untertan zu sein."[7] Dieser Gedanke steht im Widerspruch zu der auf Aristoteles zurückgehenden Meinung, es gebe von Natur aus Freie und Sklaven.

Eine besondere Rolle spielt die Darstellung des Herrschers als Abbild Gottes in der Festkultur seit der Renaissance. Auf einem Holzschnitt, der den Wagen Maximilians I. innerhalb eines Triumphzuges zeigt, schwebt über dem Kaiser als Baldachin die Sonne, versehen mit der Aufschrift: „Quod in celis sol, hoc in terra Caesar est."[8] Die Grundlagen der im 17. Jahrhundert verbreiteten Auffassung vom Gottesgnadentum waren in Frankreich von Bodin und Bossuet gelegt worden, hingegen hatte Hobbes die Monarchie von Gottes Gnaden im Grunde in Frage gestellt, da er die Stellung des Monarchen auf einen Unterwerfungsvertrag zurückführte[9]. Der barocke Herrscher und sein Hof imitierten die himmlische Ordnung auf Erden: „Der Hof um den Himmlischen Weltenkaiser war ein Reich tugendhafter Glückse-

---

[3] Berges, 26 ff.
[4] Mertens in: Fenske u. a., Gesch. d. polit. Ideen, 151.
[5] Policraticus, Migne, PL, 199, 513: „Est ergo, ut eum plerique definiunt, princeps potestas publica, et in terris quaedam divinae majestatis imago."; s. auch ebenda Sp. 514, 777.
[6] Möbus, Einleitung zu Bd. II, 20.
[7] Zit. nach Möbus, Bd. II, 246.
[8] Der Triumphzug Kaiser Maximilians I. 1516-1518.
[9] Lehmann, 27 ff.; auch die protestantischen Staatstheoretiker im Reich scheuten sich nicht, den König als „Deus in terris" zu bezeichnen; Fries, 64.

ligkeit und Schönheit — der Hof der imago Dei sollte ein Gleichnis dieser Schönheit verwirklichen."[10] Die Selbstdarstellung des Fürsten als imago Dei war synästhetisch in Stil und Form, d. h. alle Kunstgattungen und heidnische ebensogut wie christliche Traditionen wurden zur Abbildung dieses Welttheaters herangezogen: „Die austauschbaren christlichen oder heidnischen Symbole dienten gleichermaßen dazu, die fürstliche Übermenschlichkeit dem Volk anschaulich einzuprägen."[11] Brunner interpretiert im Anschluß an Hans Sedlmayr diese Erscheinungen als Selbstdarstellung des „divinen" Menschen in einer allumfassenden säkularen Welt. Lünig schreibt in seinem „Theatrum Ceremoniale", daß große Herren das Bild Gottes in sich tragen und sich bemühen müssen, Gott ähnlich zu werden. Bemüht um eine zweckrationale Erklärung fährt er dann fort: „Daher müssen sie auf Ordnung und Zeremoniell halten, da der Pöbel sich nicht an Gesetze, sondern an Exempel hält[12]. In Wahrheit wird die göttliche Ordnung im Mikrokosmos des Hofes als Zeremoniell nachvollzogen.

Ich habe nur ein Beispiel dafür gefunden, daß die Rex-imago-Dei-Lehre zur Ausweitung der königlichen Rechte im Absolutismus, über die unbestrittenen Grenzen von Naturrecht und ius gentium hinaus, herangezogen wurde: Augustin Leyser verweist darauf, daß Gott sich selbst bisweilen einige Freiheiten von den Naturgesetzen genommen habe. Dies stehe einem König als imago Dei demnach auch zu[13].

Eine andere Traditionslinie des „imago Dei"-Gedankens geht zur Proklamierung der Menschenrechte. Im Kampf zwischen Kirche und Staat entwickelte sich der Gedanke, daß alle Menschen frei geboren sind[14]. Allerdings ist hier nicht die persönliche Freiheit, aus der entsprechende Rechte fließen, gemeint, sondern der Freiheitsbegriff bewirkte einen ethischen Pflichtappell an die Obrigkeiten.

Mit revolutionär-demokratischem Anspruch vertritt John Milton die Gottesebenbildlichkeit des Menschen: „No man who knows ought, can be so stupid to deny that all man naturally were born free, being the image and resemblance of God himself, and were by privilege above all the creatures, born to command and not to obey."[15]

Auch bei oberflächlicher Betrachtung der Entwicklung des imago-Dei-Gedankens stößt man auf die beiden geistigen Grundströmungen des Mittelalters und der frühen Neuzeit, nämlich das Ordo- und das Empiriedenken.

[10] Straub, 201 f.
[11] Conze in: Geschichtliche Grundbegriffe, Monarchie, 175.
[12] Brunner, Gottesgnadentum, 126; Lehmann, 29; Johann Christian Lünig, 292.
[13] Link, 91 f.
[14] v. Raumer, Absoluter Staat, 89.
[15] Milton, Complete Prose Works Vol. III, 198. (Tenure of kings).

Das Ordnungsdenken stellt Analogien zwischen Gott-Sonne-Fürst her, während das empirische Denken die Gottesebenbildlichkeit allen Menschen zuspricht und demokratisierende Tendenzen fördert.

4. Politisch-praktische Bedeutung der typologischen Schriftauslegung

Wer das Handeln von Königen und Fürsten typologisch deutet, baut damit auf die heilsgeschichtliche Einheit der Welt, politische Geschichte wird also auch als Heilsgeschichte verstanden.

Seit der Übernahme des Christentums durch Konstantin und den Zeiten des wachsenden Einflusses christlicher Anschauungen in den höchsten Sphären des Staates gibt es Zeugnisse für ein typologisch-christliches Königsverständnis. Am Anfang stand die Deutung von Konstantins Visionen am Pons Milvius, die als göttliche Berufung mit der des Paulus in Damaskus verglichen wurde und in deren Folge Konstantin als novus Paulus oder als dreizehnter Apostel gepriesen wurde[1]. In ähnlicher Weise wurden auch Parallelen zwischen Konstantin und Moses hergestellt. Der naheliegende Schritt zur typologischen Berufung auf König David wurde zu Lebzeiten Konstantins nicht vollzogen: „Die Übernahme der nationaljüdisch bestimmten Königstradition des Alten Testamentes war der römischen Öffentlichkeit wohl noch nicht zumutbar . . . So konnte die Rezeption der Königstradition Israels erst in einem fortgeschritteneren Stadium der Verchristlichung erfolgen."[2] Die sakrale Erhöhung des Kaisertums wurde vom Christentum an sich nicht gefördert, sie lag keineswegs in der Intention gerade des Neuen Testamentes. Tatsächlich gab es einen dauerhaften Widerstand von christlicher Seite gegen diese beginnende Überhöhung der weltlichen Machtträger[3]. Denn in christlicher Vorstellung war ja David die Präfiguration Christi, und es mußte zunächst blasphemisch wirken, David als Typos eines weltlichen Herrschers herauszustellen[4]. Das erste Zeugnis liefert die Akklamation Marcians als novus David auf dem Konzil zu Chalcedon (451). In der Folgezeit wurde der Bezug auf das alttestamentliche Königtum für die dynastische

---

[1] Ewig, 9 f.; Treitinger, 35.

[2] Ewig, 10 f.

[3] Treitinger, 40; Tinnefeld passim; Eichhorn, 17 ff.

[4] Daß dieses Spannungsverhältnis Christus-David-Herrscher im Mittelalter stets gesehen wurde, belegen die ikonologischen Untersuchungen von Hugo Steger: So ergeben sich zwar in vielen Details der David-rex-et-propheta-Darstellung ikonologische Zusammenhänge mit dem mittelalterlichen Herrscherbild. Der Herrschertypos wird aber im Davidbild in Richtung auf die Majestas Domini überhöht (146).

Legitimierung sehr wichtig[5]. In der östlichen Reichshälfte kam die Königstypologie schnell zur vollen Entfaltung. Konstantin galt als derjenige, der wie Moses und David das auserwählte Volk der Christen aus Not und Verfolgung errettete[6]. Daraus entwickelte sich die Vorstellung, daß jeder Kaiser für die Kirche kämpfen solle wie Moses, David und die Apostel. Symbolisch wurden Mosesstab und Salomonthron als Herrschaftszeichen übernommen[7]. Konsequenterweise konnte sich auch die Kaiserkritik auf alttestamentliche Vorbilder berufen. So wird Leon V. (813-820) von einem Kritiker als „zweiter Saul", der sich gegen seinen Wohltäter David wendet, bezeichnet[8].

Das Königtum ist in der Bewertung des Alten Testamentes eine durchaus zwiespältige Institution, und zugleich mit den die Königswürde steigernden Motiven konnten auch die königskritischen, ja feindlichen Züge wieder lebendig werden. Dies ist eine Beobachtung, die für den gesamten Zeitraum der christlichen Monarchien in Europa gültig ist. Ewig stellt die Vermutung an, daß die Päpste den Kaisern den Davidsnamen, nicht aber die Bezeichnung „Novus Paulus" oder „Moses" bedenkenlos zuerkannten, da die etwas schillernde Vorstellung des David Rex der geistlichen Sphäre mehr Raum ließ[9]. Tatsächlich wurde ja in den späteren Auseinandersetzungen von päpstlicher Seite immer wieder darauf hingewiesen, daß im Alten Testament die priesterliche Macht mehr als die königliche gegolten habe. Diese Einschränkung gilt jedoch nur für den Westen, im Osten wurden — wie erwähnt — die Namen Paulus und Moses dem Kaiser bedenkenlos zuerkannt.

Die christianisierten germanischen Stämme übernahmen bald einzelne Elemente aus der alttestamentlichen Königsgeschichte zur Erhöhung der eigenen Legitimität. Schon in der karolingischen Reichstheologie galt der König als neuer David[10]. Neben die charismatische trat die geistlich-theologische Herrschaftslegitimierung. Die charismatische Führung hatte das germanische Volkskönigtum bestimmt. Sie dominierte in Zeiten der Krise und des schnellen Wechsels und war daher relativ instabil. Der christliche Monotheismus begünstigte die Stellung eines starken Königtums von Gottes Gnaden und war so in der Zeit der Seßhaftwerdung und Verstaatlichung für die meist nur kurz regierenden und von rivalisierenden Adelssip-

---

[5] Ewig, 11. Schramm, Das Alte und das Neue Testament, 236.

[6] Treitinger, 81, 129.

[7] Treitinger, 130, 135; Ewig, 11.

[8] Tinnefeld, 86 A. 229. Nach persönlicher Auskunft des Autors ist der positive wie negative Bezug auf alttestamentliche Vorbilder des öfteren belegt.

[9] Ewig, 13; Ähnlich charakterisiert Kern die Wirkung der Salbung: „Wir haben gesehen, daß das monarchische Prinzip des Mittelalters der Obrigkeit im Allgemeinen die Pflicht, Stellvertreter Gottes zu sein, auferlegt, sie dafür aber auch mit transzendentaler Autorität verklärte." (Gottesgnadentum, 45). Die kirchliche Obrigkeitstheorie stärkte die Herrschaft, förderte aber gleichzeitig das kirchlich sanktionierte Widerstandsrecht.

[10] Klaus Schmidt, 29; Schramm, Das Alte und das Neue Testament, 237.

pen abhängigen Könige interessant und attraktiv[11]. Eine Erhöhung des Königsamtes durch Hinweis auf seine göttliche Setzung soll die Macht des Königs ohne offenkundigen Bruch mit Tradition und Herkommen steigern. Ein König, der sich auf die heiligen Könige der Vergangenheit beruft, bezeugt und beschwört seine Eigenschaft als Heilsbringer, gleichzeitig kommt er einem Grundbedürfnis nach Legitimation und Erhöhung der Herrschaft von Seiten der Beherrschten entgegen[12].

Heidnische und christliche Formen standen lange Zeit nebeneinander, und gerade im weniger schnell und tiefgreifend christianisierten Norden Europas hielten sich lange Zeit Mischformen nebeneinander. Besonders deutlich zeigt sich die Übernahme alttestamentlicher Vorbilder bei der Salbung, die im gotischen Königtum erstmals für Wamba (672), für das westfränkische seit Pippin (751) belegt ist. Die erste sicher bezeugte Salbung im Reich ist die Konrads I. (911). Da die Salbung der Könige im Alten Testament typologisch auf Christus bezogen wird, stellt sich hierüber ein Bezug des christlichen Königs auf Christus her. Bis ins 16. Jahrhundert wurden mit Hinweis auf ihre Salbung die Könige als Wiedergeburten der alttestamentlichen Könige betrachtet und in Fürstenspiegeln dazu aufgefordert, diesem Vorbild nachzustreben[13]. Gleichzeitig wurde die Salbung gerne von der Kirche angeführt, um ihr Primat bei der Herrschaftserhebung zu beweisen. Gerade aus der Zeit des Investiturstreits gibt es dafür viele Zeugnisse[14].

---

[11] Dies beweist z. B. die Geschichte Dänemarks im Mittelalter. Dazu: Erich Hoffmann.

[12] Zahlreiche dänische Könige versuchten, ihre Vorfahren heiligsprechen zu lassen — in der Regel als im Kampf mit den Heiden gefallene christliche Helden, um einen Vorteil gegenüber ihren Konkurrenten um die Herrschaft zu erwerben (vgl. E. Hoffmann). Im Reich sind nur Karl der Große unter Barbarossa 1165 und Heinrich II. heiliggesprochen worden. Während die Heiligsprechung Karls im Zusammenhang mit dem Bemühen um Reichserneuerung und Festigung der Reichsrechte in Italien zu sehen ist, beruhte die Heiligsprechung Heinrichs auf einer Initiative der Kirche und stand nicht im Dienste dynastischer Interessen.
Welch eigenartige Entwicklung die Berufung auf alttestamentliche Könige in unserer Zeit nehmen kann, belegt die Bewegung der Rastafaris, die auch in unserem Kulturraum durch die populäre Reggae-Musik bekanntgeworden ist. Die Rastafaris nennen sich so nach dem Fürstentitel des äthiopischen Königs Haile Selassie, mit dessen Dynastie sich eine spezielle Heilserwartung verbindet. Haile Selassies Großvater Menelik II., der Ende des letzten Jahrhunderts militärische Erfolge über die Italiener erzielte, betrachtete sich als Nachkomme Salomos, da er seinen Stammbaum auf Menelik I., den — in der äthiopischen Tradition lebendigen — Sohn Salomos und der Königin von Saba zurückführte.

[13] Berges, 34 ff., Lauterbeck, Regentenbuch XXVa; Mertens in: Fenske u. a. Geschichte der politischen Ideen, 151 f., 159; Schramm, Das Alte und das Neue Testament, 232 ff.
In diesem Zusammenhang muß auf die von mittelalterlichen englischen Juristen ausgearbeitete Lehre von „the kings two bodies" hingewiesen werden. Demnach hat der König einen natürlichen, sterblichen Körper und einen ewigen, der die Unvergänglichkeit der Herrschaft und ihre Unabhängigkeit von den jeweiligen Eigenarten der Herrscher repräsentiert. Die Berufung auf David dokumentiert dabei die Ewigkeit der Herrschaft. Dazu: Kantorowicz, The Kings two Bodies.

[14] Funkenstein, Samuel und Saul, 129 ff.; siehe z. B. Wilhelm von Ockham, Brevioloquium, V, 7, 182.

Chlotar II. ist der erste fränkische König, der mit David verglichen wurde
(626/7)[15]. Wenn bisweilen in den persönlichen Biographien der Könige
Parallelen zum Leben der biblischen Könige gesucht werden — so wird von
Pippin dem Mittleren berichtet, daß er wie David als Kind den Mörder seines
Vaters tötete[16] —, so werden in aller Regel die biblischen Könige nicht als
Individuen, sondern als Repräsentanten einer bestimmten Königsauffassung
verstanden[17]. „David" ist also kein Beiname.

Das Alte Testament hat des weiteren große Auswirkungen auf die kirchliche Liturgie und die Herrschaftssymbolik im geistlichen und weltlichen
Bereich gehabt. Ein bekanntes Beispiel für alttestamentliche Symbolik ist die
Reichskrone, die Abbildungen von David, Salomo und Hiskia zeigt[18]. Die
Verbindung des europäischen Königtums mit dem alttestamentlichen
geschah nicht nur indirekt über die Salbung, sondern auch direkt genealogisch, indem die Abstammung des regierenden Königshauses von David
„nachgewiesen" wurde[19].

Typologische Geschichts- und Bibelbetrachtung konnte zur Erhöhung der
Herrschaft, aber auch zu ihrer Entwertung führen, genau wie im Alten
Testament die Verklärung der Herrschaft Davids der Verdammung der
Herrschaft etwa in der Gideonsfabel und im Jothamsspruch gegenüber-
steht[20]

Im westlichen Teil des Imperium Romanum war das Vertrauen auf den
Staat als Träger des Heilsgeschehens — denn die positive Berufung auf
David ist immer von der Hoffnung getragen, Gottes Gegenwart offenbare
sich in der politischen Geschichte eines Volkes — durch das Eindringen der
Germanen und vor allem durch den Fall Roms (410) stark erschüttert
worden. Augustins (354-430) Gottesstaat, in dem das Heilsgeschehen ausdrücklich nicht mehr im politischen Geschehen gesehen wird, ist ganz deutlich getragen von der resignativen Strömung dieser Zeit. Zwar ist der irdische
Staat in gewisser Weise eine Spiegelung des Staates Christi, aber er wird doch
deutlich zurückgestuft. Auf Augustin geht der weitverbreitete und folgenrei-
che Gedanke zurück, der Staat sei ein Produkt der Sünde Adams und seines
Sohnes Kain, auf den sich jede irdische Herrschaft zurückführen läßt. Damit
stand Augustin in der Tradition des jüdischen Denkens, dem Leid und

---

[15] Ewig, 21.

[16] Beumann in HZ 180, 475.

[17] Chydenius, 49.

[18] Dazu ausführlich Schramm, Herrschaftszeichen, 568 ff.; Mertens in: Fenske u. a.,
Gesch. d. pol. Ideen, 161 f.

[19] So führte im 15. Jahrhundert Carolus Molinaeus das französische Könighaus auf das
davidische zurück: Tractatus de origine... Monarchiae regnique Francorum, 1561 in:
Goldast, Bd. 2, 45 ff. In Diesem Zusammenhang gehört die Zurückführung des englischen
Volkes auf die verlorenen 10 Stämme Israels (s. u. Kap. I, 7 Anm. 86).

[20] S. u. Kap. II. 1.

Zerstörung unmittelbare Folge begangenen Unrechts war. Diese Vorstellung entspricht einem Typos des altorientalischen Denkens und ist wohl über die jüdische Religion in die abendländische Staatsvorstellung gedrungen und dort lebendig geblieben. Nach altisraelitischem Verständnis entscheidet sich das Schicksal der Nation nicht an den äußeren politischen und militärischen Weichenstellungen, sondern an der Einstellung zum Gotteswillen und dessen Befolgung:

„Denn wo das Volk den Bund gebrochen hat, ist es seinem (Gottes, die Verf.) Gerichte verfallen, das sich vor allem in den beiden . . . Bereichen auswirkt: als Niederlage vor dem Feind und als Versagen des Regens. Die Katastrophe vollzieht sich in der *politischen* Sphäre, nicht in mythischen Vorgängen, die vielmehr historisiert und damit politisiert werden; aber auch ihre Ursache wird im politischen Leben gefunden, vor allem im Verhalten der Großen, zumal demjenigen des Herrschers."[21]

Es überlagern sich die Vorstellungen von kollektiver und persönlicher Schuld. Auf Kain, den verworfenen, wird außerdem der negativ beurteilte Bauernstand zurückgeführt.

Eine Verschärfung und kämpferische Akzentuierung der augustinischen Vorstellung von der weltlichen Obrigkeit brachte der Investiturstreit. Gregor VII. stellt dem verdorbenen weltlichen Königtum eine alttestamentliche Priesterherrschaft entgegen und verdammt das falsche Imperium der Fürsten:

„Quis nesciat reges et duces ab iis habuisse principium, qui Deum ignorantes superbia rapinis perfidia homicidiis postremo universis pene sceleribus mundi principe diabolo videlicet agitante super pares, scilicet homines dominari ceca cupidine et intolerabile presumptione affectaverunt?"[22]

Peter von Andlau, Verfasser eines der frühesten Spezialwerke über die Reichsverfassung im 15. Jahrhundert, berichtet über den Ursprung der Königsherrschaft, daß Henoch, der Sohn Kains, als erster die friedlich im Naturzustand lebenden Menschen verdarb und sie durch Raub und Betrug unter seine Herrschaft brachte: „Vetustum itaque genus predonum est, qui primum in orbe principem archique raptorem Cain auctorem habent."[23]

Im späten Mittelalter führte man gern jeglichen Mißstand auf eine Sünde zurück[24]. So war es nur ein kurzer Schritt zu der Vorstellung, daß schlechte Könige ein Produkt der Sünde ihrer Untertanen sind. Hier vermischen sich Ansichten, die das Königtum an sich für eine Folge der Erbsünde halten, mit solchen, die einzelne Könige als Strafe für jeweils bestimmte Sünden ansehen. Ebenso ist oft nicht ganz klar, ob die Herrschaft an sich oder nur die

---

[21] Hempel, 16.
[22] Brief an Hermann von Metz vom 15.3.1081, Reg. VIII, 21, S. 544 ff., hier 552; Jellinek, 297 f.; Funkenstein, Samuel und Saul, 134 ff.
[23] Peter von Andlau, 52.
[24] Dohna, 36.

Tyrannis Folge der Sünde ist. Wenn die weltliche Obrigkeit eine Folge der Erbsünde ist, so stellt der Staat eine Notstandsregelung dar, die nach dem Verlust des paradiesischen Naturzustands hilft, den Verlust der Erkenntnis des göttlichen Rechtes — denn dies verbirgt sich hinter dem Verlust der natürlichen Unschuld[25] — zu überwinden. Sehr häufig wird neben dem Hinweis auf die Erbsünde auch 1 Sam 8 bzw. Hos. 13 zitiert. So heißt es bei Luther:

„Und solt wissen, das von anbegynn der wellt gar eyn seltzam vogel ist umb eyn klugen fursten, noch viel seltzamer umb eyn frumen fursten. Sie sind gemeyniglich die groesten narren odder die ergisten buben auff erden, darumb man sich allzeyt bey yhn des ergisten versehen und wenig guts von yhn gewartten muß sonderlich ynn gotlichen sachen, die der seelen heyl belangen. Denn es sind Gottis stockmeyster und hencker, und seyn gotlicher zorn gebraucht yhr, zu straffen die boeßen und eußerlichen fride zu hallten. Es ist ein grosser herr unser Gott, Darumb muß er auch solch edelle, hochgeporne reyche henker und boettel haben unnd will, das sie reychthum, ehre und furcht von yederman die geusse und die menge haben sollen. Es gefellt seynem gottlichen willen, das wyr seyne hencker gnedige herren heyssen, yhn zu fussen fallen und mit aller demutt unterthan seyen, szo fern sie yhr handtwerck nicht zu weytt strecken, das sie hirrten auß hencker werden wollen. Geredt nu eyn furst, das er klug frum odder eyn Christen ist, das ist grosser wunder eyns und das aller theurist zeychen gotlicher gnaden uber das selb landt. Denn nach gemeynem laufft gehet es nach dem spruch Isaia am 3. 'Ich will yhn kinder zu fursten geben und maulaffen sollen yhr herrn seyn'. Und Osee 13. 'Ich will dyr eyn koenig auß zorn geben und mit ungnaden widder nehmen'. Die wellt ist zu boeße und nicht werd, das sie viel kluger und frumer fursten haben solt. Froesch muessen storck haben."[26]

Zwei Zitate, die aus etwa gleichzeitig entstandenen Schriften stammen, zeigen, mit welch unterschiedlicher Sinngebung der Gedanke, das Königtum sei eine Folge der menschlichen Sünde, verwendet werden konnte. Da ist zunächst die berühmte Regentenpredigt von Joachim Lütkemann aus dem Jahre 1655[27]. Lütkemann tadelt heftig die Laster der verdorbenen Obrigkeit und faßt seine Überlegungen zusammen:

„wenn ihr von unbilliger unbarmherziger Gewalt der Regenten höret, so gedencket, daß es eine Straffe von Gott sey, und habt Mitleiden mit denselben, die von solcher unbilligen Gewalt gedrücket werden."

Jakob I. schreibt in seiner Schrift über das „Jus liberae Monarchiae" (1598): „Neque ego inficias eo malum Regem Dei flagellum esse, quo hominum vindicantur peccata: licere tamen unicuique, cum visum fuerit, eam poenam excutere id verò pernego."[28] Trotz weitgehender inhaltlicher Identi-

---

[25] Das menschliche Recht oder ius positivum füllt diese Lücke nur sehr unzulänglich.

[26] WA 11, 267 f.; Hier zeigt sich die alte Vorstellung vom König als Sündenbock wieder.

[27] Lütkemann, 309. Lütkemann war Oberhofprediger in Wolfenbüttel (1649-1655), „der sich die Freiheit genommen hatte, von der Kanzel her das Unrecht und die Unterdrückung der Schwachen beim Aufbau des absolutistischen Staates zu brandmarken." (Wallmann, 366).

[28] S. 93.

tät liegt der Äußerung Jakobs ein deutlich positiveres Bild vom Amt des Herrschers zugrunde.

Bei protestantischen Theologen findet sich auch häufig das Argument, die Notwendigkeit des Staates ergebe sich aus der Sündhaftigkeit des einzelnen Menschen, d. h. der Staat müsse die Guten vor den Bösen schützen[29]. Auch Georg Gumpelzhaimer führt dieses Argument zur Rechtfertigung der Königsherrschaft an[30]: „Regnum propter virorum bonorum praesidium, contra sceleratos, & improbos homines est institutum." Und nicht zuletzt findet der Staat seine Daseinsberechtigung bei Hobbes in der Sündhaftigkeit der Menschen, im sonst unvermeidlichen Krieg jedes gegen jeden[31]. Bei all diesen negativen Äußerungen über die Herrschaft darf nicht vergessen werden, daß die christliche Lehre auch die Vorstellung der weltlichen Herrschaft als Typos der Herrschaft Christi vertreten hat.

Ein interessanter Aspekt ergibt sich, wenn man die Verwendung des Argumentes, die Herrschaft sei die Folge der Sünde, in der hofkritischen Literatur betrachtet. In diesen Schriften gelten schlechte Könige als Folge der hinterhältigen Tätigkeiten von Schmeichlern und schlechten Ratgebern, die den König hindern, gut und gerecht zu sein. Dieser Topos ist seit der Renaissance verbreitet[32]. Diese „Verschwörungstheorie" vermeidet in ihrer Kritik konsequent das Zentrum des Hofes, sei es getragen von der Hoffnung auf den idealen Friedensfürsten[33], sei es aus Furcht vor den Folgen allzu direkter Kritik. Jedenfalls entfaltete dieser literarische Gemeinplatz einen Traditionsdruck, dem sich so gut wie kein Hofkritik übender Autor entziehen konnte[34].

5. Schriftauslegung unter typologischen Aspekten

Die Geschichte der Auslegung der Heiligen Schrift in der früheren Neuzeit ist gleichzeitig die Geschichte der Auflösung des typologischen Denkens. Seit der Reformation werden allegorische Methoden der Schriftauslegung

---

[29] Fries, 45 f.
[30] In: Arumäus, Discursus, Bd. 2, Nr. 24, S. 728.
[31] Hobbes, 96, 134; vgl. Fetscher, Einleitung, LI, XXI f.
[32] Kiesel, 55 f., 162 f.
[33] Eine ganz ähnliche Argumentationsweise findet sich in der Toleranzdiskussion des 16. Jahrhunderts, insbesondere bei der Auslegung von Mt 13, 24 ff. Hier kehren ständig Klagen über die Schlechtigkeit der Geistlichkeit — die sich in der Gleichsetzung der nachlässigen Knechte der Unkrautparabel mit den trägen, faulen Priestern der Gegenwart manifestiert —, verbunden mit der ungebrochenen Hochschätzung der weltlichen Obrigkeit und ihrer Verpflichtung zum Schutz der Guten und Frommen, wieder.
[34] Kiesel, 265.

allmählich fragwürdig, da sich der Sinn der Schrift zuletzt hinter ihren Auslegungen versteckt hatte, so daß der Streit um die Schriftauslegung zu einem politischen Faktor werden konnte. Dazu trug auch bei, daß der Schrift die Bilder entnommen wurden, die für eine bestimmte Zeit bedeutsame Vorstellungen vermitteln konnten.

Im Mittelalter wurde das Recht auf Schriftauslegung und Teilnahme an der Diskussion darüber nur einer schmalen Schicht von Gelehrten zugestanden. Dem meist leseunkundigen Volk wurde die Heilige Schrift durch die Predigt in dogmatisch fixierter Auslegung vermittelt. Das Volk galt als unfähig zum richtigen Verständnis der Bibel, auch den Lesekundigen wurde der Zugang zum direkten Studium durch den Mangel an volkssprachlichen Übersetzungen erschwert. Daneben galt die Schrift an sich auch als dunkel und unklar, wenn sie nicht durch die vom Heiligen Geist erleuchtete katholische Lehre erläutert wurde. Laienpredigten wurden strikt abgelehnt[1]. Sobald Laien die Schrift im abweichenden Sinn auslegten, konnte ein offizielles Bibelverbot erfolgen. Entsprechende Edikte wurden etwa zur Bekämpfung der Albigenser in Südfrankreich 1229 und Böhmen 1369 erlassen. Noch 1485 wurde von Erzbischof Berthold von Mainz ein Bibelverbot für Laien ausgesprochen. Bibelverbote dienten dem Entzug von Legitimierungsmöglichkeiten, sie richteten sich gegen Häretiker und damit vor allem gegen Feinde der weltlichen Obrigkeit, wie sie etwa die Waldenser mit ihren „kommunistischen" Ideen darstellten. Das heißt also, daß der Kampf zur Durchsetzung sozialer und ethischer Forderungen zunächst bedeuten mußte, den Zugang zur herrschenden Ideologie zu erobern, hier der Theologie. Das christliche Weltbild wurde in seiner Gültigkeit dadurch keineswegs angegriffen, sondern eher noch erhöht[2]. Folgerichtig erscheint dementsprechend das Verlangen von John Wiclif nach Laienschriftstudium und Übersetzung der Bibel in die Volkssprache. Ähnliche Forderungen lassen sich auch bei Johann Hus und anderen „Häretikern" des Mittelalters feststellen. Trotzdem darf man das von der Papstkirche vorgebrachte Argument, ein Verbot des Laienstudiums verhindere subjektivistische und falsche Schriftauslegung, nicht nur als Schutzbehauptung abtun. Das komplizierte Gebäude der Schriftauslegung nach dem vierfachen Sinn stellte eine in langer Übung verfeinerte hermeneutische Methode dar, die für sich beanspruchte, den wahren Sinn der Schrift überhaupt erst klarlegen zu können. Um Nichtgelehrten die Fähigkeit zum Schriftverständnis zugestehen zu können, mußte erst die traditionelle Hermeneutik überwunden werden. Zur Auflösung dieses formalisierten Schriftverständnisses trug die Kirche indirekt mit bei durch ihre immer

---

[1] Vgl. Ginzburg, 234, 243, 273, 291. Die Tatsache, daß der Laienstand größtenteils nur vage mit Inhalt und Bedeutung der Bibel vertraut war, förderte das Fortleben volkstümlich-heidnischer Vorstellungen und Spekulationen.

[2] Daher wird auch verständlich, wieso sich im 17. Jh. die Bibelkritik aus dem radikalen Biblizismus entwickeln konnte.

gewaltsamere Bibelauslegung, die immer neue Dogmen beweisen sollte. Daneben förderte natürlich auch das Aufkommen der historisch-kritischen Methode im Humanismus, ausgelöst durch das Studium der griechischen und lateinischen Klassiker, ein neues Schriftverständnis. Im Humanismus wurde die Bibel wie jeder andere Text nach grammatischen, stilistischen und logischen Regeln behandelt[3]. In der Reformation wurde auf diesen Grundlagen aufgebaut.

Es ist allerdings zu berücksichtigen, daß gerade auch Erasmus von Rotterdam, der als Philologe die kritische Revision des Bibeltextes anregte, als Exeget die traditionellen Verfahren der Schriftauslegung beibehielt. Erasmus bewahrte die Methode der Auslegung nach dem vierfachen Schriftsinn und wandte sich entschieden gegen die Auffassung, die Wahrheit der Heiligen Schrift sei unmittelbar aus ihren Worten greifbar. Als Kriterien der Richtigkeit eines bestimmten Schriftverständnisses verwies er weiterhin auf celebritas, consensio und vetustas und verblieb somit in der mittelalterlichen Tradition[4].

Mit Luther[5] konnten die vorher unterlegenen Versuche zur Popularisierung der Schriftauslegung an Boden gewinnen. Luther plädierte für das Priestertum aller Gläubigen, für das Recht jedes Christen, die Schrift auszulegen. Publiziert wurde dieses Recht in den Schriften „An den christlichen Adel deutscher Nation von des christlichen Standes Besserung" und „Von der Freiheit eines Christenmenschen" (beide 1520). In der Schrift an den Adel bestreitet Luther die Unfehlbarkeit des Papstes bezüglich der Schriftauslegung[6]. In der „Freiheit eines Christenmenschen" erklärt er, die Heilige Schrift mache keinen Unterschied zwischen Priestern und Laien[7]. Der gewaltige Erfolg seiner deutschen Bibel — der auch die katholische Seite zur Verstärkung ihrer Bibelarbeit im Volke zwang — bestätigt, daß sie einem verbreiteten Bedürfnis entgegenkam. Dabei ist allerdings zu berücksichtigen, daß ja durch die Erfindung des Buchdrucks mit beweglichen Lettern erst seit wenigen Jahrzehnten die Herstellung einer größeren Öffentlichkeit technisch möglich war.

Luther ging — anders als die katholische Kirche — von der Klarheit der Schrift aus, die jedem verständlich sein kann. Später machte er allerdings, erschrocken über das täuferische „Rottenwesen", einen Teil seiner Grundsätze rückgängig:

„Es ist wahr, alle Christen sind priester. Aber nicht alle pfarrer. Denn uber das, da er Christen und priester ist, mus er auch ein ampt und ein befolhen kirchspiel haben. Der beruff und befelh macht pfarher und Prediger."[8]

---

[3] Hertz, 309; Burdach, 239 ff.; Ginzburg, 239 ff., 243, 250; Dinkler, 12 ff.
[4] Manfred Hoffmann, 73 ff.
[5] Hierzu Pfürtner und Liebing in „Sola Scriptura".
[6] WA 6, 411.   [7] WA 7, 28.   [8] WA 31, 1, S. 211.

Damit wurden die Seelsorger wieder über die Gemeinde gehoben, der Amtscharakter ihrer Tätigkeit verpflichtete sie zur Rechenschaftsablegung gegenüber der übergeordneten Behörde und damit zur Reinhaltung der Lehre.

Luthers exegetische Methode hat sich erst langsam herausgebildet. Er hat sich darüber nicht zusammenhängend geäußert, weil er ja ausdrücklich keine Methode anwenden, sondern die Schrift selbst sprechen lassen wollte. Recht früh trennte er sich von der Auslegung nach dem vierfachen Schriftsinn. Die Schriftauslegung war in der Hochscholastik zu einem komplizierten System entwickelt worden, das den Bibeltext unter vier verschiedenen Gesichtspunkten befragte: zunächst nach dem Literalsinn, d. h. nach Grammatik und Wortbedeutung, dann nach seiner allegorischen oder bildlichen Bedeutung, daraufhin nach der moralischen Intention (tropologischer Sinn) und zuletzt nach dem, was ein Christ hoffen darf (anagogisch). Es bleibt jedoch festzuhalten, daß Luther trotz selbständiger und teilweise auch eigenwilliger Exegese insgesamt im traditionellen Rahmen blieb[9].

Wenn die Bibel allein aus dem Glauben gedeutet werden muß, deutet abweichendes Schriftverständnis schon auf falschen Glauben hin:

„Mit dem Prüfstein, ob die Bücher der Heiligen Schrift 'Christum treiben oder nicht'. . ., ist jeder letzthin seinem persönlichen Ermessen überlassen. Wenn Luther Schwärmer und Altgläubige, die sich gegen ihn auf die Heilige Schrift berufen auf deren wahren Sinn verweist, dann entscheidet über diesen schließlich des Reformators eigene Christuserfahrung."[10]

Durch die Hintertür war so wieder ein geradezu päpstlicher Unfehlbarkeitsspruch in den Protestantismus gekommen. Im linken Flügel der Reformation wurde hingegen der Anspruch des bibelkundigen gemeinen Mannes hervorgehoben, Gott habe in der Bibel zum einfachen Mann und nicht zum Schriftgelehrten gesprochen. Darüberhinaus wurden von der Bibel Handlungsanleitungen für das profane Miteinander verlangt, alle Konfessionen forderten seit der Reformation eine Verchristlichung des alltäglichen Lebens[11].

Während der reformatorischen Auseinandersetzungen finden sich in vielen Publikationen Klagen über die Widersprüche in der Schriftauslegung, und besonders verunsichert ist man darüber, daß auch Täufer und andere „Rottengeister" mit der Schrift argumentieren:

„Es ereyget sich ye die geistliche sunde mit keinem offentlichen bosen schein, wie mord und rauberey, sondern kommt daher mit feiner erbarkeit und klugheit aufgemutzet. Dann es ist kein unglaub so boß, er hat seine ursach und augenschein; so ist

[9] Ebeling, Evang. Evangelienauslegung, 44, 87, 166, 170 ff., 269 ff.

[10] Iserloh u. a., 97.

[11] van Dülmen, Entstehung, 271.

kein ketzerey so falsch, sie hat sich mit der heiligen geschrifft geschmuckt . . .
Derhalben so ist der recht und beste weg, das man lasse alleine das euangelion und die
heiligen geschrifft wider die ketzerey fechten, durch welchs auch allein der ketzerey
gutter schein verrathen werden mag und durch seine offenbarung vertriben wirt."[12]

An dieser widersprüchlichen Äußerung zeigt sich das Dilemma, in dem die
reformatorischen Publizisten steckten, nämlich versuchen zu müssen, die
Schrift mit der Schrift zu widerlegen, ohne ihren Gegnern von vornherein die
Legitimation absprechen zu können.

Das Schriftverständnis der Spiritualisten ist gekennzeichnet durch Miß-
trauen gegenüber dem Wortsinn der schließlich durch Menschenhand verfaßten Bibel[13]. Insbesondere das Alte Testament und die getreue Befolgung
seiner Gebote wird vom Spiritualismus abgelehnt. Um den Sinn der Schrift
zu begreifen, bedarf es des Geistes, der nicht rationalistisch, sondern
mystisch-intuitiv verstanden wird. Luther hatte der angeblichen Äußerlich-
keit des Bibelwortes die Einheit von Wort und Geist in der Schrift entgegengestellt. Dagegen bedürfe die Schrift bei „Papisten" und Schwärmern einer
zusätzlichen Offenbarungsquelle, bei den einen der kirchlichen Dogmen, bei
den anderen der subjektiven Innerlichkeit des Einzelnen[14]. Glaube ist nach
spiritualistischer Auffassung ein Geschenk Gottes und kann daher nicht bei
allen Menschen vorausgesetzt werden. Die Täufer waren im Gegensatz zu
den Spiritualisten strenge Biblizisten. In ihren Gemeinden stand das gemeinsame Lesen der Heiligen Schrift und die direkte Umsetzung des Schriftwortes
in die tägliche Praxis im Vordergrund. Die Täufer vernachlässigten den
Schriftzusammenhang, sie erklärten nicht, wie es üblich war, eine Stelle im
Zusammenhang mit anderen, sondern die isolierte Betrachtung einer Bibelstelle genügte ihnen vollauf zur Begründung ihres Religions- und Geschichtsverständnisses. Diesen Biblizismus der Täufer hat Luther scharf kritisiert. Er
warf ihnen vor, daß sie nur ihnen passende Bibelstellen, die sie zudem noch
aus dem Zusammenhang reißen, verwenden und andere ignorieren[15]. Von
täuferischer Seite wurde dieses „im Zusammenhang sehen" allerdings als
Spitzfindigkeit beklagt, um das klare, eindeutige Gotteswort zu relativieren
und sein Gebot zu umgehen[16]. In England hingen der Puritanismus und vor
allem der Independentismus mit gleicher Strenge an der wörtlichen Befolgung der alttestamentlichen Gebote. Reventlow entdeckt die „Krise der
Bibelautorität" seit Mitte des 17. Jahrhunderts gerade bei den Puritanern:

---

[12] Brenz, Frühschriften, Teil 2, 481, 483.
[13] Das Inspirationsdogma wird also abgelehnt, von hier aus ergeben sich Ansätze zur
Entwicklung der Bibelkritik.
[14] Ebeling, Ev. Evangelienauslegung, 314.
[15] Ebenda, 318.
[16] Hubmaier, von der brüderlichen Strafe, 340.

„Wir gewinnen den Eindruck, daß die Bibel, besonders das Alte Testament, nach wie
vor einen zentralen Platz in den Auseinandersetzungen um die Gestaltung der
politischen Wirklichkeit im puritanischen Lager einnimmt. Ihre Autorität scheint
unangefochten — und doch erkennt man, daß die entscheidenden Maßstäbe aus
anderen Bereichen kommen: aus dem Naturrecht, aus einer jeweils unterschiedlichen
geprägten Vorstellung über das rechte Verhältnis zwischen Kirche und Staat."[17]

Dies gilt, so wird sich zeigen, auch für die biblisch argumentierenden Autoren im deutschen Reich.

Daß in der Schriftauslegung der Schlüssel zur Uneinigkeit zu sehen ist,
darüber sind sich freilich auch Anhänger zerstrittener Lager einig:

„Was macht alle Ketzerei in der Schrift, als daß einer den ungereimten Buchstaben
der Schrift da ansticht, der andere dort für sich nimmt und niemand auf die einhellige
Auslegung und Verstand des friedsamen Geistes achtet, sondern jedermann Gott und
Gottes Wort für seinen Apollo achtet . . . Deshalb ist nichts mehr wieder den Sinn der
Schrift, wenn man sie nach den toten Buchstaben versteht."[18]

Und ähnlich Luther: „Ego id observavi, omnes haereses et errores in scriptu-
ris non venisse ex simplicitate verborum, ut jactatur pene toto orbe, sed ex
neglecta simplicitate verborum et ex affectatis proprio cerebro tropis aut
sequelis."[19]

Im späten 16. und 17. Jahrhundert entwickelte die protestantische Orthodoxie ein ausgefeiltes System dogmatischer Sätze, die die Heilige Schrift „wie
ein Gehege"[20] umgaben. Diese starre Einengung der Schriftauslegung gip-
felte im Prinzip der Verbalinspiration: „Das Inspirationsdogma mit allen
seinen hermeneutischen Konsequenzen ist der entscheidende Faktor, der die
Kritik geradezu herausfordert."[21] Aber die Orthodoxie schottete sich gegen
die wachsende Kritik lange ab und vertat so die Chance, das neue wissenschaftliche Weltbild und die Theologie wieder zu vereinigen:

„Charakteristisch für das 17. Jahrhundert ist vielmehr das feindliche Gegenüber der
bibelgebundenen Weltsicht und jener drohenden Raubvögel der Aufklärung, die aus
unheimlichen, unbekannten Bereichen immer wieder in die heimatliche Bibelwelt des
Menschen vorstoßen . . . Die ratio löst sich weithin völlig von der Autorität der
überall für ein universales Kompendium angesehenen Bibel . . . Die allgemeine
Bibelforschung der protestantischen Theologie läßt keine Spuren einer wirksamen
Aufhellung durch das neue Weltbild erkennen — weder im 16. noch im 17.
Jahrhundert."[22]

Die kritiklose Bewahrung des Alten Testamentes förderte auch die starke
Verbreitung der typologischen Auslegung, die von Luther zumindest theolo-

---

[17] Reventlow, 307.
[18] Franck, Paradoxa, Vorrede Nr. 4, 4.
[19] WA 18, 701.
[20] Kraus, 35.
[21] Kraus, 37 f.
[22] Kraus, 75 f.

gisch abgelehnt worden war. Der Grundsatz: wo die Schrift selbst eine andere Auslegung ihrer Worte fordert, dort ist der sensus figurativus zu ermitteln[23], gab natürlich der Orthodoxie ein probates Mittel an die Hand, alle Widersprüche „hinwegzutypologisieren".

Die rechte Schriftauslegung war im 16. und 17. Jahrhundert aber nicht allein eine Streitfrage unter Theologen, sondern die Sprache der Publizistik insgesamt war in dieser Zeit weitgehend biblisch geprägt, und daher konnte die Schriftauslegung direkt politische Bedeutung gewinnen. Im Zusammenhang mit der politischen Sprache von Biblizismus zu sprechen, erscheint berechtigt, weil die Bibel die wichtigste Waffe aller Gruppen war, die im Kampf gegeneinander standen. Sie war Mittelpunkt jeder kontroversen Debatte und gewann in der angespannten sozialen Situation den Charakter eines revolutionären Manifestes. Auch dann, wenn von der Agitation zur direkten Tat geschritten wurde, wurde dieses Handeln mit der Bibel legitimiert. Der direkte Hinweis auf eine Bibelstelle oder nur der Gebrauch eines biblischen Gedanken oder Bildes findet sich in beinahe allen literarischen Sujets der Zeit.

„Schrift, das meint . . . die Berufung auf das Geschriebene überhaupt, auf das in alter Tradition Kodifizierte, durch den Buchstaben Festgehaltene, meint gegenüber dem bloß Zufälligen und Vergänglichen das Bleibende, Gültige, Richtige, Wahre; mit einem Wort: meint Legitimation, zumal Legitimation durch das Wort Gottes, wie es im Alten und Neuen Testament vorlag, in der Bibel, dem Buch der Bücher, kurz: der Schrift — eine Form der Legitimierung mithin, die zusammenhängt mit der auratischen Bedeutung alles schriftlich Fixierten in der noch weitgehend schriftlosen Gesellschaft des Mittelalters und der frühen Neuzeit, darüber hinaus und vor allem zusammenhängt mit einem Traditionsbegriff, der sich noch wesentlich auf die Stabilität von Herrschaftsformen gründete, deren entscheidende Basis die feudal gebundene landwirtschaftliche Produktion einer zumeist unfreien Bauerschaft und die korporativ-zünftlerisch gebundene Kleinwarenproduktion des städtischen Handwerks blieb."[24]

Tatsächlich führte die Freigabe der Schriftauslegung dazu, daß manche im Mittelalter unterdrückte Vorstellungen mit neuer Kraft zum Vorschein kamen[25], die sich u. a. in der Tendenz äußern, Schriftäußerungen unmittelbar und ganz konkret im Rahmen der eigenen Zeit zu interpretieren[26]. In

---

[23] Kraus, 36 f.

[24] Brackert, 45.

[25] In Bezug auf Italien schreibt Ginzburg zu diesem Phänomen: „In der allgemeinen Krise der italienischen Gesellschaft trifft man auf eine wahre Eruption jener Volksbräuche, die jahrhundertelang unterdrückt gewesen waren und die schon in der zweiten Hälfte des 15. Jahrhunderts an die Oberfläche drängten. Das Schwinden der Kontrollmöglichkeiten auf der Seite der Kirchenhierarchie erlaubte es diesen Volksbräuchen, sich in einem außerordentlichen Formenreichtum auszudrücken. Die Häufigkeit und Verschiedenartigkeit der Fälle von Aberglauben, die in den Beichtbüchern meist unter der Rubrik „Überschreitungen des ersten Gebotes", festgehalten wurden, geben eine Vorstellung von ihrer Verbreitung." (Volksbrauch, Magie und Religion, 267.)

[26] Vgl. Dohna, 23 ff.

ganz naivem Sinn ist Recht als göttliches Recht identisch mit Gerechtigkeit. Die Heilige Schrift wird oft in einer heute völlig inadäquat wirkenden Weise zitiert, und zwar auch bei der Orthodoxie. Da werden moralische Ermahnungen bei staatsrechtlichen Überlegungen herangezogen, aber Stellen mit echter Bedeutung für die politische Ordnung — zumindest des Alten Testamentes — werden ignoriert.

Noch in der zweiten Hälfte des 17. Jahrhunderts argumentiert die protestantische Orthodoxie in dieser Weise unkritisch mit der Bibel[27]. Verständlicherweise kam das Alte Testament einer solchen Verwendungsweise durch seine Fülle von konkreten Anweisungen sehr entgegen. Gleichzeitig leitete sich aus dieser unkritischen Verwendungsweise eine der Prämissen ab, die zum Verlust der Bibelgültigkeit führte. Es gibt zumindest drei solcher Prämissen:

— die Bemühung, dem Gegner aus politischen Gründen die Bibel aus der Hand zu nehmen

— die wissenschaftlich-philologische Bibelkritik

— die Anfänge der Entwicklung einer natürlichen Religion.

Die konfessionelle Argumentation im politischen Interesse, etwa auch in der Form der Verketzerung des Gegners, hatte die Wirkung, daß die religiösen Motive sich abnutzten, ja überhaupt an Gewicht im Bereich der politischen Argumentation verloren[28]. Gleichzeitig schwand aber auch in dem Maße, wie das historische Verständnis des Alten Testamentes wuchs, die Möglichkeit seiner Ausnutzung im obengenannten simplifizierenden Sinn.

Der Bibelkritik ging geistesgeschichtlich ein strenger Biblizismus voraus, d. h. die Bibel wurde moralisch, nicht allegorisch interpretiert, weil alle Interpretationshilfen abgelehnt wurden. Auf dem Gebiet der Staatswissenschaften wurde die biblische Argumentationsweise durch kein anderes geschlossenes System ersetzt, die Juristen verzichteten auf die Herstellung eines kosmischen Sinnzusammenhangs und argumentierten positivistisch[29]. Das Beharren der Orthodoxie auf einem starren Biblizismus ist demgegenüber im 17. Jahrhundert schon eine Rückzugsposition[30]. Das Aufhören der biblischen Argumentation zeigt sich in staatswissenschaftlichen Schriften daran, daß biblische Argumente kumulativ neben solchen aus anderen Berei-

---

[27] Vgl. Fries, 66. Allerdings ist zu berücksichtigen, daß das ius biblicum anfangs eine antielitäre, gegen das kirchliche Bollwerk des kanonischen Rechts gerichtete Stoßkraft besaß.

[28] Oestreich, Strukturprobleme, 189; Reventlow, 538, 539 A 397.

[29] Auf der Ebene der staatlichen Selbstdarstellung wird der kosmische Sinnzusammenhang sehr wohl angestrebt.

[30] Die Belebung des Biblizismus etwa im Pietismus trug nichts zur staatstheoretischen Diskussion bei, sondern nur zur Erbauung der Untertanen.

chen verwendet wurden. Aus der Bibel wird nichts mehr abgeleitet, sondern andernorts gewonnene Erkenntnisse erfahren durch die Heilige Schrift lediglich eine zusätzliche Legitimation[31]. Gleichzeitig versuchen moderne Denker, etwa Spinoza, den konfessionell-absolutistischen Staatsgedanken durch eine gezielte Kritik der biblischen Grundlagen zu entkräften.

Der Verlust der Schriftgeltung ist daneben auch auf einen anderen Aspekt der geistigen Entwicklung zurückzuführen, nämlich auf die Verschiebung der Motivation vom Gebot Gottes auf das Recht des Menschen. Die Lebensführung beginnt sich aus den traditionellen Bindungen zu lösen und einem freieren Empfinden und Umgang mit den eigenen Ansprüchen Platz zu machen[32].

Vor dem Hintergrund dieser modernen Entwicklungszüge bewahrte die typologische Berufung auf das alttestamentliche Königtum noch ihre Gültigkeit. Sie bedeutet nicht notwendigerweise eine Übernahme der altjüdischen Staatsgestaltung. Die moralische Schriftauslegung der Reformatoren — im Gegensatz zur älteren allegorischen — ließ die Frage nach der Gültigkeit der alttestamentlichen Gebote für das soziale und politische Leben aktuell werden. Dazu kommt noch, daß staatsrechtliche Fragen bis ins 17. Jahrhundert hinein nicht als juristische, sondern als politische Probleme galten und daher zu ihrer Beantwortung auch nichtjuristische Quellen, seien es die Klassiker, sei es die Bibel, herangezogen wurden[33]. So nahm etwa in fürstlichen Testamenten seit dem 16. Jahrhundert das Interesse an der Regelung von staatlichen, nicht mehr nur dynastischen, vermögensrechtlichen Fragen zu. Gleichzeitig wurden diese Fragen vermehrt durch Zitate vornehmlich aus dem Alten Testament behandelt[34]. Die Frage nach der Gültigkeit der alttestamentlichen Gebote war eine alte Streitfrage der politischen Wissenschaften. Durch die abschlägige Antwort sollte versucht werden, die Politiklehre auf innertheologische Weise zu enttheologisieren. Luther hatte die Gültigkeit der jüdischen Zeremonialgesetze für Christen verneint, und zwar mit Hinweis auf den neuen Bund Gottes mit den Menschen. Das Alte Testament galt ihm als Gesetzbuch, das lehrt, was man tun und lassen soll, das Neue Testament galt ihm als Gnadenbuch[35]. Dennoch ist das Alte Testament in

---

[31] Das zeigt sich symptomatisch daran, daß utopische Staatsentwürfe des 16. Jhs., anders als ähnliche Schriften aus dem 15. Jh., unbeschadet ihrer jeweiligen Fortschrittlichkeit oder Rückständigkeit, nicht auf die Bibel und ihre Ordnungsvorstellungen zurückgreifen. Gleichzeitig bemühte sich der protestantische Aristotelismus in Deutschland im 16./17. Jahrhundert um eine Verwissenschaftlichung religiöser Erfahrungen mithilfe aristotelischer Kategorien (Dreitzel, Prot. Aristotelismus, 55).

[32] Hirsch, 9; Vierhaus, 88; vgl. auch Klempt, 130; Diese Entwicklung wird auch von der Forschung über Leichenpredigten bestätigt. Auch hier zeigt sich gleichzeitig mit der Rezeption von antiken Topoi und Vorstellungen ein Zug zur Individualisierung und Verbürgerlichung (Fild in: Lenz (Hg.), 105, 121).

[33] Dazu Hoke, passim.

[34] Engelfried, 2, 29 ff.

[35] Kraus, 20.

Luthers christologischer Auslegung immer dem Neuen Testament untergeordnet. Melanchthons Bewertung der Gültigkeit des Alten Testamentes
schwankte, zuletzt blieb er bei der Geltung allein des Dekalogs. Dagegen
hatte Calvin das Alte Testament gleichberechtigt neben dem Neuen Testament stehen lassen, gerade seine Vorstellungen über die staatliche Ordnung
gründeten im Alten Testament[36]. Die Beantwortung dieser Frage hängt
davon ab, wie das Verhältnis von Evangelium und jeweiliger Gegenwart
gesehen wird. Melanchthon und Luther ziehen zwischen beiden eine deutliche Grenze, radikalere Kräfte wollen das eine in das andere überführen.

Wer die Gültigkeit der göttlichen Gebote des Alten Testamentes für die
staatliche Ordnung ablehnt, erkennt implizit den Staat als historisch beding-
tes Menschenwerk an. Wenn Gott aber nicht mehr direkt auf den Staat
einwirkt, so kann dieser auch nicht mehr als Produkt der Sünde verstanden
werden. Die neue fürstliche Machtfülle repräsentiert die quasi göttliche
Macht und ihre Ablösung vom alten Heilsplan. Das Alte Testament kann
nur solange als Vorbild dienen, als die Zukunft nicht besser als die Gegenwart zu werden verspricht.

Die politische Wissenschaft des 17. Jahrhunderts versuchte, zumindest in
einzelnen Richtungen, sich aus der Sackgasse der Verbindlichkeit des Alten
Testamentes zu befreien. So bemühte sich Henning Arnisäus intensiv, die
moderne Staatslehre vom Vorbild des jüdischen Staates zu befreien. Arnisäus lehnte den politischen Biblizismus und damit auch die Gültigkeit des
jüdischen Vorbildes für die modernen Staaten ab. Außer dem Argument,
bestimmte staatliche Normen seien eben nur für einen bestimmten Staat und
zu einer bestimmten Zeit gültig, bringt Arnisäus auch den Hinweis, Gott
habe nicht nur die Monarchie, sondern auch alle anderen Staatsformen
hervorgebracht[37]. Seine Bevorzugung der Monarchie stützt sich auf andere,
nichtbiblische Gründe, nämlich auf den säkularisierten Aristotelismus und
das Naturrecht. Nach Arnisäus' Staatsvorstellung konnten auch Ketzer und
Heiden eine legitime Obrigkeit bilden[38]. In ähnlicher Denkweise hatte Fran-
ciscus de Victoria verneint, daß die Eroberung des neuentdeckten amerikanischen Kontinentes wegen des Unglaubens der dortigen Völker rechtmäßig
sei[39]. Noch im 18. Jahrhundert setzte sich eine juristische Dissertation mit
dem Problem der Gültigkeit der alttestamentlichen Gebote auseinander[40].
Die mosaischen Gesetze werden dort in natürliche und positive geteilt, die

---

[36] Reventlow stellt die Haltung verschiedener reformatorischer Richtungen und Einzel-
persönlichkeiten ausführlich dar, 65 f. (Wyclif), 110 ff. (Sebastian Franck), 124 ff. (Müntzer), 145 ff., 158 (Bucer), 216 f., 360 ff. (Hobbes).

[37] Dreitzel, Protest. Aristotelismus, 195 f., 279, 282.

[38] Ebenda, 253, 271.

[39] Quaritsch, 104 f.

[40] Georg Gottlieb Wagner, Dissertatio inauguralis de legis mosaicae valore hodierno.

natürlichen gelten nach wie vor, die positiven Gesetze sind allerdings zur Disposition gestellt, weil sie von Gott nicht ausdrücklich für allgemeinverbindlich erklärt wurden. Der Verfasser argumentiert anders als Arnisäus nicht historisch, sondern formal juristisch.

Diese Auseinandersetzung um die Gültigkeit der mosaischen Gebote muß vor dem Hintergrund gesehen werden, daß bestimmte Gruppen — Täufer, Puritaner — an der Gültigkeit aller jüdischen Gesetze festhielten. Im Festhalten an beiden Testamenten sieht Max Weber geradezu eine Grundvoraussetzung für die asketische Lebensführung dieser Gruppen[41].

6. Zur Entwicklung des Geschichtsverständnisses unter typologischen Aspekten

Der Begriff von Geschichte als eines zielgerichteten, von einer höheren Gewalt geordneten allumfassenden Prozesses stammt aus der jüdischen monotheistischen Religion und wird von der christlichen Eschatologie fortgesetzt.

Die griechische Philosophie sah in der Geschichte einen zyklischen Ablauf von Blüte und Verfall, sei es insgesamt zum Besseren (Demokrit) oder Schlechteren (Lukian) hin, aber ohne die Hoffnung auf Erlösung und ohne die Gewißheit, hinter dem menschlichen Handeln das Wirken der göttlichen Allmacht zu sehen. Allerdings gibt es auch im Alten Testament Ansätze eines zyklischen Geschichtsverständnisses, etwa in Pred 1[1]. Die zyklische Geschichtsvorstellung verbindet sich im Alten Testament mit der linearen Heilserwartung zu einem spezifisch typologischen Denken. Denn die Heilserwartung verlangt, daß das Leben der Menschen auf die Befolgung des Willen Gottes gerichtet sein muß. Wird dieser mißachtet, so sind Katastrophen die unabdingbare Folge dieses sündhaften Verhaltens. Insofern sind historische (Fehl-) Entscheidungen einzigartig und irreversibel, aber die eschatologische Hoffnung läßt den neuen Zustand immer wieder als Abglanz des vorhergegangenen erscheinen. Nach einer Sünde stellt die Vergebung Gottes nicht den alten Zustand wieder her, sondern ermöglicht die Verwirklichung des versprochenen Bundes auf einer anderen Ebene: so hat zwar der unzeitige Wunsch der Israeliten nach einem König die endgültige Beseitigung der direkten Herrschaft Gottes während der Richterzeit zur Folge, aber Gott offenbarte eine neue Möglichkeit der Heilsverwirklichung im davidischen Königshaus[2].

---

[41] Weber, 138.

[1] Demandt, 243.

[2] Schaeffler, 16; J. Jeremias, 384; Pannenberg, 219 ff.

So bringt das eschatologische das typologische Denken hervor, indem es das Endziel der Geschichte in verschiedenen Figurationen immer wieder bestätigt sehen will. Ganz deutlich wird dies in Zeiten, in denen das Weltende nahe zu sein scheint, etwa im Frühchristentum sowie vor und während der Reformation[3]. Eschatologisches Denken setzt aber auch das Weltende mit dem Anfang in eins, die Gegenwart ist zwar auch Abfall von der paradiesischen Vergangenheit, aber sie ist auch ein Schritt in die erlöste Zukunft. Insofern läßt sich die Geschichte der Menschheit, die „Heimkehr des pilgernden Gottesvolkes" wieder als Kreis beschreiben[4].

Die Trennung zwischen zyklischem und linearem Geschichtsdenken ist in der Bibel nicht streng gezogen. Die scharfe Unterscheidung setzte erst Augustinus durch. Augustin ordnete die zyklische Bewegung dem Naturgeschehen zu, das dem geschichtlichen Ablauf gerade wegen seiner Unwandelbarkeit diametral entgegengesetzt ist. Das Heilsgeschehen entwickelt sich linear, in der profanen Geschichte sind beide Elemente vermischt[5]. Augustin wendet sich hier — die Civitas Dei ist ja in erster Linie eine Abrechnung mit der klassischen Philosophie — gegen die heidnische Vorstellung, daß die Welt ohne Anfang und Ende da sei[6]. Er macht auch deutlich, daß Hoffnung und Erlösung nur von einer zielgerichteten Zukunft zu erwarten sind, während die blinde Rotation von Aufstieg und Niedergang jeden Glauben vernichtet[7]. Nur die Bösen bewegen sich im Kreis[8]. Augustin ist eigentlich nicht an einer Geschichtsphilosophie interessiert, der Geschichtsablauf als solcher interessiert ihn nicht, denn er ist ohne Sinn, wenn der Glaube fehlt, der seine Hoffnung auf das Ende der Geschichte setzt. Augustin ist kein Vertreter einer typologischen Geschichtsbetrachtung; Ereignisse der Profangeschichte besitzen nach seiner Auffassung keine besondere heilsgeschichtliche Bedeutung[9]. Tatsächlich hat er ja auch die Ausweitung der typologischen Schriftauslegung über Christus hinaus abgelehnt[10]. Biblizistisch ist allerdings seine Chronologie: Er unterscheidet entsprechend den Schöpfungstagen sechs Epochen. Die letzte reicht vom Erscheinen Christi bis zum Ende der Welt[11]. Die biblizistisch-typologische Weltbetrachtung blieb eine Einheit vom Mittelalter bis an die Schwelle des 17. Jahrhunderts[12]. Jedoch lassen sich seit dem Humanismus schon die ersten Ansätze zur Überwindung feststellen.

---

[3] Vgl. 1 Kor 10, 1 ff. als wichtigste Stelle zum Verständnis der urchristlichen Typologie, s. o. Kap. I.1.

[4] Dazu Demandt, 244.

[5] Augustinus, Buch 12, Kap. 14; Demandt, 245; Schaeffler, 16.

[6] Augustinus, Buch 12, Kap. 14; Löwith, 149.

[7] Augustinus, ebenda; Löwith, 151.

[8] Augustinus, ebenda; Löwith, 152.

[9] Löwith, 159.

[10] Meuthen, 205 f.; Rauh, 530.

[11] Diese Einteilung behandelt Augustin in: De Civitate Dei, ab Buch 15.

[12] Scholder, 82; Schönstädt, 102.

Die Bibel war die wesentliche Geschichtsquelle für das Mittelalter und die frühe Neuzeit, und zwar nicht nur für Fakten, sondern auch zum Verständnis der Fakten. Biblische Geschichten wurden für Geschichte angesehen, und zwar in direkter und undifferenzierter Gleichsetzung[13]. Zwischen Offenbarung und Realität wurden so in — aus heutiger Sicht — stark simplifizierender Weise Bezüge hergestellt, die den Zeitgenossen eben deswegen logisch und sinnvoll erschienen. Wenn etwa die Eroberungszüge der damals noch weitgehend heidnischen Wikinger im 6. - 11. Jahrhundert die Christenheit in dem Glauben bestärkten, eine Prophezeiung Jeremias erfülle sich, und die Strafe für ihre Sünden sei nahe, so wurde dadurch das rätselhafte und bedrohliche Phänomen der Wikingerzüge in gewisser Weise rational erfaßbar und in das zeitgenössische Vorstellungsgefüge eingeordnet. Im Verständnis von Geschichte zeigt sich deutlich die Neigung des Mittelalters zu unmittelbarem Umsetzen und handgreiflichem Anwenden von Wissen und Erfahrung[14]. Wesen und Bedeutung sind in dieser Denkweise noch nicht unterschieden. Dies erklärt auch, warum man typologische Deutung nicht als Allegorie mißverstehen darf — denn in der Allegorie weist das eine auf das andere hin[15] —, Typologie aber meint die geschichtlich real begriffene Identität von Ereignis und Deutung.

„Die prophetische Figur ist sinnlich-geschichtliche Tatsache, und sie wird durch sinnlich-geschichtliche Tatsachen erfüllt... Das gegenseitige Verhältnis der beiden Ereignisse wird durch eine Übereinstimmung oder Ähnlichkeit erkennbar... Oft genügen schattenhafte Ähnlichkeiten in der Struktur der Vorgänge oder in ihren Begleitumständen, um die figura erkennbar zu machen, es war ein bestimmter Interpretationswille erforderlich, um sie jeweils zu finden."[16].

Die negativen Folgen dieser assoziativen Geisteshaltung beschreibt Huizinga für das späte Mittelalter:

„Unmittelbar aus dem allgemeinen Formalismus erwachsen die Eigenschaften, die dem Geiste des späten Mittelalters so oft den Charakter von Hohlheit und Oberflächlichkeit verleihen; vor allem die ungewöhnliche Primitivität der Motivierung... Man sieht von jedem Zustand, von jedem Zusammenhang nur Einzelzüge und diese stark hervorgehoben und kräftig gefärbt... *Ein* Motiv reicht stets hin zur Erklärung, mit Vorliebe das allgemeinste, das unmittelbarste oder das gröbste. ... Wo man jeden Fall so farbig und so isoliert sieht, ergibt sich eine gewaltige Übertreibung; sie wird noch dadurch verstärkt, daß immer neben dem Fall eine Parallele aus der Heiligen Schrift bereitsteht, die ihn in die Sphäre einer höheren Bedeutung emporzieht... Wo für jeden Fall eine Erklärung so bequem zur Hand ist, wo sie, einmal zur Hand, so fest

---

[13] S. dazu den Aufsatz von Moser, Veritas und fictio als Problem volkstümlicher Bibeldichtung. Dort wird gezeigt, wie biblische Erzählungen in aktualisiertem Gewand den Zeitgenossen als „Newe Zeytung" angeboten wurden.

[14] Dazu in Bezug auf die Reformatio Sigismundi: Dohna, 23 ff.

[15] Zwar weist auch die Prophezeiung auf ihre Erfüllung hin — insofern gehört auch die Typologie zur Allegorie — aber ihre Bedeutung geht weit darüber hinaus.

[16] Auerbach, figura, 452, 451; s. auch Kölmel, 277 f.

geglaubt wird, da herrscht eine ungewöhnliche Leichtfertigkeit im falschen Urteilen."[17].

Typologisches Geschichtsdenken reißt oft die Einzelphänomene aus ihrem logischen Zusammenhang und verzerrt ihre historische Dimension.

Eine Erweiterung der typologischen Weltbetrachtung geht auf den deutschen Symbolismus des 12. Jahrhunderts zurück. Der Symbolismus — dessen Hauptvertreter Rupert von Deutz, Hildegard von Bingen und Gerhoh von Reichersberg sind — versteht die handelnden Personen sowohl in der Bibel als auch in der Profangeschichte nur als Statthalter transzendenter Mächte: „Für den Symbolisten hat ein geschichtliches Ereignis außer seinem Entsprechungswert also nur untergeordnete Bedeutung. Er kennt historisches Werden nur innerhalb entsprechungsgemäß festgelegter Beziehungen[18]." Auf diese Weise förderte der Symbolismus den freieren Umgang mit der Typologisierung nachbiblischer Ereignisse[19].

Eine besondere Rolle für die biblizistische Grundlegung der Geschichte spielten verschiedene Spekulationen über den Gang der geschichtlichen Epochen, die aber alle das auf Erlösung gerichtete Ziel und die sinnvolle Zuordnung der universal verstandenen Gegenwartsgeschichte gemeinsam haben. Hier sind vor allem die Danielsprophetie (Dan 2, 31 ff.; Dan 7) und die aus dem Spätjudentum stammende, von Augustin aufgegriffene Lehre von den — analog den Schöpfungstagen — sechs Weltzeitaltern zu nennen.

Wichtig und folgenreich war auch die Geschichtsbetrachtung des Joachim von Fiore. Dieser teilte die Weltgeschichte in drei Epochen — wobei die dritte noch in der Zukunft lag —, deren Ereignisse sich auf verschiedenen Stufen des geistigen Fortschritts typologisch entsprachen. Wenn Joachim von Fiore selbst keine revolutionären Schlüsse aus seiner eschatologischen Weltinterpretation zog, so doch viele seiner Interpreten im 15. und 16. Jahrhundert.

Die Reformatoren standen diesem starren Gliederungssystem skeptisch gegenüber, sie bevorzugten stattdessen die ebenfalls aus dem Spätjudentum stammende apokalyptische Vision des „Vaticinium Eliae"[20]. — Überhaupt ist das gesamte Mittelalter von Visionen, prophetischen Spekulationen und Berechnungen über das Weltende erfüllt. Grundlage dieser Überlegungen war der Gedanke, daß sich das Weltende voraussagen lassen muß, da die Geschichte nach göttlichem Plan abläuft. Im Spätmittelalter und in der frühen Neuzeit wird das geschichtstypologische Denken zwar noch nicht grundsätzlich in Frage gestellt, aber seine allmähliche Abschwächung zeigt

---

[17] Huizinga, 342 f.

[18] Meuthen, 205.

[19] Meuthen, 206. Es ist begrifflich verwirrend und auch ungenau, wenn Rauh „Symbolismus" als Synonym für Typologie benutzt.

[20] Scholder, 84 f.; Schönstädt, 103.

sich unter anderem daran, daß Spekulationen über das Weltende immer mehr gegenüber zeitkritischen Katastrophenprophezeiungen zurücktreten und zunehmend als Argumente in polemischen Auseinandersetzungen dienen[21]. Kölmel hat darauf hingewiesen, daß schon im Mittelalter Typik und Atypik[22] in der Geschichtsschreibung nebeneinanderliegen, ohne daß er aber Atypik mit Säkularisierung gleichsetzt[23]. Kölmel sieht hier die Dinge differenzierter als Buck, der das Fortschrittsdenken der Renaissance generell als Säkularisierungsprozeß versteht[24]. Zwar ist der Fortschrittsgedanke an sich mit einer Absage an eine bestimmte Ausprägung der christlichen Heilsgeschichte verbunden, weil man von der Zukunft etwas Besseres erhofft, als es in der Vergangenheit je gab, aber das Dekadenzverständnis der Renaissance ist m. E. recht stark vom biblisch-typologischen Denken geprägt.

Die Reformation brachte keinen Bruch mit dem überkommenen biblizistischen Weltbild, sondern ganz im Gegenteil aufgrund der starken Betonung des Schriftprinzips noch eine Steigerung seiner Wertschätzung und Geltung:

„Die kräftige Belebung des historischen Interesses, die im Zusammenhang mit Humanismus und Reformation im 16. Jahrhundert allenthalben zu beobachten ist, hat — jedenfalls was die Reformatoren betrifft — diese zentrale Stellung der Bibel zunächst noch eher verstärkt. Wir finden überall Zeugnisse für dieses neuerwachte Interesse, die aber immer zugleich den theologisch-kirchlichen Bezug erkennen lassen."[25].

Eines der auffälligsten und merkwürdigsten Phänomene, die mit der Reformation verbunden sind, ist wohl die Tatsache, daß trotz großen Gottvertrauens und der Gewißheit der heilsmäßigen Wahrheit bei großen Erfolgen der reformatorischen Bewegung viele Protestanten und insbesondere Luther selbst von starkem Geschichtspessimismus ergriffen waren. Demnach ist die Reformation eine politisch-soziale Umwälzung, die nicht getrieben ist von der Hoffnung auf irdisches Glück, sondern von der Furcht und der Erwartung des nahen Weltunterganges. Luther hat keine systematische Abhandlung über sein Geschichtsverständnis hinterlassen. Geschichte ist für ihn ein ewiges Auf und Ab von Kampf und Zank, ohne Richtung, ohne Sinn:

„beyde ynn grossen und kleinen hirschafften, beyde ynn keyserthumen und königreichen, sihet man nichts mehr denn abfallen und aufsitzen, gerade als sey die ganze welt

---

[21] Vgl. Haeusler, 177 f.

[22] „Es wird sich zeigen, daß neben der typologischen eine Argumentation langsam Raum gewinnt, die nicht mehr heilstypisch geprägt ist, sondern aus der geschichtlichen Faktizität selbst her orientiert ist, also atypisch genannt werden kann." (Kölmel, 281). Kölmels aufschlußreicher Aufsatz ist leider recht wenig bekannt geworden, da er an relativ versteckter Stelle erschienen ist.

[23] Kölmel, 301.

[24] Buck, Geschichtsdenken der Renaissance, 14 f.

[25] Scholder, 86.

mit yhrer Oberkeit Gotts turnyr und reuterey, da sichs unternander sticht und bricht und gilt nicht mehr denn wer do ligt, der ligt, wer do sitzt der sitzt."[26].

Gleichzeitig hielt er das Ende der Welt für nahe[27].

Biblisch-typologische Geschichtsauffassung ist demnach eine solche, die die Universalgeschichte unter dem Gesichtspunkt der einheitlichen christlichen Heilsgeschichte betrachtet[28]. Das heißt aber auch — und damit wird das Geschichtsbild Luthers verständlicher:

„Kein irdischer Fortschritt kann sich jemals dem christlichen Ziel annähern, da dieses Ziel die Erlösung von Sünde und Tod ist, denen die Weltgeschichte unterworfen bleibt. Das Heilsgeschehen wirft gelegentlich auch auf die Weltgeschichte ein Licht, aber die Ereignisse der Welt sind als solche blind."[29].

Von Melanchthon und seinen Schülern kanonisiert und in den christlich-humanistischen Lehrplan eingeführt, galt Geschichte noch den Theologen im 17. Jahrhundert

„als Heilsgeschichte unter eschatologischem Gesichtspunkt ... und beruhte im Grunde auf einer Einheit der Bildungselemente des traditionellen historischen und physikalischen Weltbildes, die ihre Herkunft der wechselseitigen Befruchtung von Antike und Christentum verdankte und deren Rahmen und Autorität gleichermaßen die Bibel darstellte."[30].

7. Typologisches Denken und Fortschrittsglaube

Beim Denken in den Kategorien des Typos und der ewigen Wiederkehr des Gleichen in verschiedenen Stufen und Sinnbezügen handelt der Mensch als Sucher und Wiederfinder. Dieser Position entgegengesetzt ist die, bei der der Mensch selber „macht", weitersucht und — vorgeblich — Neues findet. Damit sind kurz die beiden zentralen geistigen Denkmodelle im Mittelalter und in der frühen Neuzeit in Europa skizziert, nämlich das analoge und das ihm nachfolgende empirische Denken. Beide sind wichtig für die Entwicklung der typologischen Weltbetrachtung.

Das analogische Denken stellt sich den Kosmos als eine große Kette mit Gliedern unterschiedlicher Rangordnung vor, deren Elemente sich gegenseitig beeinflussen. Turbulenzen in einem Bereich haben Störungen in anderen zur Folge. So führt menschliche Sünde zu Hagelschlag und Mißernten.

---

[26] WA 19, 360.
[27] WA 18, 360 f.
[28] Schönstädt, 94.
[29] Löwith, 173.
[30] Schönstädt, 101.

Zugrunde liegt die Unterscheidung von geistiger und materieller Welt, der Mensch ist mit beiden Sphären verbunden und stellt so den Mikrokosmos des gesamten Weltalls dar:

„It was indeed this central position in the chain of being, as the link between two worlds, and not as is often supposed the geocentricism of the Ptolemaic astronomy, which gave man great cosmic significance to the medieval and early modern mind."[1].

Da die ganze Welt ein planvolles Produkt göttlicher Vernunft ist, sind selbst aus den unbedeutendsten Gegenständen Einblicke in den Schöpfungsplan zu gewinnen. Jedes beliebige Schicksal nimmt durch seinen festgelegten Platz und dessen figurative Einordnung am göttlichen Heilsplan teil[2].

Man findet in dieser Vorstellung leicht die platonische Ideenlehre in christlichem Gewand wieder, denn es obliegt dem Menschen, die von Gott geschaffene Seinsordnung zu erkennen und sich ihrer Verpflichtung zu unterziehen. Allerdings hat diese Ordnung keinen determinierenden Charakter, da der Mensch immer die Freiheit hat, seine Pflicht innerhalb der Ordnung zu erfüllen oder sich ihr zu entziehen[3]. Diese Idee einer allumfassenden Ordnung bedeutet den sinnvollen Zusammenhang von Vergangenheit, Gegenwart und Zukunft, sowohl in zeitlicher Dimension, als auch in hierarchischer Abstufung vom höchsten bis zum niedrigsten Element des Kosmos. Ziel und Richtung erhielt dieses Weltverständnis durch die Vorstellung, die Welt befinde sich seit Anbeginn in einem Prozeß fortwährenden Verfalls, der erst am Ende zum Anfang zurückführe[4]. Dieses typologische Ordnungsdenken hat eine weit zurückreichende Tradition und gehört wohl zum zentralen Erbe des alten Orients[5]. Auch die Scholastik ordnet sich mit ihrem Bestreben, den Glaubenswahrheiten durch Systematik und vernünftige Methodik erhöhte Gewißheit zu verschaffen, diesem Denken in Analogien zu. Analogisch aufgebaut ist auch der universalgeschichtliche Entwurf des Joachim von Fiore.

Auf staatsrechtlichem Gebiet führte das ordo-Prinzip dazu, daß die Monarchie für die natürlichste und beste Staatsform gehalten wurde, da die

---

[1] Greenleaf, 17.

[2] Greenleaf, 21; Henschel, 311.

[3] Mertens in: Fenske u.a., Geschichte der pol. Ideen, 177.

[4] Greenleaf, 28 ff.

[5] Ich verweise auf die Arbeiten von Alfred Jeremias, die gerade für die Königstypologie wichtig sind. Danach entspricht in der altorientalischen Vorstellungswelt
„alles irdische Sein und Geschehen... einem himmlischen Sein und Geschehen. Alle Teilerscheinungen vom größten bis zum kleinsten sind Spiegelbilder voneinander. Mit den Erscheinungen des Kreislaufs am Himmel laufen die Erscheinungen des irdischen Naturlebens parallel... Auch der Mensch als ,Bild der Gottheit' ist ein Kosmos im kleinen, der teil hat an den Geschicken des großen Kosmos und des Kreislaufs." (Handbuch der altorientalischen Geisteskultur, 9) „Der irdische König erscheint als Abbild des himmlischen Königs und schließlich in Kraft einer Überspannung der Idee als Inkarnation der Gottheit oder als zur Gottheit erhobener Mensch." (ebenda, 173).

hierarchische Ordnung der Gesellschaft der hierarchischen Ordnung der Schöpfung insgesamt entsprach. Thomas von Aquin erklärt, daß der König in seinem Reich das gleiche bedeute wie die Seele im Leib und Gott in der Welt[6]. Der Staatszweck als solcher war also immer transzendent. Im 17. Jahrhundert wurde dieser Gedanke dahingehend präzisiert, daß nur die absolute Monarchie der Weltordnung entspräche[7].

Naturkatastrophen deuten im analogen Denken auf schreckliche Ereignisse im menschlichen Zusammenleben hin. E. Dahlhaus-Berg beschreibt die typologische Exegese bei Theodulf von Orléans, einem Gelehrten am Hofe Karls des Großen:

„Das plötzliche Austrocknen der Sarthe vor Le Mans, das durch den Verweis auf das Ausbleiben der Wasser des Jordans vor Jericho (Jos 3, 13 ff.) in eine typologisch-heilsgeschichtliche Perspektive gerückt wird, hat wie die nachfolgende Schilderung der Vogelkämpfe, deren tropologischen Sinn ein Vergleich mit den römischen Bürgerkriegen erhellt, zeichenhafte Funktion: die Aufhebung der Gesetzmäßigkeiten der Natur manifestiert den Bruch der Rechtsordnung, und die tödlichen Konflikte im Tierreich kündigen Zwietracht im Königshaus und unter den Großen an."[8]

Aus späterer Zeit soll nur die Reformatio Sigismundi genannt werden, sie ist voll von düsteren Deutungen der Naturerscheinungen[9]. Das ausgehende Mittelalter lebte überhaupt in dem Bewußtsein, einer Zeit gestörter Ordnung anzugehören, und die Schriften, in denen Düsteres prophezeit wird, sind kaum zu zählen. So ist etwa Sebastian Brants „Narrenschiff" eine ausführliche Aufzählung der Mißstände und Laster, die Brants pessimistische Überzeugung, das Weltende sei nahe, bestätigen[10]. Für Calvin und viele andere auch ist eine schlechte, gar tyrannische Ordnung besser als das Fehlen einer solchen überhaupt. Die Ordnung wird zu einem von Gott den Menschen ins Herz geschriebenen Wert an sich[11]. Allgemein wird in zeitgenössischen Schriften Ordnung als Medizin gegen die verderbte Natur des Menschen verstanden, strenge Ein- und Unterordnung soll den göttlichen Weltplan aufrechterhalten. In der weiteren Entwicklung dieser Vorstellung konnte der weltliche Souverän als der, der die Ordnung aufrechterhält, an die Stelle Gottes treten[12]. Im „Mundus christiano-bavaro politicus", einer theoretischen Abhandlung über das Fürstentum aus dem Jahre 1711 — die allerdings zu dieser Zeit längst überholte politische Vorstellungen bewahrte — heißt es:

---

[6] Thomas v. Aquin, de regimine principum I, 12.

[7] Greenleaf, 44, 47 ff.

[8] Dahlhaus-Berg, 34.

[9] Dohna, 26 f.

[10] Vor allem Kap. 99 und 103.

[11] Ilting in: Geschichtliche Grundbegriffe, Art. Naturrecht, Bd. 4, S. 276.

[12] Das ordo-Denken an sich beinhaltet nicht die individuelle Disziplinierung, diese ist erst Folge der Neubewertung des ordo-Begriffs in der frühen Neuzeit.

„Gott hat die fürsten auf die obriste Staffel der hochheit gesezt, und lasset sye zu
allererst das guette und das böse wetter erfahren: Gott hat die fürsten mit selbstaige-
ner handt als Planeten an den Himmel der Ehren gesezet, an Ihren Influenzen oder
Wirckungen hanget die beschaffenheit der ganzen unteren Welt, wan diese guett ist,
so bringt sye gesundt und fröhlichkeit, und daß Leben in die ganze Welt; ist sye aber
bös, so fillet sie alle Elemente mit Pest und Gifft an. . .“[13].

Die Fürsten verbinden die himmlische mit der weltlichen Ordnung. Der
Vorstellung Gottes als planvollen Weltenlenkers entspricht die des Königs
als Mittelpunkt einer eigenen hierarchisch geordneten Welt. Von daher
erklärt sich auch die Strenge, mit der Majestätsverbrechen verfolgt wurden,
da sie ja einen mittelbaren Angriff auf Gott selbst darstellen mußten.

Wenn Topoi literarische Manifestationen von geschichtlich-real empfundenen Typoi sind, wenn also Handeln als typologisches Aufgreifen eines
schon Geschehenes begriffen wird, dann liegt es wohl nahe, daß in vergleich-
baren Situationen vergleichbare Aspekte der Heiligen Schrift, d. h. dieselben
Topoi in der literarischen Produktion verwendet werden. Dies ist vor allem
bei solchen Autoren der Fall, die zur Typologie aufgrund eigener eschatolo-
gischer Erwartungen ein besonders starkes Verhältnis hatten. Ohne diesen
Gedanken in aller Breite ausführen zu wollen — dazu wären gründlichere
Vorarbeiten nötig — soll doch versucht werden, dieses Modell auf Thomas
Müntzer anzuwenden. Müntzer erkennt in seiner aktuellen Lage stets Situationen, die in irgendeiner Weise auch in der Bibel angesprochen sind. Nach
dem jetzigen Stand der Müntzerforschung ist davon auszugehen, daß sein
eigenes zeitliches Handeln der Ausgangspunkt ist, nicht aber eine als Hand-
lungsanleitung verstandene Heilige Schrift. Dennoch vermischen sich Vorbild und Erfüllung. Müntzer gehört demnach auch zu den Vertretern des
ordo-Denkens, denn die Welt und ihre Geschichte bestehen für ihn aus einer
Kette von auf verschiedenen Ebenen zusammenhängenden Ereignissen[14]. Es
ergeben sich Zusammenhänge zwischen der Kritik Müntzers am Fürstenstand seiner Zeit und der prophetischen Kritik am Königtum des Alten
Testamentes, und zwar wird dieser Zusammenhang nicht nur mittelbar über
die Auslegung der Bibel hergestellt, sondern ist vielmehr Resultat einer
bestimmten Denkweise.

Die beiden grundsätzlichen Positionen der prophetischen Kritik am
Königtum des Alten Testamentes[15] lassen sich wie folgt kurz beschreiben:
Zweifelsohne hingen die sozialen Mißstände, die von den Propheten beklagt
wurden, mit der Einführung des Königtums und der Errichtung eines Beam-
tenstaates zusammen. Von daher ist es umso bemerkenswerter,
„daß die prophetische Kritik sich zwar gelegentlich auch einmal an konkrete Könige
wendet, aber nie gegen die Institution; daß für die eigentlich kritisierten sozialen

---

[13] Straub, 207.

[14] Schwarz, 91; Dismer, 202, 211.

[15] S. u. Kap. II. 1.

Unterdrückungsmechanismen nicht die Zentralgewalt als solche, sondern in erster Linie ein bestimmter Teil der Oberschicht, vor allem Teile der höheren Beamtenschaft verantwortlich gemacht werden. Umgekehrt findet sich bei Hosea zwar radikale Königskritik, aber keine Sozialkritik, d. h., er findet die Gründe für das angekündigte Gericht zwar zu einem guten Teil beim Königtum (immer wieder taucht es bei ihm auf), nicht aber wie die zuvor genannten Propheten in bestimmten ökonomischen und sozialen Vorkommnissen seiner Zeit."[16].

Unschwer erkennt man in der zweiten Position die von Thomas Müntzer wieder, dessen Königskritik vehement war, dessen Sozialkritik aber stets auffällig blaß blieb. Auch die Kritik an den schlechten Ratgebern des Fürsten ist als gemäßigt königsfeindlicher literarischer Topos im Mittelalter und in der Neuzeit weit verbreitet[17].

Das typologische Geschichtsverständnis führt tatsächlich dazu, daß eine bestimmte Situation nicht in ihrer historischen Einmaligkeit gesehen wird, sondern daß die Gemeinsamkeiten der vergangenen Zeiten ihre Unterschiede überdecken. Daher können unter Berufung auf die entsprechenden literarischen Äußerungen auch in der jeweils neuen Situation wieder die alten Parteiungen auftreten. In dieser Weise wird eine aus dem Alten Testament bekannte Situation in Kreisen des radikalen Täufertums nachgelebt: diese Gruppe kritisiert — wie das alttestamentliche Prophetentum — das Fürstentum religiös als Abfall von Gott und sozial als Unterdrückung der Armen und Schwachen. Das Bewußtsein der Identität von vergangenem Vorbild und gegenwärtiger Erfüllung konnte dann durch einzelne Motive noch gesteigert werden. So sah Müntzer in dem Erscheinen eines Regenbogens vor der Schlacht von Frankenhausen die Bestätigung des Gotteswortes aus Gen 9, 12ff.

Das Denken in Analogien wurde nach Greenleaf in der Neuzeit allmählich vom empirischen Denken abgelöst, und es ist interessant zu verfolgen, wie in der Übergangszeit aus dem traditionellen ordo-Denken selbst die neue Denkweise hervorging. Die Vertreter des empirischen Denkens
„rejected the all-embracing world-scheme embodied in the great scholastic synthesis and highly complex philosophies of the Middle Ages, regarding them as in many aspects excessively abstruse and remote from common experience."
Vielmehr glaubten sie, daß die Welt einst von Gott erschaffen war, aber seitdem ohne unmittelbares göttliches Eingreifen ihren Weg ging:
„In this sense, God was eliminated from the scientific universe as an active principle, and was only invoked when all other modes of explanation had failed to save the phenomena: He was relegated to the role of 'celestial plumber'."[18].

---

[16] Crüsemann, 88.

[17] Dazu die Arbeit von Kiesel.

[18] Greenleaf, 157, 159; Schon im Hochmittelalter hatte das Papsttum den Aristotelismus verdächtigt, die christliche Einheit der Welt zu zerstören, weil er nämlich das Reich der Natur von dem der göttlichen Gnade trennte und somit dem empirischen Denken den Weg bahnte (s. Mertens in: Fenske u. a., Gesch. d. pol. Ideen, 183).

Naturerkenntnis trennte sich von der Gotteserkenntnis und der von Averroes, Duns Scotus und Wilhelm von Ockham vertretene Satz von der doppelten Wahrheit wurde wieder aufgegriffen. Lineare Kausalitäten ersetzten die mehrdimensionale Harmonie des Kosmos: „In a way, the chain of necessary causes and effects took the place of the chain of created being."[19].

Die beiden Richtungen des analogen und empirischen Denkens verbergen sich bereits hinter den aus der Scholastik hervorgegangenen methodischen Praktiken der via antiqua und der via moderna[20]. Der Wegestreit, der aus dem Realienstreit des Hochmittelalters hervorgegangen ist, darf nicht darüber hinwegtäuschen, daß die Spätscholastik grundsätzlich viel konkreter und praxisbezogener geworden war, als das die herausragenden Spitzfindigkeiten vermuten lassen[21]. Die via antiqua bestand darin, unter Verzicht auf unmittelbare Naturbeobachtung alles Wissenswerte aus anerkannten Autoritäten herzuleiten, d. h. das Besondere wurde stets im Allgemeinen gefunden. Diese Methode beruhte auf dem „realistischen Vertrauen auf den Ewigkeitsbezug der professoral-prophetisch geschauten Ideen."[22] Die via moderna dagegen verschaffte dem modernen empirischen naturwissenschaftlichen Denken Raum, weil bei ihr die Unterscheidung von Wahr und Falsch nicht dem tatsächlichen Befund vor-, sondern nachgeordnet war[23]. An der via moderna zeigt sich auch, daß die Abkehr von der alten typologisch-analogen Bilderwelt keineswegs per se Säkularisierung bedeutet: zusammen mit der via moderna durchzog die devotio moderna ganz Europa als pietistische Frömmigkeitsbewegung[24].

Empirisch verfahrende Denker bemühten sich, viele neue Ergebnisse und Daten zu sammeln, sei es durch Reisen und Erforschung von bisher Unbekanntem, sei es durch kritische Überprüfung von bisher als bekannt geltenden Fakten auf dem Felde von Religion, Geschichte und Recht. Der Wunsch nach neuen Techniken und praktischen Erfahrungen förderte die Beschäftigung mit den antiken Schriftstellern und ließ die Auseinandersetzung mit ihnen immer praxisnah bleiben[25]. Auch die vielen utopischen Staatsentwürfe zu Beginn der Neuzeit sind als Zeichen dieser Denkweise zu werten. Es gibt in diesem Prozeß interessante Übergangsformen, nämlich Werke, die sich durch fleißig angehäuftes Faktenmaterial auszeichnen und gleichzeitig der

---

[19] Greenleaf, 166.

[20] Lit.: Zimmermann (Hg.), Antiqui und Moderni; H. A. Oberman, Werden und Wertung der Reformation.

[21] Dazu: Oestreich, Die antike Literatur als Vorbild, 364.

[22] Oberman, 7.

[23] Oberman, 52.

[24] Für die neuere Diskussion des Problems zwischen „mythologischer" und „naturwissenschaftlicher" Weltbetrachtung empfiehlt sich die Lektüre des Aufsatzes von Rudolf Bultmann: Die christliche Botschaft und die moderne Weltanschauung.

[25] Oestreich, Die antike Literatur, 358 ff.

ordnungsgemäß-typologischen Weltsicht neue Aspekte verschaffen wollen. Hier sei auf das „Biblisch Thierbuch" von H. H. Frey[26] verwiesen. Frey deutet — gestützt auf ältere Traditionen — Tiere und deren Eigenschaften moralisch auf den Menschen hin.

Auf politischem Gebiet sympathisierten die englischen „Empiristen" mit der konstitutionell begrenzten Monarchie und der überseeischen Expansion. Klassische heidnische Ideen und die nationalbewußte Erhöhung der altenglischen Vergangenheit wurden dem universalistischen christlichen Weltbild entgegengesetzt[27]. In England gab es nach der Restitution der Monarchie ein Aufleben der ordo-Vorstellungen[28]. Auch und gerade auf dem Kontinent zeigt das barocke Staatsdenken viele Bezüge zum Denken in Ordnungskategorien[29].

Einen weiteren Schritt zur Auflösung des typologischen Geschichtsverständnisses stellen die Anfänge der Bibelkritik dar.

Der Humanismus brachte Ansätze einer nicht-biblischen und nicht-typologischen Geschichtsbetrachtung auf antiker Grundlage hervor. Von der Geschichte wird eine eigene Erkenntnisleistung verlangt, nicht nur eine Bestätigung der göttlichen Offenbarung. Die Taten großer Männer sollen Gegenstand der Betrachtung sein, und die sie bestimmenden Faktoren — teils rational faßbare, teils schicksalhafte, rationaler Erklärung unzugängliche — sollen dargestellt und bewertet werden[30]. Die Aufweichung der christlich-typologischen Geschichtsauffassung betraf Form und Inhalt. Die Entwicklung ging von der Universalgeschichte — denn nach christlichem Verständnis ist Geschichte immer Universalgeschichte — zur regional begrenzten Geschichtsschreibung. Von Humanisten wurden die ersten Stadtgeschichten verfaßt[31]. Aber diese Ansichten blieben doch sehr rudimentär und die universale Interpretation der Historie blieb auch im 16. Jahrhun-

---

[26] Frey war seit 1577 Prediger in Schweinfurt:
„Biblisch Thierbuch/ Darinne alle vierfüssige/ zahme/ wilde/ gifftige und kriechende Thier/ Vogel und Fisch (deren in der Bibel Meldung geschicht) sampt jren Eigenschafften unnd anhangenden nutzlichen Historien beschrieben sind... Mit der alten und newen Kirchenlehrer Außlegungen fleissig erkleret/ unnd auff drey Hierarchias, der geistlichen/ Weltlichen unnd Haußstand Lehr/ straff und Trostweise gerichtet."
Dazu: Heimo Reinitzer, Zur Herkunft und zum Gebrauch der Allegorie im „Biblisch Thierbuch" des Hermann Heinrich Frey. Ein Beitrag zur Tradition evangelisch-lutherischer Schriftauslegung, in: Haug (Hg.), Formen und Funktion der Allegorie, 370-387.
[27] Greenleaf, 188 ff., 202 ff. Die Gleichsetzung von Empirismus und Neigung zur limited Monarchy wird von Eccleshall kritisiert (S. 5). Allerdings wird auf der Ebene der staatlichen Selbstdarstellung der kosmischen Sinnzusammenhang sehr wohl angestrebt.
[28] Straka, passim.
[29] Vgl. etwa Seils, 47, 53.
[30] Landfester, 118 ff., 165 ff.
[31] Joachimsen, Geschichtsschreibung, 8, 13, 19.

dert weitgehend gültig, zumal ja eine Relativierung der universalhistorischen Sicht Kritik an der ausschließlichen Bedeutung der Bibel implizierte. Hier im Grenzbereich zwischen Geschichte und Offenbarung finden sich freilich auch die ersten Ansätze einer kritischen Betrachtung. Melanchthon, der nachhaltigen Einfluß auf die Lehre der Geschichte an deutschen Universitäten hatte, betrachtete die Heilige Schrift als oberste Geschichtsquelle und Zeugnis der göttlichen Heilsoffenbarung. Geschichte hat für Melanchthon Aufklärungsfunktion. Sie zeigt einerseits, daß Gottes Schöpfung auf Ordnung angelegt ist, aber andererseits lehrt sie auch, daß sich Künste, Wissenschaften und vor allem die Sprachen in fortwährendem Verfall befinden[32]. Ähnlich wie Luther kannte Melanchthon keinen Fortschritt in der Geschichte, sie blieb für ihn eine Abfolge von beliebigen Ereignissen[33].

Aber Melanchthon hatte auch erkannt, daß die Exempla der Bibel allein auf dem Felde von Ethik und Politik nicht ausreichten — er hatte sich in dieser Frage scharf gegen täuferische Gruppen gewandt — und stellte daher die Geschichte als selbständige Disziplin heraus. Von seinen Schülern, insbesondere Caspar Peucer, wurde dann die Profangeschichte von der Historia Ecclesiae getrennt[34]. Die Auflösung des biblisch-universalistischen Geschichtsbildes vollzog sich ausgesprochen langsam, und erstaunlicherweise blieb das Geschichtsbild lange Zeit unbeeinflußt von den großen naturwissenschaftlichen Entdeckungen der frühen Neuzeit:

„Die Einheit des historischen Universums, so wie Melanchthon und seine Schüler es sahen, hing an der Kraft der religiösen Überzeugung. Wer darin nicht mehr ganz so sicher war, der konnte manches anders sehen. Kirche und Theologie, überhaupt der ganze heilsgeschichtliche Aspekt mochten für ihn zurücktreten und statt dessen ein stärkeres Interesse für näher liegende Dinge sich bemerkbar machen: für Verfassungen etwa, für politische Verwicklungen und juristische Probleme. Dabei war von grundsätzlicher Kritik noch keine Rede: es war nur die langsame Umstrukturierung des historisch-politischen Bewußtseins, die sich hier ankündigte."[35]

So bemühten sich auch die Naturwissenschaftler, die in Konflikt mit der Kirche geraten waren, nachzuweisen, daß ihre Forschungsergebnisse nicht im Widerspruch zur Offenbarung standen, oder sie versuchten astronomische und sonstige naturwissenschaftlichen Probleme aus dem Glaubenskanon auszugliedern, bzw. die Kirche zu bewegen, die neuen Erkenntnisse bei der Schriftauslegung zu berücksichtigen[36].

Jean Bodin versuchte in seinem „Methodus ad facilem historiarum cognitionem" als erster eine Kritik am melanchthonischen Geschichtsbild. Er lehnte mit Hinweisen auf den tatsächlichen Verlauf der Geschichte die

---

[32] Klempt, 21; Hammerstein, 22 f.
[33] Menke-Glückert, 81.
[34] Klempt, 33, 38, 48.
[35] Scholder, 87, s. auch 80.
[36] Heidelberger/Thiessen, 202 f.

Vorstellung ab, ein Ende des Reiches bedeute — gemäß Melanchthons Auslegung der Danielsprophetie — auch das Ende der Welt[37]. Überhaupt lehnt Bodin — und hier ist er wirklich modern — die Theorie vom fortwährenden Verfall der menschlichen Kultur ab. Er hält vielmehr ein flammendes Plädoyer für den Fortschritt der Menschheit, indem er darauf hinweist, daß das angeblich goldene und silberne Zeitalter in Wirklichkeit die Zeit gewesen sei, in der die Menschen nach Art der wilden Tiere von Raub und Mord gelebt haben[38]. Dennoch ist Bodin nach dem Urteil Scholders Melanchthon nicht durch die kritische Methode, sondern durch den Blick für die historisch-politischen Realitäten voraus[39]. Das Modell analoges/empirisches Denken läßt sich auch auf die Entwicklung der Geschichtsvorstellung anwenden. Denn so wie das mittelalterliche Geschichtsbild von Typen und Kollektiven geprägt ist, so ist das neuzeitliche an handelnden Individuen und ihren Taten interessiert.

Die Geschichtsvorstellung hat natürlich auch die Geschichtsschreibung beeinflußt. Die mittelalterliche Geschichtsschreibung ist stark typologisch ausgerichtet[40]. In der neueren Geschichtswissenschaft wird der Begriff Typos im abstrakten Sinn verwandt. Geschichtswissenschaft ist zunächst am Besonderen und Einzigartigen interessiert. Wird diese Tendenz noch wie in der deutschen Forschung durch die Tradition des Historismus verstärkt, so versteht sich, daß nur wenige Forscher nicht in erster Linie das Bedeutende und Singuläre zum Gegenstand ihrer Arbeit machen wollten. Jakob Burckhardt gehört zu den ersten der neueren Historiker, die auch das „sich Wiederholende, Konstante, Typische" beschreiben wollten[41]. Aber gerade Burckhardt hielt darauf, die Kontinuität als einzig sinngebendes Element der Geschichte herauszustellen[42], während die jüdische Typologie gerade aus der Aufspaltung des Kontinuums hervorging. Tatsächlich hat der neuere Typosbegriff jegliche heilsgeschichtliche Bedeutung verloren und dient als „Ide-

---

[37] Vor Bodin hatte schon Calvin diese Vorstellung abgelehnt: Dreitzel, Prot. Aristotelismus, 314. Im deutschen Bereich hielt sich die Vorstellung vom Reich als vierte Monarchie außerordentlich lange (Mommsen, 259; Link, 83). Link bezeichnet allerdings Arnisäus fälschlich ebenfalls als Anhänger dieser Lehre (Dreitzel, Prot. Aristotelismus, 282).

[38] Bodin, Methodus, 319:
„haec fuerunt aurea & argentea secula, quibus homines ferarum more in agris et silvis dispersi, tantum haberent, quantum per vim & nefas retinere possent, quousque paulatim ab illa feritate ac barbarie sunt ad hanc, quam videmus, morum humanitatem ac legitimam societatem revocati.";
vgl. Klempt, 52 ff.; Scholder, 88 ff.

[39] Scholder, 91.

[40] Zittel in R. H. Schmidt (Hg.), 132; Einzeluntersuchungen von Dahlhaus-Berg und Eberhardt.

[41] Schieder, in: R. H. Schmidt (Hg.), 108, 111; Burckhardt, 3.

[42] Burckhardt, 4 ff.; Löwith, 28.

altypus" bei Max Weber nicht mehr als Erfüllung einer Prophezeiung, sondern als Charakteristikum der Gemeinsamkeit von Erscheinungen, deren zeitliche Einordnung unberücksichtigt bleibt. Bei Hegel allerdings ist ein Rückgriff auf das jüdisch-christliche Typosverständnis festzustellen. Hegel geht bekanntlich von einem Stufengang der Weltgeschichte aus, in dem sich der Weltgeist immer mehr offenbart[43]. Die geschichtlich handelnden Menschen tragen, ohne es zu wissen, durch ihre jeweils besonderen Absichten zur Förderung des Allgemeinen — des Typischen — bei[44]. Nachdrücklich weist Hegel — was aus dem Gesagten schon klar ist — darauf hin, daß die Vorsehung die Welt regiere, daß hinter dem Gang der Weltgeschichte ein Plan verborgen sei[45]. Der Typos in der modernen Geschichtswissenschaft kann aber niemals reine Abstraktion werden, da der geschichtliche Prozeß niemals nach den einfachen Kausalitäten eines naturwissenschaftlichen Prozesses abläuft:

„Der historische Typus als Form anschaulicher Abstraktion vermag zwar den Anspruch relativer Allgemeingültigkeit zu erheben, ist aber noch nicht das von der Singularität ganz abgelöste Modell, wie es etwa die naturwissenschaftlichen Disziplinen gebrauchen. Die historische Typologie schließt deshalb die Kategorie der Individualität keineswegs aus, sondern ist vielmehr als gedankliche Steigerung bestimmter Züge vergangener Wirklichkeit anzusehen[46]."

Die oben genannten Entwicklungen kulminierten mit einigen anderen Erscheinungen in der Krise des 17. Jahrhunderts. Mit dem Schlagwort „Krise des 17. Jahrhunderts" werden Phänomene zusammengefaßt, die sich bei der grundlegenden Neuorientierung von Staat, Gesellschaft, Wissenschaft und Religion, bedingt durch Innovationen auf dem Gebiet der Naturwissenschaften und einer kritischen, säkularisierten Methode der Weltinterpretation, ergaben. Dieser Prozeß des Wandels, beschrieben als „Werden der Aufklärung", „Säkularisation" oder „Sieg des empirischen Denkens" vollzog sich nicht in der Weise, daß das Denken in biblizistisch-typologischen Ordnungskategorien allmählich an Wirkungskraft verlor und dem stärker werdenden empirischen Denken unterlag, sondern vielmehr so, daß die alten Prinzipien des Schriftglaubens und des Analogiedenkens neubelebt und in ihrer Anwendung ausgeweitet wurden. Dabei wandelten sie sich aber inhaltlich auf kaum merkbare Weise und transportierten das Neue in alter Form.

Klaus von Beyme beschreibt in Anlehnung an Mohl vier Bedingungen für den Fortschritt im Bereich politischen Denkens[47]:

---

[43] Hegel, Vorlesungen über die Philosophie der Geschichte, 86.
[44] Ebenda, 45, 36.
[45] Ebenda, 25.
[46] Besson, in: R. H. Schmidt (Hg.), 484.
[47] von Beyme, 38.

1. Eine Anzahl neuer Fakten und erkannter Zusammenhänge sprengt die logischen Kategorien des alten Systems und führt zur Neubesinnung.
2. Auf einem anderen Gebiet menschlicher Forschung werden Fortschritte gemacht, die auf das Feld der politischen Theorie übertragen werden (Spill-over-Effekt). Dieser Punkt ist vor allem für das politische Handeln der Gegenwart wichtig.
3. Die Umwälzung erfolgt infolge von Unruhen, Hunger oder Einbrüchen in Religion und Kirche, bzw.
4. aufgrund der Änderung der vorherrschenden Lebensweisen und Werthaltungen.

Zu diesem Modell ist zu bemerken, daß es wohl eher die auslösenden Anlässe als die zugrundeliegenden Ursachen beschreibt. So fehlt z. B. die Kategorie des ökonomischen Wandels infolge Bevölkerungswachstums, Mißernten, Klimawechsels etc. Allerdings kann die „Krise" des 17. Jahrhunderts wohl nur mit einem Bündel von Merkmalen beschrieben werden. Dafür bietet von Beymes Modell einen hilfreichen Einstieg.

Kritisch befragt Lehmann den Begriff der „Krise". Er kritisiert, daß „Krise" von der Forschung zu diesem Thema immer im Sinne von „Entscheidung, Wendepunkt, historische Zäsur" verwendet wird. Lehmann dagegen versteht unter der Krise des 17. Jahrhunderts einen langdauernden Prozeß des strukturellen Wandels, der mit quantitativen und qualitativen Kriterien beschrieben werden kann und die Jahre zwischen 1600 und 1740 umfaßt:

„Während die quantitativen Kriterien geeignet sind, die seit dem frühen 17. Jahrhundert in ganz Europa wirkenden neuen Tendenzen zu beschreiben, hefen uns die qualitativen Kriterien, die Reaktionen auf die Tendenzwelle zu erfassen, die Art und Weise also, wie die Zeitgenossen die neue Entwicklung verstanden[48]."

Zu den quantitativen Faktoren zählt Lehmann das stagnierende Bevölkerungswachstum, die Folgen von Kriegen und Seuchen, den ökonomischen Strukturwandel, außenpolitische Erschütterungen und innenpolitische Krisen, die auf kulturellem Gebiet einen allgemeinen Niedergang zur Folge hatten. Den qualitativen Faktoren, also der Reaktion der Bevölkerung auf diese Entwicklung mit Sorge, Angst, Not und spekulativer Zukunftserforschung spricht Lehmann über ihre Eigenschaften als subjektive Widerspiegelung hinaus den Wert echter krisenverschärfender und auch krisenbewältigender Erscheinungen zu[49].

Die folgende Krisenbeschreibung vernachlässigt die quantitativen Faktoren — ohne daß ihr Vorhandensein damit geleugnet wäre — und bemüht sich, die qualitativen in ihrer Eigenwertigkeit herauszustellen. Demzufolge kann die Krise des 17. Jahrhunderts als der Verlust der existentiellen Gebor-

---

[48] Lehmann, 109.
[49] Lehmann, 112.

genheit des Menschen in einem geschlossenen und geordneten Kosmos
beschrieben werden. Die Entdeckungen auf astronomischem Gebiet nahmen
dem abendländischen Menschen die geschlossene sphärische Hülle, die Ent-
deckung von Völkern mit völlig fremder Kultur beraubten sein Weltbild der
Allgemeinverbindlichkeit, die langanhaltende Wirtschaftskrise bestätigte
seine düsteren Ahnungen, die Reformation erschütterte seine Zuversicht und
sein Vertrauen in den geistlichen Stand, und die politische Krise des Staates,
die zu einem grundsätzlichen Autoritätswandel führte, nötigte dem Einzelnen den politischen Status eines Untertanen auf. Die düsteren Todeselegien
und Vanitasbekundungen der Barockliteratur zeigen deutlich den Mangel an
positiver Zuversicht. Das Individuum des 17. Jahrhunderts sieht sich einem
infiniten Weltall gegenüber, es schaudert vor der Sinnlosigkeit der Welt[50].
Mit dieser psychischen Zustandsbeschreibung allein kann das 17. Jahrhundert sicher nicht umfassend begriffen werden, aber als Schilderung des
geistigen Grundkonfliktes mag sie gerechtfertigt sein.

Die verschiedenen theologischen Deutungsversuche dieser Zeit verdeutli-
chen die möglichen Wege, das christliche Weltverständnis in eine neue Zeit
zu retten[51]. Der theologische Traditionalismus versuchte, die neuen beunru-
higenden Erscheinungen möglichst ohne Veränderung des eigenen Selbstver-
ständnisses in das alte System zu integrieren. In diese Richtung gingen der
nachtridentinische Katholizismus sowie die protestantische Orthodoxie.
Nach der orthodoxen Lehre gab es keine Zufälle oder Unfälle, alles geschah
mit Gottes Wissen und Willen, der auf oft unbegreifliche Weise die Menschen prüfte oder strafte. Dieser abstrakte und ferne Gott konnte aber vielen,
die über ihre Gegenwart beunruhigt und verunsichert waren, keine Auskunft
und neue Hoffnung geben. Konfessionelle Streitigkeiten verlieren angesichts
der grundsätzlichen Krise des biblischen Weltbildes an Bedeutung[52]. Deswegen etablierte sich im 17. Jahrhundert eine protestantische Richtung, die
versuchte, mehr über Gottes Absichten und Pläne zu erfahren:

„Von den Anhängern der Lehre des theologischen Gegenwartsbezugs wurden deshalb alle politischen Vorgänge, aber auch alle signifikanten Ereignisse in der Natur,
als Ergebnis göttlicher Entscheidung verstanden; sicherlich, bei vielen Protestanten,
zunächst nur als wichtige Ergänzung der traditionellen Lehre, bei manchen jedoch
auch als neueste und damit wichtigste Botschaft Gottes an die Menschheit. Die nicht
auf wenige Sätze reduzierbaren Aussagen der Bibel wurden auf diese Weise konkretisiert, die, wie man glaubte, zeitgebundenen Lehren der Reformatoren revidiert und
auf den neuesten Stand der heilsgeschichtlichen Entwicklung gebracht[53]."

---

[50] Philipp, 78 ff., 95; Lehmann, 105 ff.; Abel, 24 ff.; Kraus, 73; Schnur, Individualismus
und Absolutismus, 29; s. auch Koyre, Von der geschlossenen Welt zum unendlichen
Universum.

[51] Ich orientiere mich im folgenden an Lehmann, 171 ff.; s. auch Kraus, 74 f.

[52] Die Bundestheologie kann als Ansatz zur Überwindung der geschichtslosen doctrina
gelten (Calixt, Coccejus), Kraus, 37 f., 53 ff. Sie versucht, die Kluft zwischen Heilsgeschichte und Profangeschichte zu überwinden.

[53] Lehmann, 172.

Auch hier zeigt sich, daß der Verunsicherung des traditionellen Weltbildes zunächst eine lebhafte Steigerung eben dieser Denkweise folgte, d. h. hier der biblisch- typologischen Vorstellungen. Noch deutlicher erweist sich dies an einer dritten theologischen Gruppierung des 17. Jahrhunderts, die im Grunde nur die Steigerung der eben beschriebenen darstellt. Deren Anhänger nämlich

„lasen und interpretierten die biblischen Prophezeiungen in der Hoffnung, hier die entscheidenden Hinweise für das künftige Schicksal der Welt und somit auch Entscheidendes über ihre Gegenwart zu finden. Die Deutung der Zeitzeichen gewann dadurch eine neue Dimension: Sie geschah nicht mehr in der Absicht, die Lehre von Gottes Allmacht anschaulich und damit verständlich zu machen, sondern diente dem Ziel, in der eigenen Gegenwart die Erfüllung jener Voraussagen zu finden, die im Buche Daniel und in der Offenbarung Johannis standen. Kannte man diese biblischen Bücher genau und kannte man außerdem die bisherige Menschheitsgeschichte, dann war zudem nicht nur eine heilsgeschichtliche Bestimmung der Gegenwart möglich, sondern auch eine Zukunftsprognose. Nicht die Hybris, Gottes Schöpfungsplan zu entschlüsseln, steckte jedoch hinter solchen Vorhersagen, sondern die Hoffnung auf baldige Erlösung. Alle endzeitlichen Berechnungen des 17. Jahrhunderts, in denen ein Termin für den Tag des Jüngsten Gerichts oder die Wiederkunft Christi und den Beginn des Tausendjährigen Reiches genannt wurde, sagten bezeichnenderweise dieses große Ereignis für eine nicht allzuweit entfernte Zeit voraus[54].“

Vom endzeitlichen Biblizismus dieser Art bis zum neuen Prophetentum war es nur ein kleiner Schritt. Es traten „Propheten“ auf, die beanspruchten, in Gottes Namen zu sprechen und neue Heilsgewißheiten verkündeten. Bezeichnend für diese theologischen Richtungen des 17. Jahrhunderts war, daß sie sich wesentlich stärker am Alten als am Neuen Testament orientierten.

Verschiedene Bemühungen wurden unternommen, um den aufgerissenen Kosmos wieder — zumindest geistig — zu schließen[55], etwa durch Ausweitung der christlichen Ordnungsvorstellung. Hier spielt die sogenannte Physikotheologie eine wichtige Rolle[56]. Die physikotheologische Bewegung versuchte die göttliche Ordnung in vorher unberücksichtigt gebliebenen Wesen und Dingen wiederzufinden, nämlich in der belebten und unbelebten Natur. Gottes Ordnung ließ sich in einem Schneckenhaus ebenso wieder wie in einer Heuschrecke wiederfinden. Diese neue Transzendenzergriffenheit ist zwar irrational, stellt aber die Ratio in ihren Dienst und hält somit einerseits die Katastrophe des Glaubens auf, bereitet aber andererseits der Aufklärung den Weg[57]. Naturwissenschaft und endzeitliche Theologie waren in dieser

---

[54] Lehmann, 173.

[55] Das kopernikanische System ließ einen Zwiespalt zwischen der nicht mehr anthropozentrischen Weltordnung und der eigenen Vorstellung des Menschen von sich entstehen. Bemerkenswerterweise beginnt aber gerade zu dieser Zeit ein Prozeß zunehmender Psychologisierung und Subjektivierung zum Verständnis des Menschen. Das Selbstverständnis des Menschen wird individualistisch und zugleich rational.

[56] Hierzu vor allem Philipp, Werden der Aufklärung.

[57] Philipp, 100 ff., 180.

Übergangsepoche eine enge Verbindung eingegangen. Denn in zahlreichen Schriften, die das baldige Weltende voraussagten, war davon die Rede, daß Gott in seiner Güte dem Menschen kurz vor dem Ende bisher unbekannte Einsichten in den Weltenplan gewähren werde[58]. Neue wissenschaftliche Kenntnisse förderten in dieser Übergangszeit also nicht den Fortschrittsglauben, sondern nährten eschatologische Erwartungen. Tatsächlich beginnt die Säkularisierung der universalhistorischen Auffassung nicht etwa auf dem Gebiet der Naturwissenschaften, sondern auf dem des weltlichen Staats- und Rechtsdenkens[59]. Bemerkenswerterweise wurde auf diesem Gebiet die Übernahme alttestamentlicher Prinzipien schon seit der Reformation abgelehnt.

Der moderne Staat wandelte sich in der veränderten Zeit in ganz spezifischer Weise, auch indem er in gewandelter Form Aspekte des ordo-Denkens aufgriff. Dies beschreibt Wiedemann inhaltlich, ohne diese Begrifflichkeit anzuwenden[60]. Wiedemann charakterisiert die Darstellung politischer Ordnung im 17. Jahrhundert mit folgenden drei Eigenschaften, die in der Barockliteratur voll ausgeprägt sind: Systemdenken statt Problemdenken, vorherige Festlegung der Themen statt Originalität, Zwang zur Selbstbestätigung statt Kritik. Die Beweismittel dieser politischen Repräsentation waren der Bibel und anderen literarischen Traditionen entnommen:

„Über den Gültigkeitsanspruch eines Autoritätenzitats, eines Sinnbildes oder eines historischen oder biblischen Exempels kommt es in der Regel gar nicht erst zur Debatte... Auch hierin zeigt sich der Geist systemorientierenden Denkens, der deshalb nicht dialogisch-überzeugend, sondern monologisch-bezeugend verfährt[61]."

Dieses staatliche Ordnungsdenken der frühen Neuzeit kann aber nicht als Fortsetzung der mittelalterlichen Tradition bewertet werden, sondern vielmehr als beschwörender Versuch der Restauration eben dieser verlorengegangenen Einheit des mittelalterlichen Denkens. Der frühmoderne Staat erscheint in einer eigenartigen Zwischenstellung: Einerseits Vorreiter der Säkularisation, andererseits aber noch bemüht, das Gottesgnadentum und die Transzendenz der Herrschaft darzustellen[62]. Dieser schillernden Position

---

[58] Lehmann, 153. In diesem Zusammenhang muß auch die Bewegung der Rosenkreuzer genannt werden, die biblische Prophezeiungen mit technischen Spekulationen verband: Yates, Aufklärung im Zeichen des Rosenkreuzes, S. 43, 237.

[59] Dreitzel, Prot. Aristotelismus, 311 ff.; Klempt, 130; Schnur, Individualismus und Absolutismus, 65 ff.; Quaritsch, 288 ff.

[60] Barocksprache, Systemdenken und Staatsmentalität; vgl. auch Schnur, Individualismus und Absolutismus, 68.

[61] Wiedemann, 27 f. Wiedemann verweist auf die Belebung des Analogiedenkens in ganz Europa und knüpft daran Vermutungen über den Zusammenhang mit der Herausbildung des modernen Staates.

[62] Wiedemann verwendet diese politische Konstellation zur Definition des literarischen Barockbegriffes (S. 33): „,Barock', so meine ich, dauert deshalb in der deutschen Literaturgeschichte so lange, als die Dichtung den neuen Ordnungsstaat als christlich-ästhetische Utopie vorausprojiziert." Vgl. auch ders., 43.

konnte die neuzeitliche Staatstheorie durch die Lehren des Neustoizismus eine neue Grundlage geben. Der Neustoizismus dachte sich die Welt organisch und nicht kausalmechanisch, war also insofern noch dem ordo-Gedanken verhaftet, verzichtete aber auf teleologische und transzendente Ausweitung:

„Die neuzeitliche Welt hingegen konstituiert die ihr eigene Vernünftigkeit nicht primär aus einer intakt gedachten Naturvorstellung, aus einer umgreifenden Ordnung des Kosmos heraus, sondern nimmt ihren Ausgang in einer Konflikt- und Problemkonstellation, deren Grundmerkmal gerade der Verlust einer unbefraglichen und teleologischen Naturbasis ist, um von hier aus auf dem Wege vernünftiger Konstruktion so etwas wie Naturordnung in sekundärer Weise (und nicht als primäres teleologisches Vermögen) allererst zu produzieren[63]."

Die neustoische Grundlegung des Staates, die ihn nämlich als Machtstaat versteht, beinhaltet einen Schwund von transzendenter Bedeutung, welche im Mittelalter konstitutiv für das staatliche Selbstverständnis war[64]. Vom Neustoizismus geprägte Theoretiker forderten einen Staat, der sich auf Verwaltung und Heer stützte und als Telos allein seine Existenz besaß:

„Die politische Theorie des Neustoizismus will nicht den Staatsorganismus im Sinne der Ordnung primärer Natur ausprägen, sondern sie erstrebt den Ruhe, Ordnung, Frieden, Besitz und Sicherheit gewährleistenden Machtstaat, der den Ordnungsschwund und die Krise überwindet und damit die Möglichkeit der Vernunft selbst erst schafft und erhält. Der Staat des Neustoizismus ist der Vernunftstaat, nicht der Naturstaat[65]."

Der Hauptdenker des Neustoizismus, Justus Lipsius, verzichtet in seinem für die politische Theorie wichtigen Werk „Politicorum libri sex" (1589) weitgehend auf Bibelzitate, weil solche Belege doch immer auf Transzendenz hinweisen. Die wenigen Zitate stammen aus dem Buch der Sprüche und dem Prediger Salomo, also Büchern mit dem philosophischen Lehrgehalt der alten Weisheitsliteratur. Wenn die rationale Staatsführung auf neustoizistischer Grundlage auch den einzelnen Individuen Handlungsanweisungen geben konnte, wie sie sich in der als krisenhaft empfundenen Welt zurechtfinden könnten, so bedurfte es doch einiger Anstrengungen, um vernünftiges und diszipliniertes Verhalten unter den Bürgern allgemein werden zu lassen[66].

Die Reformation und die nachfolgenden Religionskriege machten die Einheit von Politik und Religion immer fragwürdiger:

„Da jede der Parteien mit dem endgültigen Sieg im Bürgerkrieg rechnete und ihre durch Agitation in höchste Erregung versetzten Anhänger in ihrem Fanatismus alle

---

[63] Abel, 8; vgl. ders., 101; zum Neustoizismus auch Oestreich, Justus Lipsius als Theoretiker des neuzeitlichen Machtstaates, in: ders., Geist und Gestalt des frühmodernen Staates, 35-79.

[64] Abel. 28.

[65] Abel, 38; s. auch Oestreich, Justus Lipsius, 45.

[66] Abel, 15, 21; Oestreich, Strukturprobleme, passim.

Grenzen von Ordnung und Gesittung überschritten, wurden Angst und Furcht zur Signatur der Zeit. Die tägliche Gefährdung der leiblichen wie der geistigen Existenz, die immer größere Härte der jahrzehntelangen Kämpfe mit ihren sozialpsychologischen Folgen des Mißtrauens, Hasses und der Grausamkeit, die Vermischung der konfessionellen Gegensätze mit innenpolitischen Machtfragen lösten schließlich die staatliche Autorität auf[67]."

Dieser Autoritätsverlust konnte nur aufgefangen werden, wenn die Religion ihre Rolle als wichtigste Stütze des Staates verlor und sich der innerweltlich verstandenen Staatsgewalt und ihren Ansprüchen unterordnete[68]. Säkularisierung des Staates[69] heißt aber nicht Entchristlichung der Gesellschaft, denn die Säkularisation betraf weitgehend nur die Schicht der Gebildeten und den teilweise verweltlichten Klerus, die große Masse der Bevölkerung verharrte — letztlich bis in unser Jahrhundert — in den christlich geprägten Vorstellungen und Ressentiments des konfessionellen Zeitalters. Dieser Sachverhalt wird zu berücksichtigen sein bei der Darstellung, wie zuvor in politischen Schriften wichtige biblisch-typologische Argumente mit veränderter Funktion in für die breite Masse bestimmten Erbauungsschriften und Traktaten wiederkehren. Es ist auch falsch, das analoge Ordnungsdenken stets als christlich geprägt zu verstehen und das neuzeitliche empirische Weltbild als Überwindung des Christentums zu betrachten. So war etwa Goethe sehr stark dem Organismusdenken verhaftet und stand damit in krassem Gegensatz zum zergliedernd-empiristisch arbeitenden Newton (etwa in der Kontroverse über die Farbenlehre), welcher aber als Student in Cambridge an das nahe Weltende glaubte und sich intensiv mit biblischen Prophezeiungen beschäftigte, ehe er seine naturwissenschaftliche Arbeit begann[70].

Es stellen sich nun zwei Fragen zur Bedeutung des typologischen Geschichtsverständnisses in der Epoche des Übergangs zum säkularisierten Staat der Neuzeit:

1. Wie läßt sich der Synkretismus der Bilderwelt deuten?

2. Wie gelingt es dem Fürstenstand, sein „Gottesgnadentum" zu propagieren, obwohl das Handeln der Fürsten nicht länger als heilsgeschichtliche Erfüllung im biblischen Sinne verstanden wird?

Offensichtlich handelt es sich hier um Überschneidungen von verschiedenen ideologischen Systemen.

ad 1) In den hier untersuchten politischen Schriften stehen aus der Bibel bezogene Bilder und Vorstellungen neben naturrechtlichen Argumenten und Zitaten aus klassischen Autoren. Auch die antike Mythologie wird herange-

---

[67] Oestreich, Strukturprobleme, 189; v. Dülmen, Entstehung, 276 f; s. auch Wolgast, 8 ff.

[68] Stolleis, Staatsräson, 14.

[69] Vgl. Böckenförde, Die Entstehung des Staates als Vorgang der Säkularisation.

[70] Lehmann, 158.

zogen. Dies ist ein allgemeines kunst- und literaturgeschichtliches Phänomen. Hierzu sagt Hans Sedlmayr:

„... seit 1460 bis 1470 steht mehr und mehr gleichwertig neben der christlichen Bilderwelt eine Welt antiker Mythologeme... Die Tatsache aber, daß durch drei Jahrhunderte neben einer Bilderwelt geglaubter göttlicher und heiliger Gestalten — der christlichen — eine ebenso mächtige, künstlerisch gleichwertige und mit gleichen Mitteln gegebene Bilderwelt antik-mythischer Gestalten steht, daß zum Beispiel im Palast eines christlichen Kirchenfürsten Bilder jener heidnischen Numina erscheinen können, die dem christlichen Mittelalter als Dämonen gelten, ist von ungeheurer Bedeutung und, soviel ich sehe, einmalig in der Weltgeschichte der Kunst[71].“

Bodin nimmt seine Beispiele aus Bibel, Natur und Geschichte, Reinking nur aus der Bibel, Lipsius ganz aus der antiken Geschichtsschreibung. Bis zum Ende des Reiches bestand ein Nebeneinander von theonomen und naturrechtlichen Staatstheorien. In der frühen Neuzeit ist ein starker Hang zum Deismus festzustellen, der Folge des Bemühens ist, den aufgebrochenen Kosmos durch Hereinnahme von dem Christentum eigentlich wesensfremden Elementen zu verschließen. Die „göttliche Gnadensonne“[72] leuchtet über der heidnischen Antike so gut wie über dem christlichen Abendland. Von daher ist es verständlich, wenn Hammerstein das Naturrecht als neue Transzendenz beschreibt[73]. Gott selbst wird zunehmend als unbeweglich gedacht, nicht mehr als der Beweger: Dies tritt deutlich in dem statischen Element der höfischen Selbstdarstellung im Barock, die ja auf der Wiedergabe des Makrokosmos als Mikrokosmos beruht, zutage[74]. Das Verschwinden der sinnvollen typologischen Aufnahme der biblischen Traditionen ist ein Beleg für den grundsätzlichen Verlust des Heilscharakters des Staates.

ad 2) Daraus ergibt sich, daß das Gottesgnadentum des Absolutismus etwas ganz anderes als das des Mittelalters ist. Denn während der mittelalterliche Herrscher durch seine typologische Einordnung die heilsgeschichtliche Ordnung der Welt bekräftigte und das Gottesgnadentum eigentlich in der Identität von politischem Handeln und Heilsgeschichte bestand, so beruht das neuzeitliche Gottesgnadentum gerade auf dem Auseinanderbrechen dieser Einheit. Der Herrscher muß sein Gottesgnadentum bestätigen, indem er sich selbst als diviner Mensch erweist:

„Um diesem Bild des „göttlichen Menschen“ zu entsprechen, hätte der Herrscher vollkommen sein müssen. Das ist nur noch in der Sphäre des höfischen Festes, des Theaters, des im Garten und Park zu einer neuen Einheit zusammenwachsenden Schlosses, das sich von der Hauptstadt scheidet und dessen Prototyp Versailles darstellt, möglich, nicht aber in Wirklichkeit[75].“

---

[71] Sedlmayr, 205 f.

[72] Philipp, 104.

[73] Hammerstein, 32.

[74] Zu dem Aspekt der Mechanisierung der Staatsvorstellung: Nitschke, Wandlungen des Kraftbegriffs in den politischen Theorien des 16. und 17. Jahrhunderts.

[75] Brunner, 127.

Die Göttlichkeit des Herrschers bleibt nicht mehr hintergründiger Andeutung und kollektiver Ausdeutung anheimgestellt, sondern beruht auf vordergründiger Repräsentation und Ausschmückung des konkret-sinnlich Vorhandenen. Brunner weist darauf hin, daß die gottähnliche Erhöhung des Königs die einzige Methode gewesen sei, ohne Rechtsbruch die Macht des Königs zu steigern[76]. Auch daran zeigt sich der statische Charakter des barocken Hofes, bei dem Veränderung nicht durch sozialen Wandel, sondern nur durch Übersteigerung des Bestehenden möglich gewesen ist. Könige werden zu Göttern erhöht, aber gleichzeitig werden die Götter erniedrigt, da man sie als Menschen ansieht, die wegen ihrer Tugendhaftigkeit zu Göttern erhoben wurden[77]. Im Psalm 82 kann dieses barocke Nebeneinander von divinitas und vanitas wiedergefunden werden, er wird auch tatsächlich in den Schriften der Zeit häufig zitiert.

Die Verinnerlichung als bestimmender Zug in der Geisteshaltung des Spätmittelalters weist auf die Entmischung von Sakralem und Profanem hin. Im Barock kompensiert die weltliche Sphäre den Verlust der sakralen Komponente durch die Entfaltung im Innerweltlichen und durch Repräsentation des Kosmos[78]. Bestimmte Züge des alten Gottesgnadentums, etwa die typologische Benennung, werden beibehalten und bewahren in schemenhafter Weise ihre alte Bedeutung. Es gab im 17. Jahrhundert keinen Fürsten, der sich nicht gerne mit Salomo oder David vergleichen ließ, um so die Reihen der großen Könige des Alten Testamentes fortzusetzen. Aber gleichzeitig trat er bei höfischen Festen als neuer Apoll, als Sol oder als Zeus auf[79]. Lehmann spricht in diesem Zusammenhang von der Elementarisierung des theologischen Vokabulars und führt diese „auf die große Anspannung der Kräfte, auch die große äußere Belastung" zurück[80]. In der Endphase einer langen Tradition typologischen Denkens verloren die Typoi ihre ursprüngliche Bedeutungstiefe und sanken auf die Stufe von Versatzstücken ab, ohne aber funktionslos zu werden. Tatsächlich konnten sogar neue Anwendungsgebiete gefunden werden.

Die revolutionäre Kraft, die aus typologischer Exegese noch im 17. Jahrhundert gewonnen werden konnte, zeigt sich hervorragend an der englischen Entwicklung. Ein spezifisches Element des typologischen Geschichtsverständnisses ist in England die sogenannte nationale Bundestheologie gewesen, d. h. die Ablehnung der römisch-katholischen Tradition und der direkte Rückgriff auf das Urchristentum, bzw. das Volk Israel, das in einem beson-

---

[76] Brunner, 128.

[77] Brunner, 125; Straub, 199.

[78] Brunner, 126 ff.

[79] S. oben Einleitung, Anm. 17. Hier deutet sich allerdings eine Trennung an: Die biblischen Vergleiche bleiben den Theologen, die Wissenschaftler ziehen die Antike vor.

[80] Lehmann, 176.

deren Bundesverhältnis zu Gott stand. Diesen besonderen Bund setzt das englische Volk in seinem Selbstverständnis fort. Die ersten Ansätze dieser nationalen Bundestheologie finden sich bei William Tyndale, einem für den Puritanismus wichtigen Theologen (1495-1563):

„Die Katastrophen in seiner eigenen nationalen Geschichte werden ihm zu Beispielen dafür, wie Völker, die ihren zeitlichen nationalen Gesetzesbund brechen, durch Krisen zur Buße gerufen worden sind, und aus ihr ergibt sich der Aufruf an die Gegenwart, durch Buße und neuen Gehorsam gegenüber den Gesetzen... für die unter dieser Bedingung verheißenen Blüte in allen zeitlichen Dingen zu sorgen. So gewinnt das Alte Testament, insbesondere das Deuteronomium, einen unmittelbaren Vorbildcharakter, auch für die politische Gegenwart Englands[81]."

Im englischen Puritanismus entstand eine Bewegung, die die Tradition des Calvinismus aufgriff und radikalen Biblizismus in Wort und Tat mit politischem Parlamentarismus und Konstitutionalismus verband[82]. Die Puritaner versuchten das öffentliche Leben nach dem Vorbild des Alten Testamentes zu organisieren. Trotz aller kirchenpolitischer Kontroversen zwischen dem Puritanismus und der anglikanischen Staatskirche ist die Bundestheologie und die starke Hochschätzung des Alten Testamentes auch für den Anglikanismus maßgeblich[83]. Mit der besonderen Sendung des englischen Volkes sollten die Ansprüche der anglikanischen Kirche gegenüber der Papstkirche gerechtfertigt werden. So versuchte John Jewel, seit 1560 Bischof von Salisbury, mit dem Hinweis auf die besondere Stellung der Kirche Jesu Christi in England die anglikanische Kirche auch heilsgeschichtlich von der römischen Kirche zu lösen[84]. Der Jurist Richard Hooker, der in seinem Werk „On the Laws of Ecclesiastical Polity" die Verfassung der anglikanischen Kirche beschrieb, verkündete:

„In a word, our estate is according to the pattern of Gods own ancient elect people, which people was not part of them the commonwealth, and part of them the church of God, but the selfsame people whole and entire were both under one chief Governor, on whose supreme authority they did all depend[85]."

Eine besondere Rolle für das englische, insbesondere puritanische Selbstverständnis spielte die Behauptung, die Bewohner Englands stammten von den verlorenen zehn Stämmen Israels ab[86]. Dadurch wurde das Sendungsbe-

---

[81] Reventlow, 192.

[82] Lehmann, 76 ff.; s. auch Kap. III. 4.2; v. Dülmen, Entstehung, 262 f.

[83] Schöffler, 25 ff., 37 ff.; Das spezielle englische Sendungsbewußtsein wurde durch den Calvinismus gefördert, K. Schmidt, 24.

[84] Lehmann, 74.

[85] Buch 8, Kap. I, 7, S. 340.

[86] Von den zwölf Stämmen Israels sind später nur noch zwei in den Schriften erwähnt, Juda und Israel, die anderen bleiben verschwunden. Mit komplizierter Beweisführung versuchte man nun nachzuweisen, daß diese Stämme auf die britischen Inseln gewandert sind. Besonders wichtig ist auch, daß diese Stämme nicht an der Kreuzigung Christi teilgenommen haben. Die von Richard Brothers (1757-1824) gegründete „British Israel Movement", die heute (!) angeblich über zwei Millionen Mitglieder weltweit haben soll,

wußtsein gesteigert und förderte das spezielle Verhalten z. B. auch in den Kolonien, nämlich den eisernen Durchhaltewillen und das Überlegenheitsgefühl den Ureinwohnern gegenüber[87]. Das Bewußtsein, als Volk mit Gott in einem besonderen Bund zu stehen, war auch wichtig für die „Revolution of the Saints". Cromwell etwa verstand sich als Werkzeug in der Hand Gottes und interpretierte seine Siege als göttliche Bestätigung und Ermunterung. Hierzu kamen noch Endzeiterwartungen, die die Eskalation der Entwicklung beschleunigten:

„Alle Hinweise auf die Tradition und das alte Recht waren gegenüber der Faszination, die von diesen eschatologischen Visionen ausging, machtlos... Damit verbunden gewann die in der anglikanischen Tradition enthaltene Vorstellung von einem besonderen Bund Gottes mit der englischen Nation einen neuen, kaum zu überschätzenden Einfluß[88]."

Folgerichrichtig wurde der alttestamentliche Gedanke, daß ein ausgewähltes Volk ohne Könige auskomme, in der „Revolution of the Saints" aufgegriffen. Das Alte Testament wurde in seiner königsfeindlichen Tradition verstanden. Dies war die radikale und revolutionäre Steigerung des typologischen Geschichtsverständnisses. In dem Jahrhundert vor der Revolution und später nach der Restauration hatte sich die besondere Heilserwartung gerade auf die Könige gerichtet. Vor allem die Königin Elisabeth hatte zahlreiche typologische Vergleiche als neuer David und Konstantin auf sich gezogen[89]. Das Alte Testament hatte ein sehr großes Gewicht in der anglikanischen Theologie des 16. und 17. Jahrhunderts für die Begründung der staatskirchlichen Ordnung und insbesondere für den königlichen Absolutismus bekommen[90]. Auch Jakob I. zog, wenn auch in geringerem Maße, typologische Deutungen auf sich. In diesem Lichte erscheinen die Auffassungen Jakobs zum Gottesgnadentum weniger anmaßend. Tatsächlich wurde auch der

---

hat diese Gedanken durch umfangreiche publizistische Tätigkeit verbreitet. Dort wird u. a. auch der Stammbaum des Hauses Windsor auf David und Salomo zurückgeführt.
    Auch in anderen Kulturkreisen gibt es Beispiele für solche mythologische Abstammungstheorien für ganze Völker. So versuchten einige fränkische Geschichtsschreiber die Franken von den Trojanern abstammen zu lassen, um so eine genealogische Verwandtschaft zwischen Deutschen und Römern herstellen zu können (Schlierer, 17). Eine noch am Anfang unseres Jahrhunderts verbreitete Meinung behauptet — gestützt auf Mythen und fragwürdige äußerliche Ähnlichkeiten — die Abstammung des westafrikanischen Volkes der Fang von den Germanen (Ki-Zerbo, 346). Im fränkischen Reich förderte der Davidskult des Herrschers das Bewußtsein des Volkes, als „gens Davidica" von Gott besonders ausgezeichnet zu sein (Schramm, Das Alte und das Neue Testament, 237).
    [87] K. Schmidt, 36; Franklin und Jefferson hatten nach der Unabhängigkeit der Vereinigten Staaten als Staatssiegel ein Motiv vorgeschlagen, das Moses über Pharao triumphierend zeigte. Dieser Rückgriff auf die alttestamentliche Bilderwelt wurde aus unbekannten Gründen abgelehnt, K. Schmidt, 130; s. auch Reventlow, 240 f.
    [88] Lehmann, 80.
    [89] Lehmann, 74; Reventlow, 233 ff.; K. Schmidt, 26.
    [90] Reventlow, 239.

begrenztkonstitutionellen Monarchie nach der Revolution von 1648/49 ein „Divine Right" zuerkannt. Das göttliche Recht der Könige war durch Jakob I. und Karl I. also nicht endgültig in Verruf geraten, sondern wurde unter Aufbietung zahlreicher typologischer Bezüge und prophetischer Vorausdeutung sogar nach 1688 auf Wilhelm III. übertragen[91]. Die Rechtmäßigkeit der Herrschaft eines fremden Befreiers konnte der Masse des Volkes nur durch den Rückgriff auf göttliche Legitimation begreiflich gemacht werden[92].

Insgesamt zeigt sich, wie Auseinandersetzungen, die durchaus politische und soziale Hintergründe haben, ohne die religiöse Vorstellungswelt nicht verstanden werden können. Gleichzeitig erweisen sich die religiösen Vorstellungen als sehr flexibel und von den jeweiligen politischen Interessen der verschiedenen Gruppen abhängig, ohne daß man sie ohne weiteres als ideologische Legitimierung abtun könnte. Welche Motive im Einzelfall die bestimmenden sind, läßt sich im Grunde nur von Fall zu Fall entscheiden.

Theorien über die Entstehung des Königtums hängen eng mit den Vorstellungen über den Zustand vor der Errichtung der Herrschaft zusammen. Die Annahme eines Naturzustandes, sei er paradiesisch oder barbarisch, ist an sich eine unhistorische Fiktion, die aber erst relativ spät im 18. Jahrhundert überwunden wurde[93]. Wie das biblische Weltbild zusehends an Gültigkeit verlor, zeigt sich deutlich an der ganz unterschiedlichen Begründung für ein und dieselbe Sache, nämlich den fürstlichen Absolutismus, bei den Zeitgenossen Hobbes und Filmer. Dieser begründet die königliche Machtfülle mit Hinweis auf die göttliche Einsetzung, jener mit der Natur des Menschen. Mutmaßungen über den Naturzustand oder status naturalis sind in staatstheoretischen Abhandlungen vornehmlich des 16./17. Jahrhunderts sehr häufig und entsprechen der skeptisch-experimentellen Geisteshaltung der Zeit. Man stellt sich die Menschen im Naturzustand vor und führt in Gedanken Experimente bezüglich ihrer Verhaltensweisen durch. Der Naturzustand ist so verstanden eine rationale Konstruktion[94], der Austritt der Menschen aus demselben ist ebenso Resultat der Vernunft und der Überlegung. Im Mittelalter orientierten sich die Vorstellungen über den Naturzustand am Bild des Paradieses. Dieser Richtung zufolge war der Verlust des paradiesischen Urzustandes Beginn des fortwährenden Verfalls einer idealen Ordnung[95].

Der rationalen Konstruktion nach beruhte der Verlust des Naturzustandes auf einem Vertrag der Menschen untereinander oder im Falle der para-

---

[91] Straka, passim.
[92] Reventlow, 536.
[93] Jellinek, 307 f.
[94] So vor allem im Neustoizismus, dazu Abel, 29.
[95] Jellinek, 305; vgl. Peter von Andlau, 44 f.

diesischen Vorstellung auf göttlichen Zorn, der als Strafe den kommenden Geschlechtern Knechtschaft und unentrinnbare Fron auferlegte[96]. Der Zustand vor Errichtung der staatlichen Ordnung kann negativ als Anarchie oder rechtsloser Zustand oder positiv nach dem Vorbild der Vorkönigszeit in Israel bewertet werden. Bei Thomas von Aquin ist der Naturzustand als Stand der Unschuld ohne Herrschaft gewesen[97]. Calvin setzt den Beginn der Königsherrschaft mit Nimrod an. Vorher herrschte eine gleichermaßen alle befriedigende soziale Ordnung, die durch den Ehrgeiz Nimrods zerstört wurde[98]. Kirchner begründet seine von historischem Verständnis getragene Meinung, schon vor der Sintflut habe es Herrschaften gegeben, aus Gen 6, 4[99]. Andere meinen, vor der Sintflut habe Gott selbst die Menschen regiert, diese Gunst habe er ihnen später entzogen. Damit sie aber nicht hilflos dem nun folgenden Verbrechen gegenüber stehen mußten, habe er die menschliche Herrschaft errichtet[100]. Deutlich erkennt man Parallelen zur hobbesschen Bewertung des Naturzustandes. Bei Kaspar Ziegler wird in Zusammenhang mit 1 Sam 8 darauf hingewiesen, daß der glückliche Naturzustand durch das Fehlverhalten der Israeliten zerstört worden sei[101]. Die Richterzeit galt im allgemeinen nicht als Zustand der Anarchie sondern — etwa bei Calvin — als besondere Form eines genossenschaftlichen Regimentes.

Auffällig ist, daß die Mutmaßungen über den Naturzustand völlig leblos bleiben, es ist, als ob solche herrschaftslosen Staatsformen außerhalb der Vorstellungswelt der frühen Neuzeit lagen. Eine gewisse Rolle spielt die Vorstellung eines herrschaftslosen Urzustandes bei der Auseinandersetzung mit den Täufern. Nach der Auffassung bestimmter taufgesinnter Kreise — hierzu gehören in diesem Fall auch Thomas Müntzer und Hans Denck — bestand die Obrigkeit nur der Sünde wegen und mußte nach Aufrichtung eines gottgefälligen Regimentes zugrunde gehen. Nicht zuletzt war für diese Vorstellung die besondere typologische Schriftauslegung dieser Kreise wichtig, die die Bibel prophetisch verstand und ihre Erwartung eines paradiesischen Reiches bestätigt fand. Es fand sich allerdings nur eine Schrift, die sich mit diesem Aspekt täuferischen Denkens beschäftigt, nämlich eine kurze Abhandlung von Arnoldus a Goor[102]. Er fragt: Wird es im künftigen Stand

---

[96] Del Vecchio, 267 f.

[97] „Videtur quod homo in statu innocentiae homini non dominabatur." (Summa Theologiae, Pars Prima, Questio XCVI, Art. IV, 429.

[98] Calvin, CR 51 (Opera 23), Sp. 159; Baur, 104; vgl. Lauterbeck XXIIIIb.

[99] Kirchner, Respublica, 9.

[100] So Bortius in: Arumäus, Discursus, Bd. 1, 869, 900 f.

[101] Ziegler, 86; Die „Deutsche Politica" nimmt an, daß bis nach der Sintflut die Menschen eine Zeitlang unter dem natürlichen Gesetz gelebt haben. Danach hat sich der Stand der Könige vermehrt (S. 21 ff.). Ähnlich argumentieren: Carion, Schuwardt, Müntzer, Besold, Quistorp u. a.

[102] Decas Problematum Practicorum. . . Problema VII.

der Unschuld auch Staaten und Reiche geben? und führt dazu aus: Diese Frage sei besonders nützlich im Hinblick auf die Wiedertäufer, „qui hac hypothesi negativa freti, regna & principatus omnes, contra apertissima Dei testimonia, turpiter evertunt, & tanquam Deo exosos, ac societati humanae noxios, cyclopico plane furore, tollunt damnantque." Der Autor beweist nun die Notwendigkeit der Herrschaft auch im künftigen Zustand mit dem Hinweis, daß jede Herrschaft Typos der Herrschaft Christi sei, und daher, wenn sie schon im unvollkommenen Zustand der Gegenwart nicht fehle, ganz besonders dem Idealzustand nicht abzusprechen sei. Er schließt seine kurzen Ausführungen mit dem Hinweis, die ideale Herrschaft werde zwar ganz anders als die jetzige sein, aber es werde nach wie vor Herrscher und Beherrschte geben.

Der Ansicht von Ludz[103], die ersten Ansätze eines positiven Bedeutungsgehaltes des Begriffs „Anarchie" seien bei J. G. H. v. Justi zu finden, kann so nicht zugestimmt werden. Denn was schreibt Justi[104]? Es sei nicht nötig,

„daß man den Grund und Anfang der Regenten und derselben Beherrschungen über die Länder untersuche, und daraus die Pflichten und Verbindlichkeit eines Regenten, die er seinem Lande schuldig ist, herleite. Die Menschen haben ohne Zweifel nach ihrer Erschaffung einige Zeit in einer natürlichen Freyheit gelebet; sie haben ihre Handlungen willkührlich und nach ihrem eigenen Gefallen ausgeübet; sie sind mehrentheils dem Triebe der Selbsterhaltung nachgegangen; sie haben sich Speise und Trank, Kleidung und andere Bedürfnisse genommen, wo sie dieselben gefunden haben, und haben Niemandem zu Gebote gestanden... Man hat Zeugnisse der alten Schriftsteller, daß dergleichen Anarchien lange Zeit in der Welt gedauret haben, und selbst die Bibel giebt uns Zeugniß, daß die Israeliten verschiedene mal in einer solchen Anarchie gelebet haben, wenn es heißt: Zu der Zeit war kein Richter in Israel, und jedweder that, was ihm Recht dünkete... Man siehet hieraus, daß ein Regente, da er blos deswegen ein Regente ist, um des Landes Wohl zu befördern, sich um alle Regierungsangelegenheiten genau bekümmern müsse."

Mir scheint der Qualitätswandel der Auffassungen über den Naturzustand, der sich bei Justi ankündigt, darin zu liegen, daß der gegenwärtige staatliche Zustand als historische Weiterentwicklung des idealen Urzustandes begriffen wird und somit auch auf diesen zurückführbar ist. Dagegen hat bei den früheren Interpreten der fiktive Naturzustand nichts mit unserer Welt zu tun, da er durch Gottes Entscheidung beendet ist und nur durch sein Gericht am Jüngsten Tag wiederhergestellt werden kann.

---

[103] Art. Anarchie in: Geschichtliche Grundbegriffe, Bd. 1, 67.
[104] In: Ob ein Premierminister einem Staate zuträglich sey, 236 ff.

Zusammenfassung

Das Ende des Untersuchungszeitraums dieser Arbeit ergibt sich aus dem Gegenstand selbst: Das Ende der Bedeutsamkeit der Topoi nimmt den biblischen Motiven ihre Überzeugungskraft und wertet sie zu bloßen Versatzstücken einer politischen Publizistik ab. Als solche behalten sie allerdings noch lange Zeit einen dekorativen Wert.

Die Auflösung des typologischen Denkens zeigt sich schon während der Reformation — man denke an Luthers Ablehnung der Schriftauslegung nach dem vierfachen Sinn —, setzt aber verstärkt erst im 17. Jahrhundert ein. Die alten Mythologeme der Herrschaftslegitimation werden von innerweltlicher Ratio abgelöst.

Typologisches Denken kann nur solange Geltung bewahren, solange die Zukunft nichts Besseres als die Gegenwart verspricht. Solange die Zeiten als immer schlechter werdend empfunden werden, zieht die Heilsgewißheit gerade daraus ihre Glaubwürdigkeit. Der rationale Fortschrittsglaube aber, als innerweltliche Version der christlich-jüdischen Eschatologie, entzieht der typologischen Exegese ihre Grundlage, weil er den Menschen als handelnde Person und nicht als solchen, an dem sich das Schicksal vollzieht, versteht[105]. In einer Übergangsepoche tritt der Fortschritt der Naturerkenntnis als apokalyptischer Bote auf. In England verbindet sich in dieser Zeit die Heilsgewißheit mit dem Kampf für gesellschaftlichen Fortschritt[106]. Das entscheidende Kriterium aber, das die Verbindung der beiden Modelle auf die Dauer unmöglich macht, ist neben der anthropozentrischen Sicht die Frage der Naturbeherrschung. Denn wachsendes Verständnis für natürliche Prozesse fördert als positive Umsetzung arbeitserleichternde Technologie und neue produktive Entwicklungen. So wandelt sich der Mensch allmählich von einem der Natur als einem Teil der göttlichen Weltordnung blind unterworfenen Wesen in ein auf diesem Felde mit dem Schöpfer konkurrierendes und die Ordnung störendes Individuum. Die Aufstellung von Naturgesetzen beweist aber zunächst, daß die Natur keine Sprünge macht, d. h. daß sie nicht länger als Anzeiger göttlichen Zorns dienen kann, aber auch, daß sie auch ohne die Existenz eines Schöpfers so aussehen muß. Auch auf ethisch-moralischem Gebiet führten die Naturerkenntnis und die neue Staatstheorie zur Überwindung des mittelalterlichen ordo-Denkens, indem

---

[105] „Politik wird zwar nach wie vor metapolitisch begründet, die Maßstäbe „Natur" und „Vernunft" sind nicht neu, aber sie werden künftig unter Ausklammerung der Transzendenz angewandt." (Reinhard in: Fenske u. a., Gesch. d. pol. Ideen, 204).

[106] An dieser Stelle müßte auf die von Max Weber und Ernst Troeltsch eröffnete Diskussion um die protestantische Ethik eingegangen werden. So schreibt etwa Troeltsch, daß für die moderne Welt- und Kulturempfindung — und für die rationalistische Ethik des Protestantismus — „der Mythus vom Sündenfall und der Weltverfluchung... praktisch wirkungslos geworden" ist. (Troeltsch, Protestantismus, 40 f.).

nämlich von der Erkenntnis an sich moralische Besserung erhofft wird[107], d. h. die Norm des Handelns wird nicht länger in der Vergangenheit gesehen, sondern im Nutzen für Gegenwart und Zukunft. Auch früher schon wurde moralische Besserung als Zweck vieler Schriften ausgegeben, aber doch eher in Hinblick auf Erkenntnis der Verderbnis und demutsvoller Ergebenheit in die Schlechtigkeit der Welt.

Auf politischem Gebiet wurde der heilsgeschichtliche Sinnzusammenhang von Vergangenheit, Gegenwart und Zukunft ebenfalls immer fragwürdiger. Die kritische Geschichtswissenschaft beginnt in dem Augenblick, als diese Einheit nicht mehr empfunden wird. Neben der Erschütterung des biblizistischen Geschichtsbildes durch neue historische Fakten, die in der Bibel nicht verifiziert werden können, spielt die Theodizee in diesem Zusammenhang eine wichtige Rolle. Denn wenn die einfache Korrelation zwischen Sünde und Bestrafung problematisch wird, so wird die Frage nach der Herkunft des Übels in der Welt immer drängender.

Nicht zufällig ist das Buch Hiob, das sowohl die Theodizeefrage als auch das Problem des unerreichbaren Gottes thematisiert, *das* zentrale biblische Buch des Barocks geworden[108]. Die Typologie trägt zur Lösung dieser zeittypischen Fragen wenig bei, da sie die Probleme mit Prämissen lösen will, die jetzt fragwürdig geworden sind.

Ein anderer Aspekt ist beim Verlust der typologischen Weltdeutung ebenfalls zu berücksichtigen: Die Verschriftlichung der Kultur. Nichtschriftlichkeit ist ein ontologisches Implikat des bildhaften Sprechens, zu dem auch die Typologie gehört[109].

---

[107] So etwa Christian Wolff, s. Philipp, 17 ff.
[108] Philipp, 118.
[109] Vgl. Gründer, 157.

II. Das Königtum des Alten Testamentes

1. Obrigkeit und Staat im Alten Testament

Aus zwei Gründen wird im folgenden vergleichsweise ausführlich auf den historischen Hintergrund der das Königtum betreffenden Bibelstellen eingegangen, obwohl dieser den Auslegern im Mittelalter und in der frühen Neuzeit unbekannt war. Zum einen interessieren mögliche Bezüge zwischen der jeweiligen historischen Situation in Israel und im alten Reich und deren Einstellung zum Königtum, zum anderen sollen bestimmte Auslegungstraditionen verfolgt werden.

Die verschiedenen Bibelstellen sind unterschiedlich wichtig für die Rezeption gewesen, der bedeutenden und häufig interpretierten Stelle 1 Sam 8 stehen andere gegenüber, die für die politische Ideenwelt im 16. Jahrhundert ganz unwichtig gewesen sind. In 1 Sam 8 ff. wird die Errichtung des nationalen Königtums in Israel geschildert. Dieser Vorgang fand bei den Israeliten später als bei den benachbarten Stämmen statt. Der Übergang der kultisch-politischen Gemeinschaft von Stammesterritorien und Stadtstaaten unter die Herrschaft des ersten Königs Saul wird auf das Jahr 1030 v. datiert. Saul ist aus den Reihen der Heerführer hervorgegangen, die die Israeliten in den dauernden Kämpfen mit ihren Nachbarn befehligten. Besonders die Philister, die sogar die Bundeslade erobert hatten, stellten in dieser Zeit eine bedrohliche Gefahr für die israelitischen Stämme dar[1]. Der Anstoß zur Bildung einer zentralen Führung ist also auf eine äußere Notsituation zurückzuführen, weniger auf einen inneren Konflikt, wie 1 Sam 8, 4-5 nahelegt. Entwicklungsgeschichtlich steht die Bildung der Königsherrschaft in Israel am Ende des Landnahmeprozesses und löst die Herrschaft der Richter ab[2]. Trotz der engen geistesgeschichtlichen Einbindung der jüdischen Kultur in das altorientalische Geistesleben konnte das Königtum in Israel wegen der starken monotheistischen Religion niemals in der gleichen Weise wie in Ägypten und Mesopotamien zum alles beherrschenden Kulturzentrum werden. Dennoch gibt es Gemeinsamkeiten. So glaubte man im gesamten Orient, daß der König als Stellvertreter Gottes mit diesem in besonderer

---

[1] Fohrer, 81 ff.; Soggin, 405 f.; Noth, 152 ff.
[2] Soggin, 410; Crüsemann, 201 ff.; Noth, 158.

Verbindung stand. Gleichzeitig war der König auch Repräsentant seines Volkes[3].

Die Stellen des Alten Testamentes, die Aussagen über Könige und das Königtum an sich machen, sind auf den ersten Blick überwiegend als „antimonarchisch" zu charakterisieren[4]. Neben 1 Sam 8 sind hier die *Jothamfabel* (Ri 9, 8-15) und der *Gideonspruch* (Ri 8, 22 ff.) zu nennen. Die Jothamfabel, von Martin Buber „die stärkste antimonarchische Dichtung der Weltliteratur" genannt[5], qualifiziert das Königtum als überflüssig und unproduktiv ab[6]. Der Gideonspruch ist in gleicher Weise ein „Dokument radikaler Institutionenkritik"[7] und leugnet jede heilsnotwendige Bedeutung des Königtums für Israel.

Gegen die Errichtung der Königsherrschaft in Israel gab es starke religiöse und politische Widerstände. Dies schlug sich auch in der Textgestaltung der Samuelstelle nieder. Im allgemeinen herrscht in der Literatur die Ansicht vor, daß eine ältere Geschichtserzählung der Ereignisse durch eine wesentlich später anzusetzende Bearbeitung der deuteronomistischen Schule im königsfeindlichen, zumindest kritischen Sinn umgearbeitet worden sei[8]. Tatsächlich sind die betroffenen Kapitel des 1. Buch Samuels nicht als einheitliche Erzählung anzusehen, es herrscht eine deutliche Spannung zwischen kritischen Teilen (1 Sam 8) und solchen, die der Königsherrschaft positiv gegenüber stehen, so etwa 1 Sam 10, 1, wo die Ölung des Herrschers geschildert wird[9].

Auch in der deuteronomistischen Bearbeitung wird das Königtum nicht radikal abgelehnt[10]. Die neuere Forschung versteht das in 1 Sam 8 vorgeführte Schreckensbild der Königsherrschaft nicht als die völlige Ablehnung der Monarchie, sondern nur als die nachdrückliche Warnung vor möglichem Machtmißbrauch, der darin gesehen wird, daß das Königsrecht in Konflikt mit dem göttlichen Recht geraten und der institutionelle Charakter der Herrschaft Oberhand über die demokratischen, d. h. dezentralisierten und

---

[3] Lurker, 173; A. Jeremias, Handbuch der altorientalischen Geisteskultur, 179 f.; vgl. auch den Aufsatz von North.

[4] Fast alle Könige in den beiden Königsbüchern werden negativ beurteilt. Der deuteronomistische Erzähler, der dieses strenge Urteil fällt, mißt die Könige daran, ob sie den Tempel in Jerusalem als alleinige Kultstätte anerkannt haben (von Rad, Theologie des Alten Testamentes, Bd. 1, 348).

[5] Buber, Königtum Gottes, 562.

[6] Crüsemann, 22; Boecker, 27.

[7] Crüsemann, 1.

[8] Boecker, 11; Clements, 398; Soggin, 406; Veijola, 5 ff.

[9] Clements, 399 f.; Crüsemann, 60.

[10] Veijola erklärt die Differenzen im deuteronomistischen Geschichtswerk, indem er von einem dem Königtum freundlich gesonnenen früheren und einem eher königsfeindlichen späteren Bearbeiter ausgeht (115, 119).

stammesgebundenen, und religiösen Traditionen Israels gewinnen könnte. Insgesamt akzeptiert der deuteronomistische Bearbeiter die Königsherrschaft, wenn auch nicht als heilsnotwendig, so doch als gottgewollten und von Gott geführten Entwicklungsschritt in der Geschichte Israels. Die Tendenz von 1 Sam 8 liegt demnach durchaus auf der Linie von Dt 17, 14-20, wo das Gesetz des Königs in einer Art Fürstenspiegel vorgestellt wird[11].

Anders reagierten dagegen die Propheten auf den politischen Strukturwandel. Sie beklagten heftig die Institutionalisierung der Herrschaft und geißelten sie als Abfall von der direkten Führung Gottes[12]. Als historischen Ort der radikalen Königskritik in Israel macht Crüsemann das halbe Jahrhundert von der gesicherten Herrschaft Davids bis zur Reichsteilung aus (im 10. Jahrhundert)[13]. Die von breiten Teilen der Bevölkerung (grundbesitzende Freie und wohl auch reiche Vollbürger) getragene Bewegung richtete sich gegen das unter Davids Nachfolgern vollendete System der Naturalsteuerabgabe, den zentral organisierten Militärdienst und den für einen Teil der Bevölkerung regelmäßigen Frondienst. 1 Sam 8, 11-17 schildert somit die Belastungen der Königsherrschaft in zutreffender Weise[14].

Starker Widerstand gegen den Ausbau der institutionellen Königsmacht ging von den vorstaatlichen Rechtsprinzipien Israels aus, vor allem vom Prinzip der Solidarität der Sippen- und Stammesgenossen:

„An diesem Prinzip, das sich zu einer karitativen Bruderschaftsethik vertieft, scheitert die völlige Individualisierung des Grundeigentums, die einseitige Bevorzugung des Gläubigers im Schuldrecht und darüber hinaus die völlige Formalisierung des Rechts überhaupt: Indem der Bundesgott selbst als Glied der Eidgenossenschaft gilt, erscheint die karitative Gerechtigkeit zugleich als seine Forderung und als diejenige Haltung, welche die Eidgenossen von ihm erwarten, so, wie der Herrscher sie üben und über ihr wachen soll[15]."

Die Königsherrschaft in Israel hatte stets ein politisches Gegengewicht in den Kreisen der Landbevölkerung und der Propheten[16]. Besondere Beachtung findet *Hosea* (13; 11; 8,4) und das von ihm angesagte Gericht über Israel, das

---

[11] v. Rad weist auf die grundsätzlich skeptische Haltung dieser Textstelle zum Königtum hin: Das fünfte Buch Moses, 85 f. (zu Dt 17, 19-20).

[12] „The man of resistance ‚par exellence' is the prophet." (Clavier, 28); vgl. Jes 7; 31, 1-3; Jer 23, 1-6; Hes 17, 34, 23 f.; 37, 22 u. 24.

[13] Crüsemann, 123 f., 220 f.

[14] Crüsemann, 216 f.; Clements, 403 ff.; Eine andere Ansicht vertreten Hertzberg, 54 und Boecker, 18. Sie gehen davon aus, daß das Vorbild der königlichen Schreckensherrschaft außerhalb der Geschichte Israels gefunden worden ist und daß diese fiktive Aufzählung von tyrannischen Rechten die dialektische Schilderung der Folgen der Königsherrschaft bereichern soll. Vgl. Ewig, 12.

[15] Hempel, 11; Soggin (403 u. 416 f.) weist auf eine demokratische Stimmung im Volk hin, die eine charismatische, aus der Volkswahl hervorgegangene, nicht institutionelle Herrschaft verlangte.

[16] Crüsemann, 126; Fohrer, 73.

die endgültige Beseitigung des Königtums bringen wird. Auffällig ist an seiner radikalen Königskritik das völlige Zurücktreten der sozialkritischen Argumentation, wie sie in 1 Sam 8, 11 f. zu finden ist[17]. Hoseas Prophetie ist einige Jahrhunderte später als die bisher besprochenen Stellen zu datieren, nämlich ins 8. Jahrhundert. Sie entstand im lange antiköniglich gesonnenen Nordreich, und Hosea greift auf die königskritischen Argumente des 10. Jahrhunderts zurück und formt sie in eigentümlicher Weise um[18]. Anders als in 1 Sam 8 wird der König letztlich nicht als gute Gabe Gottes akzeptiert, sondern ist ein Produkt göttlichen Zorns und somit unfähig zur Rettung Israels. Hoseas Schlag gegen den König trifft vor allem Israel und soll das Volk für sein falsches Verhalten Gott gegenüber bestrafen[19].

Interessant und für die spätere Betrachtung wichtig ist die Tatsache, daß schon im Alten Testament zwei Positionen für die spätere Diskussion der Königsfunktion vorgegeben sind, nämlich:

a) Das Beharren radikal-religiöser Kreise auf dem unmittelbaren Bund mit Gott, greifbar in dessen direkter Herrschaft, verbunden mit bundesethischen und antizentralistischen Gedanken. Königsherrschaft gilt in diesen Kreisen als Abfall von Gott, sie ist Unrecht, weil ungerecht. Religiöse und soziale Radikalität können, müssen aber nicht, gleichzeitig auftreten.

b) Grundsätzlich wird das Königtum, weil es göttlichen Ursprungs ist, akzeptiert, wenn auch vor Gefahren gewarnt wird, die im religiösen — Geringschätzung Gottes — und im sozialen Bereich — Unterdrückung der Schwachen — gesehen werden[20].

Ein „instrumentum regni" konnte die israelitische Religion bei der starken Stellung der religiösen und königsfeindlichen Kreise nicht werden, ebenso gab es keinen Raum für Positionen, mit denen die absolutistische Erhöhung des Königs nachhaltig vertreten werden konnte[21].

Im apokryphen Henochbuch findet sich aus viel späterer Zeit[22] ein weiteres Dokument königsfeindlicher Stimmung. Dort wird vom messianischen Menschensohn geweissagt:

„Dieser Menschensohn. . . wird die Könige und die Mächtigen von ihren Lagern und die Starken von ihren Thronen sich erheben machen. . . Er wird die Könige von ihren Thronen und aus ihren Königreichen verstoßen, weil sie ihn nicht erheben, noch preisen, oder dankbar anerkennen, woher ihnen das Königtum verliehen wurde[23]."

---

[17] Crüsemann, 88; v. Rad, Botschaft der Propheten, 112.
[18] Crüsemann, 220 f.
[19] Crüsemann, 90 f.; v. Rad, Botschaft der Propheten, 112.
[20] Boecker, 26, 30 ff.; v. Rad, Deuteronomium, 85 f.
[21] Ansätze in den Psalmen (orientalische Beeinflussung): Ps 2, 20, 21, 45, 72, 110.
[22] Entstanden in Palästina ca. 160-60 v.
[23] In: Kautzsch (Hg.), 263.

Die im Honochbuch deutlich zutage tretende Vorstellung vom „Gottesgnadentum" des Königs — dieses Gottesgnadentum ist ja die Voraussetzung für das Gericht, das der Messias über ihn halten wird — gehört zum Traditionsgut spätjüdischer Literatur in den Pseudoepigraphen[24]. Der König ist Lehnsträger Gottes und als solcher Schutz und Schirm seines Volkes gegen äußere Feinde und im inneren Bollwerk gegen das dämonische Chaos[25]. Aber dennoch ist die antimonarchische Traditionslinie auch in der spätjüdischen Literatur vorhanden. Neben der schon zitierten Stelle im Henochbuch ist vor allem auf eine Textstelle in den Psalmen Salomonis (17, 4-8) hinzuweisen. Dort heißt es:

„Du Herr erwähltest David zu dem König über Israel
schwurst seines Stammes wegen ewig ihm,
nie fänd vor dir sein Königtum ein Ende.
Doch unserer Sünder wegen/ erhoben gegen uns sich Sünder;
sie packten uns und stießen uns;/ sie raubten mit Gewalt
sie denen du doch nichts versprochen.
Sie ehrten deinen hochberühmten Namen nicht.
Voll Ruhmsucht setzten sie die Krone sich im Stolze auf
Du warfst sie nieder Gott,/ nahmst aus ihrem Land die Sippe weg[26]."

Hier zeigt sich eine ähnliche Grundeinstellung wie schon bei Hosea: Das Königtum ist Ausdruck der Gottferne, König und Volk sind gleichermaßen sündig.

In den synoptischen Evangelien sind Aussagen zum Staatsverständnis fast nicht zu finden. Ausnahmen bilden der Satz vom Zinsgroschen (Mk 12, 13-17) und das Wort über die Gewaltherrscher (Mk 10, 42-45). Es ist auffällig, daß die synoptischen Gleichnisse anders als die jüdischen ganz selten von Königen und weltlichen Würdenträgern handeln, dafür mehr von der Natur und dem Treiben der kleinen Leute[27]. In den Evangelien erscheint Jesus weder weltbejahend noch weltfliehend; man wird das Fehlen konkreterer Aussagen nicht im Sinne der einen oder anderen Auffassung interpretieren dürfen[28]. So werden in späteren Zeiten häufig allgemeine ethische Verhaltensvorschriften als Maßstab für fürstliches Verhalten herangezogen, etwa Jac 2, 8. Die wohl wichtigsten Aussagen für die Diskussion um das christliche Staatsverständnis bringt Paulus im 13. Kapitel seines Römerbriefes. In den frühchristlichen Textzeugnissen wird sehr oft auf das — natürlich für die jungen Gemeinden eminent wichtige — Verhältnis zwischen Christ und Staat eingegangen.

[24] Als ähnliche Stelle im AT sei auf Prov 8, 15 verwiesen. Diese Stelle wurde seit dem Mittelalter in Verbindung mit Joh 19, 11 als Beweis für das Gottesgnadentum der Könige zitiert (Reibstein, Althusius, 117).

[25] Böldt, 17-24.

[26] In: Riessler (Hg.), 898.

[27] Fiebig, 83, 86.

[28] Cullmann, 66; Böldt, 48.

Für die Diskussion über Ursprung und Funktion der Königsherrschaft war das Alte Testament ungleich ergiebiger als das Neue, denn es enthielt in konkreter Form eine Fülle von Exempeln, Gesetzesvorschriften und Historien.

Das Königtum in den rabbinischen Schriften

In Synhedrin 20b[29] wird über die Bedeutung des Königsgesetzes aus 1 Sam 8, 11 ff. gestritten. Manche Streitpunkte, die in der Diskussion über diese Stelle immer wieder begegnen, sind hier angesprochen, aber auch einige Aspekte, die keinen Widerhall in der christlichen Literatur fanden. „Rabbi Jose sagte, alles, was im Königsabschnitte steht, sei dem König erlaubt; R. Jehuda aber sagte, dieser Abschnitt sei nur dazu da, ihnen Angst zu machen[30]." Wichtig für die weitere Debatte wurde folgende Aussage von R. Jehuda zu Dt 17, 14 ff. „Drei Gebote wurden den Jisraeliten bei ihrem Einzuge in das Land auferlegt: einen König einzusetzen, die Nachkommen Amaleqs auszurotten und den Tempel zu bauen[31]." Tatsächlich beriefen sich die Rabbiner des Mittelalters und erst in späterer Zeit auch christliche Autoren[32] bei der Diskussion von 1 Sam 8 immer wieder auf dieses angebliche Gebot nach Dt 17, 14. Die Zurückweisung dieser rabbinischen Ansicht durch christliche Gelehrte, die ihrerseits die Unvernunft, ja Gottlosigkeit des jüdischen Volkes herausstellen, ist oft nicht frei von antijüdischer Polemik gewesen[33]. Auffällig und einzigartig ist die Tendenz der Aggadah, Saul positiver darzustellen, als er im Alten Testament auftritt, und ihm gegenüber David Gerechtigkeit widerfahren zu lassen[34]. Dahinter verbirgt sich eine tiefe Einsicht in die Doppeldeutigkeit des Königs Saul, der trotz seiner anfänglichen Makellosigkeit von Gott verstoßen wird und so das Königtum vom Fluch des Anfangs reinigt:

„R. Jehuda sagte im Namen Semuels: Das Saulsche Königshaus hatte deshalb keine lange Dauer, weil es ganz ohne Makel war. R. Johanan sagte nämlich im Namen des R. Simon b. Jehocadaq: Man setze zum Verwalter einer Gemeinde nur den ein, dem hinten ein Korb mit Kriechtieren nachhängt, damit man, wenn er übermütig wird, sagen könne: Tritt zurück[35]!"

Saul war viel würdiger als David, er war gottesfürchtiger und sündigte seltener: „R. Homa sagte: Wie wenig fühlt ein Mensch, wenn der Herr ihm hilft. Saul fehlte einmal, und es wurde ihm angerechnet, David fehlte zweimal, und es wurde ihm nicht angerechnet[36]."

---

[29] In: Goldschmidt (Hg.), Bd. 8, 534 ff.

[30] Ebenda, 534.

[31] Ebenda, 535.

[32] Z. B. Brenz, Cunaeus, Schickhard.

[33] Vgl. Brenz u. Kap. III., 3.1.

[34] Encyc. Judaica, Art. Saul, Sp. 914; Art. David, Sp. 1328 f.

[35] Joma 22b in: Goldschmidt, Bd. 3, 58.

[36] Ebenda, 57.

2. Alttestamentliche Könige als Vorbild
für Staatsräson und Regiment

Das Alte Testament liefert nicht nur eine Fülle von verschieden zu inter-
pretierenden Textstellen, auch die Vorstellung, die sich mit den jeweiligen
Königen verband, ist für die Repräsentation der Obrigkeit wichtig geworden.
Dabei ergeben sich gegenüber der reinen Textauslegung neue Aspekte:

1. Zunächst werden die alttestamentlichen Könige auch von denen als Exempel akzeptiert, die sonst wenig biblische Argumente bringen.

2. Die Könige David und Salomo sind für die sakrale Sphäre des weltlichen
Fürsten- und Königtums lange Zeit heilsgeschichtlich beansprucht worden[1].

3. Stärker als bei der Schriftauslegung mischen sich in das Bild der alttestamentlichen Könige sagenhafte und volkstümliche Elemente[2].

4. Das Bild der alttestamentlichen Könige wirkte in starkem Maße auch auf
Literatur und Kunst ein.

Aus der Frühphase der israelitischen Geschichte sind die sagenhaften
Könige *Melchisedech* und *Nimrod* wichtig geworden. Auf die Bedeutung des
Priesterkönigs Mechisedech ist oben schon eingegangen worden. Nimrod
wird seit dem Mittelalter fast ausnahmslos als Gewaltherrscher und Tyrann
interpretiert (vgl. Gen 10, 8-12). Nimrod, als der, dessen Reich bis nach
Assyrien reicht (Mi 5, 5), ist in den Schriften des Mittelalters wohl identisch
mit Ninus, dem sagenhaften Gründer Assyriens. Ninus wurde im Spätmittelalter allgemein als erster König und Urheber des Krieges angesehen. Sein
Sohn Trebeta soll Trier gegründet haben. Manchmal wird Ninus auch als
Sohn Nimrods angegeben[3]. Peter von Andlau schreibt, daß beinahe alle
ersten Könige der Welt in unheilvoller Weise zu Tode kamen und weist dabei
auf Ninus hin[4]. Schon bei Philo von Alexandria hatte Nimrod als derjenige
gegolten, der durch sein Abweichen vom Pfad der Tugend das Königtum an
sich zum Schlechten verkehrte[5]. In diesem Sinne wird Nimrod auch bei

---

[1] Auch im Koran gilt David als Vorbild für die Einheit der geistlichen und weltlichen
Führung (Sure 38, 25). (Mertens in: Fenske u. a., Gesch. d. pol. Ideen, 131).

[2] Carlo Ginzburg hat die These aufgestellt, daß in der Volkskultur unter einer dünnen
christlichen Schicht die brodelnde heidnische Welt weiterlebe. Dies läßt sich aber leichter
an den Vorstellungen, die im Volk über biblische Personen verbreitet sind, beobachten, als
an der Schriftauslegung, da bei personenbezogenen Legenden keine Bibelkenntnis nötig
ist (vgl. Ginzburg, Volksbrauch, Magie und Religion). Melchisedech wird gerade deswegen zum Objekt phantasievoller Ausdeutungen, weil in der Bibel über ihn verhältnismäßig
wenig gesagt ist (Schramm, Das Alte und das Neue Testament, 240 f.).

[3] Zedler, Artikel Ninus; Koller, 492; Reformatio Sigismundi, 246; Die früheste Erwäh-
nung Ninus' findet sich bei Herodot, Historien I, 7 und II, 150.

[4] Peter von Andlau, 45.

[5] Philo, De gigantibus, Op. Bd. II, 54 f.

Josephus charakterisiert. Josephus ist dann die Quelle für zahlreiche negative Urteile über Nimrod geworden[6].

So heißt es in einer Schrift aus dem Umfeld des Bauernkrieges:

„... unnd was mocht doch grewlicher sein, dan das ayn gantze commun ainem aynigen kopff solt gentzlich underworffen sein seins gefallens, wie wild und tyrannisch er were. in summa: es ist nit christlich, die recht grüntlich wurtzel aller abgotterey ist die angeporn selbs onvermessen herrschafft, welcher ursprung hatt in Babilonien under den ersten auffgeworffen konig ninus oder Nemrot, der den hohen thurn pawet, seyns willens Got zu ubersteygen, der auch seins vatters bildtnuß auff ain sewl satzt und die gebot für ain Got zueren[7]."

Etwas positiver urteilt Luther über Nimrod in einer Predigt zu Gen 10, 18 ff. Er sieht in ihm einen „vater aller die ynn der welt mit gewalt regiren". Zweifellos sei Nimrod „fur der welt ein trefflicher man gewesen, der das weltliche Regiment ynn köstlichen schwang bracht und gehalten hat". Aber, „wiewol er ein köstlichs Regiment fürete fur der welt, so ist doch nye keins so köstlich gewest, es hat geitz und ehrgeitzickeit bey sich, wil ymer weiter um sich fressen... Darumb ist er ein exempel aller welt Fürsten"[8].

Abweichend von der üblichen Auffassung gilt Nimrod bei Johannes Carion als sittlich hochstehender Mensch[9]. Hier spielen auch die verschiedenen Methoden der Gliederung der Weltgeschichte eine Rolle, da Nimrod, falls wie bei Melanchthon und Carion das Vaticinium Eliae zugrunde gelegt wird, eine Epochengrenze bezeichnet. Eine ähnliche positive Bewertung und Ehrenrettung Nimrods wird in einer theologischen Dissertation an der Akademie Saumur vorgenommen. Die Bezeichnung Nimrods als „venator" wird vom Verfasser wörtlich genommen, denn die Herrschaft sei im Kampf gegen wilde Tiere entstanden. Daher sei es unzulässig, Nimrod zu einem Krieger gegen andere Menschen zu machen:

„Non quod, vt nonnulli putant, principio bellum aduersus homines susceperit, quod venatio per metaphoram appelletur. Nam est quidem in venatione imago belli, at non in bello venationis simulacrum. Quamobrem venatoribus bellatorum nomen per metaphoram eleganter dari potest; bellatoribus venatorum haud aeque[10]."

Calvin hingegen hatte in Nimrod den Zerstörer einer ausgewogenen staatlichen Ordnung gesehen[11].

Georg Gümpelzhaimer faßt die Ansichten zur Herrschaft des Nimrod zusammen:

„De omnium primo Rege inter Historicos constare non video, quidam enim Nimrodum constituunt, quos refutat Kirchner... iniquiens, plures civitates & imperia ante

---

[6]   Josephus, Antiquitates I, 4.
[7]   „An die Versammlung der gemeinen Bauernschaft", in: Laube, 122.
[8]   WA 24, 221 f.
[9]   S. u. Kap. III., 3.1.
[10]   Carolus Chailletus, Theses Theologicae..., 22.
[11]   S. u. Kap. III., 4.2. Anm. 14.

diluvii extitisse, haud obscure Moyses significat Gen 6 cum & tyrannorum & potentium dominatorum mentionem facit. Post diluvium autem ferme omnes Nimrodo primum adscribunt locum & licet Tyrannus aestimetur, tamen a Deo constitutus, cum omnis Magistratus initia incrementa & occasus a Deo dependeant[12]."

Thomas Müntzer schreibt in seinem letzten Brief, in dem er die Mansfeldischen Berggesellen zum Kampf gegen die Gottlosen auffordert: „Dran, dran, dyeweyl das feuer heyß ist. Lasset euer schwerth nit kalt werden, lasset nit vorlehmen (d. h.: werdet nicht lahm, die Verf.)! Schmidet pinkepanke auf den Ambossen Nymroths werfet ihne den thorm zu boden[13]!"

Auch Bezüge zur antiken Mythologie werden mit Nimrod verbunden. Bodin weist im „Methodus ad facilem historiarum cognitionem" die Lehre von den vier Reichen, insbesondere die Existenz eines „goldenen" Zeitalters in der Frühzeit der Menschheit zurück. „Wir sehen nämlich," so schreibt Bodin, „in diesem sogenannten goldenen Zeitalter Cames und Saturnus wirken." Dieses sagenhafte Königspaar der römischen Urzeit identifiziert Bodin mit Cham, dem Sohn Noahs (vgl. Gen 9, 18 ff.) und Nimrod. Cham aber habe das Schamgefühl seinem Vater gegenüber verletzt und wurde von diesem verflucht, Nimrod aber wurde von den Hebräern selbst mit dem Namen der Räuber und Verbrecher bezeichnet. Diese Zeit könne schwerlich als golden bezeichnet werden. Auch in dieser Darstellung kommt Bodins pessimistische Auffassung vom Staat als Gründung eines Gewaltherrschers zum Ausdruck[14].

John Milton erklärt Nimrod zum Tyrannen, in ähnlicher Weise ist für Algernon Sidney Nimrod ein Usurpator und Tyrann, er ist wie diese ein Feind Gottes und der Menschen und kann sich auf kein Recht berufen[15].

Nimrod erscheint also insgesamt als negativ besetzte Figur in den Quellen, als Tyrann oder Urheber der Gewaltherrschaft. Bisweilen ist allerdings dieses Bild von der Vorstellung eines Rächers an den Bösen und Kämpfers gegen wilde Tiere, vergleichbar etwa dem Siegfried der Nibelungensage, überlagert.

Die in der Bibel eher als Übergangszeit behandelte Regierung des Königs *Saul* beinhaltet eine Menge Aspekte, die in späterer Zeit immer weniger gesehen und verstanden werden. Saul reinigt das Königtum vom Makel des Beginnens. Er trägt daneben durchaus Züge einer Errettergestalt an sich[16].

---

[12] Gümpelzhaimer, De Regibus, in: Arumaeus, Discursus, Bd. 2, 728; Gümpelzhaimer, geboren 1596, Jurist in Regensburg.

[13] MSchBr, 455.

[14] Bodin, Methodus, 317. Hier kommt seine von Augustin herstammende pessimistische Auffassung vom Staat als Gründung eines Gewaltherrschers zum Ausdruck.

[15] Milton, The Defence, Complete Prose Works, Bd. IV, S. 473; Sidney, zitiert bei Reibstein, Volkssouveränität, Bd. 1, 423 f.

[16] Dazu A. Jeremias, Das Alte Testament im Lichte des Alten Orients, 484; Die Errettergestalt trägt Mondmotive. Es sei an dieser Stelle nur daran erinnert, daß dies in

Die Bibel schildert ihn als makellosen jungen Mann (1 Sam 9, 2) und die Schilderung, wie Saul Esel sucht und ein Königreich findet, hat den Charakter eines Märchens. Obwohl Saul viel gerechter war als David, wird er von Gott verstoßen. Dieser Umstand wird in der jüdischen Tradition noch lebhaft empfunden, während sich das christliche Verständnis dieser Stelle in der Regel mit der Erklärung, Sauls Ablehnung durch Gott sei Folge seiner allzu geringen Gottesfurcht, zufriedengibt[17]. Gott gab Saul ein anderes Herz, sein Geist geriet über ihn (1 Sam 10, 9 ff.), d. h. Saul als König und kollektive Mitte hat teil an der göttlichen Macht und ist deswegen „unter den Propheten".

Im Mittelalter und in der frühen Neuzeit spielen die mythologischen Aspekte der Person Sauls kaum noch eine Rolle. Saul ist auch im Mittelalter zu keiner literarischen Person geworden. Der seit der Renaissance stärker werdende Strom an Dramen und epischen Werken, die auf Saul zurückgehen, betrifft zunächst das Verhältnis von Saul und David, und Saul gewinnt Leben allein als Kontrastfigur zu dem frommen David. Erst in späterer Zeit wurde Saul unter dem Einfluß der psychologischen Betrachtung positiver dargestellt. In den staatsrechtlichen Auseinandersetzungen des Mittelalters stand Saul als Vertreter des weltlichen, Samuel als der des geistlichen Standes im Zentrum der Auseinandersetzungen um weltliches oder geistliches Primat[18]. Nachdem das Papsttum seine Argumente um die kuriale Translationstheorie erweitert hatte[19], die das Primat des Papstes aus rechtlichen Ansprüchen abzuleiten versuchte, gewann der Hinweis auf die Einsetzung Sauls durch Samuel noch an Bedeutung, um die päpstliche „potestas directa in temporalibus" zu beweisen. Ende des 13. Jahrhunderts lebte die Diskussion um das Verhältnis sacerdotium-regnum wieder auf und verschwand endgültig erst im 17. Jahrhundert[20]. Dabei ging es vor allem um die Fragen:

---

sehr alte Schichten mutterrechtlicher Kulturen zurückverweist. Zu Saul auch: von Rad, Theologie des Alten Testamentes Bd. 1, 336 ff.

[17] Es gilt, was von Rad über Saul geschrieben hat: „Tatsächlich hat Israel nie mehr eine dichterische Gestaltung hervorgebracht, die sich in gewissen Einzelzügen so nahe mit dem Geist der griechischen Tragödie berührt. So sehr die Erzähler von Sauls Schuld überzeugt sind, so liegt doch in seinem schuldig werden zugleich etwas Überpersönliches; es ist das Verhängnis, das den überkommt, von dem sich Gott abgewandt hat. Saul mußte handeln; aber gerade in seinem Handeln vollzieht er selbst sein Schicksal." (Theologie des Alten Testamentes, Bd. 1, 337.).

[18] Funkenstein, Das Alte Testament im Kampf von regnum und sacerdotium, 34 ff.; Kirn, passim.

[19] Goez, 137 ff.

[20] Wilhelm von Ockham etwa lehnte alle Ansprüche des Papsttums, die sich aus 1 Sam 8 herleiten ließen, nachdrücklich ab: „Contra sacram etiam scripturam accipitur, quod Samuel summus sacerdos constituit Saul regem, quia Samuel non erat summus sacerdos, sed solummodo levita; nec Samuel Saulem vel David unxit in regem auctoritate alicuius, qua erat preditus, dignitatis, sed solummodo de mandato Dei; quali modo quilibet rusticus posset ungere in regem quem-

Hat der oberste Priester das Recht, den König ein- und auch wieder abzusetzen? Die biblische Erzählung ließ sich sowohl im Sinne der kurialen wie auch der kaiserlichen Seite auslegen.

Im 16./17. Jahrhundert finden sich trotz der ziemlich unisono vorgetragenen Mißbilligung und Geringschätzung der Person Sauls einzelne interessante Ansätze einer differenzierteren Betrachtung. So hält Hoenonius Saul keinesfalls für tyrannischer als David und Salomo[21]. Auch der Jesuit Juan de Mariana (1536-1624) hält Saul nicht für einen Tyrannen. Hinter diesen günstigen Beurteilungen steckt das Bemühen, ein Argument der Gegner des Tyrannenmordes zu entkräften, die stets darauf hinweisen, auch David habe Saul trotz seines tyrannischen Verhaltens geschont und nicht getötet. So hatte Mariana gefragt, ob die Ermordung Heinrichs IV. durch Jacques Clement rechtens gewesen sei. Mariana hält es nicht für stichhaltig, diese Tat mit Hinweis auf David, der Saul schonte, zu verurteilen, nicht etwa, weil David die Berechtigung fehlte — diese fehlte Clement ja auch —, sondern weil Sauls sittliche Verkommenheit nicht so groß gewesen sei, daß eine Ermordung gerechtfertigt gewesen wäre[22]. John Milton, der der Tendenz nach wie Mariana argumentiert, meint, daß heutzutage kein Tyrann mehr Schonung erwarten dürfe, wenn er nicht beweisen könne, der Gesalbte des Herrn zu sein[23].

Erwähnenswert ist auch die Art und Weise, in der Antonius Probus Sauls Wirken als Prophet erklärt. Probus[24] stellt in seiner „De monarchia regni Israelis" das alttestamentliche Königtum in moralischer Nutzanwendung dar. Dieses zu Unterrichtszwecken verfaßte Buch orientierte sich weitgehend am Inhalt der Heiligen Schrift, der lediglich durch Zitate aus den Kirchenvätern und einigen lateinischen Klassikern vertieft wurde. Bei Probus verbindet sich die alte Vorstellung vom König als Heiligen mit dem Wissen um seine Verdammung durch Gott. Nach seiner Darstellung führte mangelnde Glaubensgewißheit und Geringschätzung der von den Vorfahren in vielen Kriegen erhaltenen Freiheit das Volk Israel zu seinem unziemlichen Wunsch nach einem König[25]. Die Vorhaltungen Samuels wurden mißachtet, Gott in seiner Unergründlichkeit entspricht trotz seiner Verärgerung dieser Bitte.

---

cumque... Ex quibus aliisque quam pluribus evidenter colligitur, quod in hiis, que ad regimen populi pertinebant, sacerdotes iudicibus et regibus inferiores fuerunt. Nec obstat, quod aliqui reges a sacerdotibus inuncti fuerunt in reges, quia huiusmodi unctio non arguit, unctum esse inferiorem ungente, presertim in temporalibus. Nam reges unguntur nonnulli ab archiepiscopis, qui eis in temporalibus sunt subjecti." (Brevioloquium, V, 7, S. 181 f.).

[21] S. u. Kap. III., 6.3. Anm. 69.

[22] Mariana, De rege et regis insitutione, 54 f; Wolgast 54 f.

[23] Milton, Tenure of kings, Complete Prose Works, Vol. III., 216.

[24] Anton Probus, gest. 1613, ist in Stollberg geboren und brachte es zum Generalsuperintendent in Weimar.

[25] Probus, Bl. 11a.

Anschließend erwähnt Probus etwas unvermittelt, daß die Furcht vor der Mißwirtschaft der Söhne Samuels die Israeliten bewogen habe, Sauls Wahl zum König anzuerkennen[26]. Probus würdigt die positiven Eigenschaften Sauls, die aber gegenüber seinen schlechten völlig verblassen. Demgegenüber strahlt das Bild des rex et propheta David umso heller[27]. — Ausführlicher geht Probus auf die angebliche Prophetengabe Sauls ein (vgl. 1 Sam 10, 11 f.). Die Tatsache, daß Saul auch unter den Propheten gewesen sein soll, ist für Probus gerade angesichts des Königs David als rex et propheta nicht unproblematisch. Die Prophetengabe verleiht, so meint Probus, das Wissen, das zur Erkenntnis der Regeln und Normen nötig ist. Zu den Aufgaben des Königs gehört nämlich „regere iuxta Legum praescriptum disciplinam & mores subditorum, defendere obedientes, punire sceleratos, tueri pacem, fovere Ecclesias & studia doctrinarum[28]." Dieses Geschenk, das eine wichtige Voraussetzung zur Wahrnehmung des Königsamtes ist, erhalten nämlich alle Könige, gute wie schlechte. Das Volk aber nimmt diese plötzliche Wandlung im Wesen des Herrschers zum Anlaß großer Verehrung[29]. Hier findet sich in versteckter Weise der Gedanke wieder, daß der König als Mittelpunkt des Kollektivs zugleich über dem Kollektiv steht.

Zu der Frage, wie der doch von Gott verworfene König Saul zur Gabe des Weissagens kommt, findet sich in Zedlers Universallexikon ein Lösungsversuch: Saul sei kein echter Prophet gewesen, sondern habe sich nur als solcher gegeben, er sei von keinem guten Geist getrieben, sondern vom bösen der Melancholie:

„So muß man es doch hier so verstehen, daß Saul also gethan habe wie diejenigen, so da weissagten. Denn wie die Propheten, wenn sie weissagten, offt seltsame Geberden von sich sehen liessen, weil sie gantz entzüget und ausser sich selbst waren... Also hat auch hier Saul wunderliche Geberden, Minen und Worte bebrauchet, daß, wer um seinen Verstand nicht gewust, hätte meinen sollen, er weissagete recht, und würde von einem guten Geiste getrieben[30]."

Nimmt Probus die angebliche Prophetengabe Sauls mit einem theologischen Vorbehalt noch zweifelnd an, so wird in der Frühaufklärung die Prophetengabe als Krankheitsphänomen charakterisiert.

König *David* zieht ein ganzes Bündel verschiedener Vorstellungen auf sich, die ihn als Musiker am Hofe Sauls, als tollkühnen Kriegshelden, als zu unrecht Verfolgten, als heilsbringenden König, als Sünder und als menschliches Leid Erfahrenden betreffen[31]. Die typologische Gestaltungskraft der

---

[26] Ebenda, Bl. 11b.
[27] Ebenda, Bl. 11b ff.; 15b ff.
[28] Ebenda, Bl. 12b.
[29] Ebenda, Bl. 13a.
[30] Zedlers Universallexikon Bd. LIV, Sp. 1221 (Artikel Weissagung).
[31] Goethe schreibt in den Schriften zur Kunst über einen religiösen Bilderzyklus: „David darf nicht fehlen, ob er mir auch als eine schwierige Aufgabe erscheint. Den

Person Davids konnte sich so weit steigern, daß etwa Calvin in seinem eigenen Lebenslauf die Krisen und Wendepunkte des Lebens Davids wiedererkannte[32].

Daneben spielt David auch in Werken, die politische Ratschläge geben und Maßstäbe für die Handhabung der Staatsräson setzen wollen, eine Rolle. Außerdem ist David noch für die schon behandelte Frage nach dem Verhältnis von regnum und sacerdotium wichtig sowie für das Problem der Legitimität von Widerstand gegen obrigkeitliches Handeln.

Schon im frühen Mittelalter spielte die typologische Berufung auf David eine wichtige Rolle zur sakralen Erhöhung eines Herrschers[33]. Selbst im reformierten Bereich konnte später auf solche Rückgriffe nicht verzichtet werden, wie die Entwicklung in England deutlich gezeigt hat. Auch Heinrich IV. von Frankreich wurde als wiederauferstandener David gefeiert. Die Kraft typologischer Weltbetrachtung zeigt sich auch daran, daß, im Bemühen, auch die heidnische Welt der christlichen Geschichtsauffassung einzugliedern, David und Orpheus seit dem 12. Jahrhundert typologisch angenähert und sogar identifiziert wurden. Dies ging über die ursprüngliche Gemeinsamkeit als Sänger und Musiker hinaus. Orpheus wurde ebenfalls als Erlösertyp und Präfiguration Christi geschildert[34]. David verliert im allgemeinen im 16. Jahrhundert seine Bedeutung als Typos Christi, dagegen werden nun seine menschlichen Eigenschaften wichtig, die belehrend und moralisierend erbaulichen Betrachtungen Nahrung geben. So heißt es schon bei Luther in den Tischreden über David: „David ist ein fein verständiger Herr und König gewesen. . . Davids Historia ist die aller wunderlichste, eine rechte Tragödia, wiewohl zuletzt noch eine Comödia draus wird[35]." — Sehr häufig wird auf Davids Güte und Milde hingewiesen, er hat sogar Saul verziehen[36]. In stärker politisch ausgerichteten Schriften steht dieser Hinweis

---

Hirtensohn, Glücksritter, Helden, Sänger, König und Frauenlieb in *einer* Person, oder eine vorzügliche Eigenschaft derselben hervorgehoben darzustellen, möge dem genialen Künstler glücken." (Hamburger Ausgabe, Bd. 12, 211). Auffällig ist, daß nur Davids rein weltliche Eigenschaften hervortreten.

[32] Gosselin, 69.

[33] Ohly in: Haug (Hg.), Formen und Funktion der Allegorie, 133 ff.

[34] Ohly, ebenda.

[35] Tischreden, EA 62, 140, 156 f.; zu Luthers David-Bild siehe: Bornkamm, Luther und das Alte Testament, 9 ff., 12.

[36] In der Diskussion um die Rechtmäßigkeit des harten Vorgehens gegen die Bauern spielt diese Stelle auch eine Rolle, obwohl sie von der Situation her nicht paßt. So schreibt Luther im „Sendbrief vom harten Büchlein wider die Bauern": „Was frage ich darnach, das dyrs missefellt, wens Gott gefellt? Wenn er will zorn und nicht barmhertzickeyt haben, was gehestu denn mit barmhertzickeyt umb? Versündigt sich nicht Saul an dem Amalec mit barmhertzickeyt, das er Gotts Zorn nicht ausrichtet, wie yhm befolhen war (1 Sam 15, 1-23)?. . . Wiltu barmhertzickeyt haben, so menge dich nicht unter die auffrurischen, sondern furchte die oberkeyt und thu gutts." (In: WA 18, 386).

im Zusammenhang der Frage nach der Legitimität des Widerstandes gegen
einen Herrscher. Bornitius verweist in seiner Emblemsammlung auf David
und seine Milde, um die Verwerflichkeit von Zweikämpfen zu belegen[37].
Gerne wird auch über Davids Sünden nachgedacht und reflektiert. Sebastian
Franck schreibt in seiner Chronica:

> „Weil dieser heilig künig auß küniglichem übermut und boßheit diser sünd nit on ist
> gewesen/ ist nit wunder ob unser Künig und Fürsten/ die dem David mit jrer
> frumbkeit nitt wasser langen möchten/ frawenschänder und blutvergiesser seind/ ob
> sie schon viel geystlicher hurheuser/ dz ist/ Clöster/ kirchen und capellen bawen und
> stifften. Darumb sehet für euch jr künig und Fürsten/ habt jr bißher nit allein wie
> David/ sunder vil frummer biderleüten jre weiber und kinder geschendt/ vil armer
> leüt blut und gut durch krieg von eüwers geitz wegen vergossen unnd verhengt/ so
> lernet mit David buß wircken[38]."

Im 17. und 18. Jahrhundert häufen sich dann Belege, die Davids Sünde
nicht als persönliches Vergehen, sondern als Zeichen für die Schwere und
Last des Regentenamtes verstehen. Von hier ist es nur ein kleiner Schritt zu
der Auffassung, gerade weil das Regieren so schwer sei, bedürfe der fürstliche
Hof in besonderem Maße der Divertissements als Zerstreuung und
Ablenkung[39].

Über seine persönliche Biographie hinaus diente David als Vorbild in
Fragen der Staatskunst. In den Jahren der Reformation wurden die von der
Verfolgung bedrohten Protestanten mit dem Hinweis auf das Leiden Davids
am Hofe Sauls zur Standhaftigkeit ermahnt[40]. Moralisch verstanden, galt
das alttestamentliche Königtum in reformierten und täuferischen Kreisen als
Vorbild. So schreibt etwa Martin Bucer in „de Regno Christi" unter der
Überschrift: „Quibus viis et rationibus regnum Christi possit et debeat
restitui per pios reges":
„Exempla itaque Serenissimae Majestati Tuae proponenda sunt et summa religione

---

Darauf entgegnete ein entschiedener Gegner Luthers, der Franziskaner Johannes
Fundling:
„Das hilfft dich nit, lieber blüdthündt, dan die zwen gemelten konig hetten sundern
entphelch von Got, das sie nyeman bleyben lassen solten. Aber auß hoffart bewegt, namen
sie die feynd gefangen oder zur freuntschaft. Solichen sondern befelch hastu noch nit über
die schentlich paurn... Ich will dir aber auch ein exempel herwiderumb antzaigen. Hat nit
David wol than, der doch auß Gotes gescheft und geheyß zu eim konig uber daz volck
Israel gesalbet was, das er zwirnet barmhertzig ist gewesen dem obgemelten konig Saul,
der doch sein abgesagter feynd was und auffrurisch, dan er bewegt alles volck wider iren
rechten von Got geordneten könig David." (in: Laube, Johannes Fundling, Anzeigung
zweier falscher Zungen, 473).

[37] Bornitius, Emblem XXXIV, 68 f.

[38] Franck, Chronica, Bl. Lij b.

[39] So etwa von Rohr, IV. Theil 1. Capitel, 732: „Je schwerer die Regiments=Last, die
grossen Herren bey Beherrschung ihrer Länder auf dem Halse lieget, ie mehr Erquickung
und Ergötzlichkeit haben sie auch vonnöthen."

[40] Gosselin, 90 ff., 102 ff.

imitanda Dauidis, Salomonis, Asae, Hiskiae, Iosae, Nehemiae ac similium, quibus
solidam pietatis laudem et probe administrati regni scriptura attribuit[41]."
Nicht allein das Beispiel des Königs David, sondern das Alte Testament an
sich hatte auch Luther trotz seiner realistischen politischen Einsichten als
konkrete Handlungsanweisung begriffen. Wichtig war das alttestamentliche
Königtum in allen protestantischen Gruppen für die Frage der cura religio-
nis geworden, d. h. der Kirchenhoheit, die der weltlichen Obrigkeit zugestanden wurde.

Im 16. Jahrhundert verstärkte sich die Tendenz, nach der das alttesta-
mentliche Königtum nicht als direkte Norm galt, sondern Anlaß zu reflektie-
renden oder resignierenden Betrachtungen über die Herrschaft an sich gab.
Bei Melanchthon und seinen Schülern wurde die Verwendung des Alten
Testamentes durch die Aufnahme naturrechtlicher und klassisch-antiker
Vorstellungen modifiziert. In späterer Zeit erweist sich der vordergründige
Anschein einer biblischen Argumentation oft als brüchig. Die häufigen
Bemerkungen etwa der Art, im alten Israel hätten die wenigsten Könige wohl
regiert[42] oder Gott gebe in seinem Zorn Tyrannen zur Strafe als Herrscher[43],
sind als Floskeln ohne tiefere Bedeutung zu verstehen. In diesem Sinne ist
wohl auch Urban Rhegius zu verstehen:
„Ein christlicher Fürst soll die feinen Exempel des alten Testaments/ für augen
haben/ das er stetigs sehe/ was grosser wunderbarlicher ding die König und Fürsten
inn Israel gethon haben/ Nicht auß eigener macht/ unnd klugheyt/ sondern durch
Gottes gnad und hülff/ Damit kan ein Fürst seinen glauben oder vertrawen in Gott
auch stercken/ unnd zum Exempel seins thuns oder lassens annemen/ Was wol und
recht gehandelt ist/ so weyt sein beruff erheischet[44]."

Ein wichtiges Indiz für den Verlust der sakralen Bedeutung der Berufung auf
das alttestamentliche Königtum ist die zunehmende synkretistische Vermischung biblischer und heidnischer Motive bei der Repräsentation des Herrschers. So wurden allgemein in der höfischen Kultur mythologische Motive
aus der Antike und allenfalls aus dem Alten Testament genommen, spezifisch neutestamentlich-christliche Motive sind dagegen sehr selten.

Häufig wird in den untersuchten Quellen die politische Verhaltensweise
der alttestamentlichen Könige als rechte ratio status einer verderblichen
entgegengestellt. Dies kann sich auch auf die strafende und blutvergießende
Gewalt der Könige beziehen. So schreibt Luther im „Sendbrief vom harten
Büchlein wider die Bauern":
„Das ich aber das werck des blut vergiessens habe so theur gemacht, wird meyn
buchlin am selbigen ort zeugen reichlich, das ich geredt habe von welltlicher ober-

---

[41] Bucer, 99. Die Anrede richtet sich an den englischen König Edward VI.

[42] So etwa — mit Berufung auf Sir 49, 5 ff. — Reinking, Bibl. Policey, 164; Lütkemann,
306.

[43] Osiander, Gutachten über weltliche Obrigkeit, GA Bd. 2, 56; Lütkemann, 309.

[44] Rhegius, Enchiridion, LXXXV a.

keyt, die christlich ist und yhr ampt christlich furet, sonderlich wenn man widder die auffrurischen hauffen zeucht zu streytten, sollten die selbigen mit blutvergiessen und ausrichtung yhrs amts nicht wol thun, so müste Samuel, David, Sampson auch nicht wol gethan haben, da sie die ubeltheter strafften und blut vergossen[45]."

Müntzers spätere Schriften leben ganz aus dem Geist der kriegerischen und glaubenseifrigen Könige des Alten Testamentes. Deren strenges Verhalten gerade in Religionsangelegenheiten wird auch von anderen häufig gelobt[46].

Der Umstand, daß bei Luther und vielen anderen Autoren die rechte ratio status so vehement gegen die falsche abgegrenzt wird, legt die Frage nahe, was denn bei den untersuchten Autoren unter „ratio status" eigentlich verstanden wird.

Das Problem, was unter ratio zu verstehen sei, begegnet auch bei den verschiedenen Interpretationen von 1 Sam 8, und zwar bei den philologischen Erörterungen zur Übersetzung des hebräischen Wortes „Misphat". Viele Autoren wollen dies Wort nicht als „ius", sondern als „ratio", gewöhnliches Verhalten, verstanden wissen. Tatsächlich erscheint „Misphat" in der Vulgata als „ius" und in der Septuaginta als „$\delta\iota\kappa\alpha\iota\omega\mu\alpha$", bietet also der Interpretation als Art und Weise wenig Raum. So muß es auffallen, daß Calvin im Text, den er seiner Predigt zu 1 Sam 8 voranstellt, abweichend von jedem bekannten verbreiteten Bibeltext, schreibt: „Ac dicit: Haec erit ratio ipsa regis qui regnabit super vos" (1 Sam 8, 11)[47]. Zufall oder Absicht? Steckt hinter der Verwendung des Wortes „ratio" ein bestimmtes Programm, das durch die Auslegung bestätigt wird? Kündigt sich hier vielleicht schon der negative Bedeutungsinhalt des Wortes „ratio", der sonst erst für das 17. Jahrhundert gilt, an? Calvin soll am 8.8.1561 über 1 Sam 8 zu predigen begonnen haben, und zwar in französischer Sprache. Die Wochenpredigten dieser Reihe wurden 1604 in lateinischer Übersetzung — die natürlich nicht mehr von Calvin selber stammte — herausgegeben. Das französische Original ist bisher unediert[48]. Weitergehende Spekulationen verbieten sich, solange der Text des französischen Originals nicht bekannt ist. Vermutlich handelt es sich aber tatsächlich um eine von der Vulgata abweichende eigene Übersetzung Calvins — ansonsten hätte man bei der Rückübersetzung einfach den Text der Vulgata nehmen können. Da es keine verbindliche Bibeledition für den reformierten Bereich gab, ist es durchaus einleuchtend, daß Calvin den Text, über den er predigen wollte, in einer eigenen Übersetzung voranstellte. Macht nun die inhaltliche Analyse von Calvins Predigten eine

---

[45] WA 18, 400. Luther bezieht sich auf 1 Sam 15, 32-33; 2 Sam 4, 11-12 und Ri 15, 15-16. Vgl. aber Luthers Predigt über Gen 10! (Siehe oben Kap. II., 2)

[46] Etwa von Reinking, Bibl. Policey, 43.

[47] CR 57, Sp. 551. Die gleiche Stelle lautet in der Vulgata: hoc erit ius regis, qui imperaturus est vobis.

[48] Hanns Rückert, S. XIII; s. auch Höpfl 158 A 28.

bewußte Verwendung des Wortes „ratio" wahrscheinlich? Der Begriff „Staatsräson" verbreitete sich erst seit dem Ende des 16. Jahrhunderts. Von Machiavelli, dem er oft fälschlich zugeschrieben wird, wurde er nicht gebraucht[49]. Calvin verwendet das Wort „ratio" ausgesprochen oft, er schöpft die ganze Bedeutungsbreite dieses schillernden Begriffs aus. Eine genaue Betrachtung ergibt, daß ratio — wenn es zu dem Begriff ius in Konkurrenz steht — immer die begrenzte menschliche Vernunft meint, die nicht mit der göttlichen Gerechtigkeit übereinstimmt[50]. Diese Bedeutung von ratio stimmt mit der kritischen Haltung zur Monarchie, die in Calvins Predigt über 1 Sam 8 zutage tritt, überein. Calvins Verständnis von ratio entstammt also nicht der Ende des 16. Jahrhunderts heftig einsetzenden Kontroverse um „Ragione di Stato" als Regierungkunst und -technik, fügt sich aber inhaltlich gut in diese Entwicklung ein.

Auf die Entstehung und Bedeutung des Begriffs „Ragione di Stato", insbesondere auf deutschem Boden, soll hier nicht weiter eingegangen werden[51], es genüge die Beschreibung von Weinacht:
„Ratio status ist in Deutschland wie anderswo ein Konzept fürstlicher Machtkunst, das im Konfliktfall zwischen Nutzen und Moral dem ersten den Vorzug gibt, vorausgesetzt, daß er öffentlicher Natur ist (bonum commune)... Aber diese Einschränkung auf rationes publicas allein genügt der deutschen Politik noch nicht: sie versucht von Anfang an, ratio status auf den Bezirk des zweifelsfrei sittlich Erlaubten zu beschränken und einzugrenzen, zuweilen auch auf den Bezirk des nicht zweifelsfrei sittlich Verbotenen... Je moralischer und rechtlicher aber die papiermäßigen Definitionen einer ratio status vera ausfallen, desto unzulänglicher wird diese Theorie für die Erfassung der tatsächlich geübten Politik, die nurmehr als ratio status apparens beschrieben werden kann[52]."

Hier kehrt die die deutsche Politikwissenschaft stark beschäftigende Frage wieder, wieweit ein Staat moralisch und in christlicher Verantwortung handeln soll. Diese Frage wurde nicht erst durch Machiavelli und in stärkerem Maße von seinen Nachfolgern aufgeworfen, sondern beschäftigte die deutsche Staatslehre seit der Reformation und deren Forderung nach einer christlichen Obrigkeit. Dies ist z. B. schon bei Johannes Brenz — ähnlich wie ja auch bei Calvin — in seiner Predigt über 1 Sam 8 wichtig[53]. So wird dort Samuel eine Mitschuld am späteren Abfall der Israeliten gegeben, weil seine Entscheidung, seine Söhne zu Richtern zu machen, eine „carnalis suae rationis prudentia" war und nicht auf göttlicher Eingebung beruhte[54].

---

[49] Calvin kannte den „Principe" wahrscheinlich schon seit den 30er Jahren (Wendel, 17).

[50] In dieser Bedeutung: CR 57, Sp. 551, 559, 560.

[51] Ausführlich dazu: Weinacht. Zu diesem Buch vgl. Dreitzel, in: NPL 16 (1971), 417 ff.; Reinhard in: Fenske u. a., Gesch. d. pol. Ideen, 211 ff.

[52] Weinacht, 146; Dieser Widerspruch zwischen Anspruch und konkretem Verhalten fällt z. B. bei Reinking auf, s. u. Kap. III., 6.3.

[53] S. u. Kap. III., 3.1.

[54] Brenz, Homiliae in Cap. VIII Lib. I. Samuelis, in: Operum Tomus II, 353.

Menschliche Ratio, so muß man Brenz verstehen, bringt alles zum Schlechteren. Wenig später wägt Brenz noch einmal die Vorzüge der Richterzeit gegen die der Königszeit ab:

„Tametsi autem aliquot Iudices, saepe contra legem iudicabant, vt in filijs Eli & Samuelis manifestum est, tamen hoc erat Iudicum munus, & huc spectabat, vt Iudex legi subesset, & iuxta legem iudicaret, nihil autem pro imperio ageret, & tyrannide cogeret. Regis longe alia ratio est, quem si semel, vt postea Samuel commemorabit, agnoueris, imperium & tyrannis eius perpetuo ferenda est[55]."

Dieser Gedankengang ist weniger interessant im Hinblick auf die konkrete Anwendung auf die zeitgenössischen Verhältnisse im Reich, sondern vor allem als früher Beleg für die pejorative Verwendung des Wortes „ratio". Ganz anders versteht Albericus Gentilis die Bedeutung von ratio. Für ihn ist ratio identisch mit ius, er entwickelt keinerlei Vorbehalte gegenüber diesem Wort. Er zitiert 1 Sam 8, 11 wie Calvin als „Haec erit ratio ipsa regis, qui regnabit super vos" und versteht diese Stelle gänzlich im absolutistischen Sinn[56]. Damit ist die extreme Position, die ratio als ius versteht, beschrieben, welche gerade im deutschen Bereich auf heftigen Widerstand stieß. Christoph Besold bezeichnet 1 Sam 8, 11 ff. in Anlehnung an Nikolaus von Lyra als „ratio pro tempore necessitatis"[57], d. h. nicht als Recht mit göttlicher Segnung, sondern als letztes menschliches Mittel in Notfällen. An Versuchen die rechte ratio von der verderblichen „machiavellischen" abzugrenzen, fehlt es nicht. Reinking schreibt: „Das Gesetzbuch Gottes und dessen Observantz ist die beste Ratio Status oder Versicherung deß Staats[58]." Urheber der ungerechten Ratio Status sei der Teufel[59]. Wie dieser ein Staatswesen zerstören kann, erläutert Reinking am Beispiel Sauls und Davids:

„Als David von der Schaffherde an den Königlich Hoff zu Saul kam/ und sich resolvirte dem grossen gewaltigen Riesen Goliath/ der dem Zeug Gottes Hohn sprach/ die Stirn zubiethen/ und auff deß Königs Geheiß/ mit ihme in duell sich zubegeben/ denselben auch darin erlegte/ ... war er bey dem König und seiner Hoffstatt sehr angenehm/ so bald aber die Weiber anfiengen darüber gegen einander zu singen/ zu spiehlen vnd zusagen/ Saul hat tausend geschlagen/ aber David zehntausend 1. Samuel. cap. 17 & 18. v. 7. kam der Abgott Status Ratio vnnd bildet Saul ein/ daß solches wider seinen Staat und Hoheit lieffe/ er würde daran gewißlich periclitiren vnd seine Nachkommen den königlichen Thron nicht besitzen/ wann er diesen so hoch renomirten vnd von dem Volck geliebten und gelobten jungen Helden bey Leben vnd in esse lassen würde/ weil aber solches offentlich/ ohne motu vnnd Uffstand deß Volcks nicht geschehen könte/ kam herbey Fraw Astutia eine getreue Pedissequa und Dienerin Status Rationis, vnd gab Saul an die Hand/ er solte sich nur nicht merken lassen/ daß er über David ergrimmet/ sondern aller Gnade annehmen vnnd deren jhn realiter zu versichern/ seine grösseste Töchter Moreb zum Weibe praesentiren, jedoch mit dieser Condition er solte frewdig seyn vnnd deß

[55] Ebenda, 356.
[56] Disputatio I de potestate Regis, 18.
[57] Besold, De maiestate in genere, 65.
[58] Reinking, Bibl. Policey, 274, dazu Jessen, 115 ff.
[59] Reinking, ebenda, 251. So auch die „Politica Curiosa", 25.

Herren Kriege führen/ gedachte er würde endlich wol seinen Rest von den Philistern bekommen/ ... wie aber das Beylager seyn solte/ teuschete Saul den David und ließ. .. die Braut. .. heimführen/ damit er jhn aber auff ein ander Weise in Lebensgefahr brächte/ nahm er sich ferner grosser Königl. Gnad an/ verhieß jhm die ander Tochter Michol/ mit diesem tückischen und gefährlichen Gedinge/ das er an statt der Morgengabe/ hundert Vorhäute der Philister zuwegen bringen. .. solte. .. Wie nun David auch diese Condition durch Göttlichen Beystand/ mit rechtem Heldenmuth erfüllete/ ... gab jhm zwar Saul die versprochen Michol/ aber auß keinem trewen/ sondern falschem Herzen/ ihme so viel do besser unvermerckt den Halß zubrechen/ weil er jhm noch mehr feind war als vorhin.

Da nun nichts schaffen konte die Astutia, sahe sich Status Rationis vmb nach einer anderen Dienerin/ genandt Tyrannis und Crudelitas, die gab den Rath/ si non hac, alia aggrediendum esse via, man solte David tödten quocunquemodo. . .[60]."

Reinking führt auch noch weitere Beispiele an, wie die israelitischen Könige von der Ratio Status auf Abwege geleitet wurden.

In ganz ähnlicher, wenn auch noch schärferer Form setzt sich Grimmelshausen mit der Ratio Status auseinander[61]. Im Diskurs vom König Saul[62] schildert er die in der Bibel berichteten Vorgänge bei der Erhebung Sauls: Der Wunsch der Israeliten nach einem König — dieser stellt für Grimmelshausen kein Problem dar und auch die in 1 Sam 8, 11 ff. genannten Rechte billigt er ohne Einschränkungen den Königen zu —, die Begabung und charakterliche Vorbildlichkeit Sauls, seine Wahl, die glanzvolle Anfangsphase seiner Herrschaft und sein gutes Verhältnis zu Gott:

„Aber sage mir du tapfferer Held/ was hat doch deinen so schrecklichen Fall: und endlich dein und deiner Familiae endliche Verstossung vom Königlichen Thron verursacht? den du doch durch so viel herrliche Sieg dir und deiner Posterität gleichsam zu aigen gemacht? du würdest kein Mörder und Ehebrecher wie David! du zogest wie dieser gethan/ durch fürwitzige Zehlung des Volcks/ deinem Königreich keine Straffe über den Hals! du liessest dich durch frembde Weiber in keine Abgötterey verführen wie Salomon gethan! du schundest das Volck nicht/ wie Rehabeam zu thun vorhatte! du richtest in Israel keine güldene Kälber auf/ solche anzubetten/ wie Jerobeam! du bettest weder den Moloch/ noch den Baal/ nach dem Miplezeth oder andere abscheuliche heidnische Götter! wie unterschiedliche aus deinen Nachfolgern gethan haben! und gleichwohl Saule/ so bistu dannoch vor dem Angesicht Gottes verworffen worden! du wirst vielleicht antworten/ ach mein Ungehorsamb; es mag sein; aber was mehr? Dann obengedacht und andere gottlose: so wol Jüdische als Israelitische König waren auch ungehorsamb/ sie seind aber drumb nicht also gehling/ sampt ihrem Geschlecht ausgerottet worden; Es muß derowegen ein ander Häckel haben? Dein Ratio Status wars/ der dir den Garaus gemacht[63]."

Hinfort bekamen „hoffärtige/ übermütige und trotzige Gedancken" bei Saul die Überhand, und er nahm sich vor,

„fürderhin ohne die Göttliche Gesetze/ Ordnungen und Befelch/ eigenen Willens zu hausen/ sich seines Königlichen Stands und Gewalts wie andere heidnische König

---

[60] Reinking, ebenda, 246-248.

[61] Simplicianischer Zweyköpffiger Ratio Status, 1670.

[62] Ebenda, 11 ff.

[63] Ebenda, 16 ff.

nach eigenem Belieben zu gebrauchen und absolute nach seinem Gefallen zu regieren/ zu halten und zu walten/ gleichsamb als wann kein GOTT im Himmel were/ der ihm solchen Gewalt auch wieder nemen könnte[64]!"

Ratio Status wird hier als Regel und Maßstab der absolut regierenden Könige vorgestellt, sie wird auch als „neue alamode politic"[65] bezeichnet. Die Ratio Status, die sich Saul anstelle Gottes erwählt hatte, verhindert, daß er umkehrt, solange noch Zeit dazu ist: „Bißher hatte David an dem Saul einen gnädigen König; aber sein Ratio Status liese den unvergleichlichen Jüngling seine Glückseeligkeit nicht lange geniesen[66]." Ratio Status bringt Saul dazu, sich zu verstellen und David unter dem Schein der Wohlgesonnenheit immer neuen Gefahren auszusetzen:

„O Ratio Status der Tyrannen! was machstu aus denen/ die deines Raths pflegen/ du machst sie erstlich Gewissensloß/ hernach forchtsamb und endlich grausamb; welches man an diesem Saul wol sihet/ der allzeit an statt des gütigen Zepters/ tödtliche Waffen in seinen Blutdurstigen Händen führet[67]."

Dem stellt Grimmelshausen das göttliche Walten entgegen: „O wunderbarliche Himmlische Weißheit und Göttliche Vorsehung! Was vermögen weder der gottlosen Ratio Status noch aller Menschen grosser Gewalt und allerlistigste Anschläge wider den jenigen/ den du beschützest[68]?" Dieser Aspekt wird im „Discurs vom gottseeligen König David" noch schärfer herausgestellt[69]. David wird als Antipode zum der Staatsräson verfallenen König Saul geschildert. Er wird in jeder Hinsicht idealisiert und in einem günstigen Licht gezeigt:

„Nein der fromme König richtet sich nach keinem anderen Ratio Status, als nach dem jenigen/ den ihm seine Gottseelige Tugenden: seine Gelassenheit in GOttes Willen/ sein Demuht/ sein Gedult/ sein Sanfftmütigkeit/ etc, vorgemahlet und eingebildet hatten; allen Machiavellischen Statisten damit zuerkennen gebende/ daß der getreue GOtt deren ihme ergebenen Potentaten ärgste Feinde zu seiner Zeit auch ohne derselben GOtt ergebenen Fürsten Zuthun/ schon ernidrigen und nach seinem Göttlichen Belieben gar vertilgen könne/ massen auch allen seinen Feinden endlich widerfahren[70]."

Verfehlungen Davids werden zwar eingeräumt, aber nach Möglichkeit entschuldigt:

„Genugsam ists bekannt/ daß dieser löbliche und heilige König kein Engel gewesen/ der nicht sündigen können/ sondern er war ein Mensch/ der so wol als andere gebrechliche Menschen auch gesündigt hat;... Sündigen ist Menschlich; darinnen verharren ist Teufflisch; viel abscheulicher aber/ wann der Gefallene sich noch unterstehet/ durch seine Vernunfft und GOtt widerstrebende spitzfindige Staats=

---

[64] Ebenda, 18.
[65] Ebenda, 20.
[66] Ebenda, 23.
[67] Ebenda, 27.
[68] Ebenda, 29.
[69] Ebenda, 34 ff.
[70] Ebenda, 39 f.

Griff der Machiavellisten/ ihm selbst zu helffen; wie Saul gethan; Solches thät unser König David aber nicht... Aus... deme was bishero von diesem Gottliebenden frommen König erzehlet worden/ genugsam erhellet/ daß er keinen andern Ratio Status zu seiner Selbsterhaltung gehabt und gesucht/ als die Zuflucht zu Gott und solches sein festes Vertrauen hat auch vermittelst Göttlicher Hülffe und Gnaden/ des Sauls politischen Ratio Status überwunden... Darum hinweg mit dem Machiavellischen Ratio Status, der allerdings das Widerspiel zu würcken: und einen rechtmässigen Fürsten/ vor der Zeit von seinem Stul/ bis in die Höll hinunter zustürtzen pflegt...[71]."

Grimmelshausen nennt zwar David und Saul, meint aber zweifellos die Fürsten seiner Zeit[72].

Bei Johann Theodor Sprenger zeigen sich Auflösungserscheinungen dieser Hochschätzung der christlichen Ratio Status. Er schreibt in der „Praefatio ad Lectorem" seines „Bonus Princeps" (1655):

„In historia sacra Reges & Respublicas suas coluisse Status rationes notabis, quoad aurea aetats simplicitas admisit: Sic religio aliquando malorum tegumentum in sacris est & rationi Status ancillatur, 1. Reg 12 v. 26. 27. Adonias immolatis arietibus patris imperio inhiabat, 1. Reg 1 v. 9 nec proximis sanguine fidendum esse arguitur 1. Macab. c. II. v. 1 nec suis ministris magna dignitate pollentibus, 1 Reg 16. Sic aliquando bonum est regnum oblatum recusare exemplo Gideonis, Jud c. 8 v. 22.[73]."

Bei solchen Zuständen vom goldenen Zeitalter zu sprechen, ist wohl ironisch gemeint, und die Primitivität der biblischen ratio status läßt diese Zeit in wenig günstigem Licht erscheinen. Sprenger verzichtet in seinem Buch dann auch weitgehend auf Bibelzitate.

Hier beginnt die Frage nach der Staatsräson sich mit dem Problem Aufklärung und Offenbarung zu überlappen. Denn wenn die falsche ratio status eine ist, die auf menschliche, nicht göttliche Einsicht gegründet ist, so ist es nur ein kleiner Schritt von der in bestimmten Kreisen der lutherischen Orthodoxie vertretenen Ansicht, Vernunft und Offenbarung ständen in krassem Gegensatz zueinander[74]. Diese Auffassung blieb allerdings auch im Protestantismus isoliert, da auch dort der Aristotelismus seine Anziehungskraft nicht verloren hatte. Auf der anderen Seite ist auch die Forderung nach einem moralischen Staat per se nicht antiaufklärerisch.

Die literarische Tradition des alttestamentlichen Königtums wirkte vor allem in zwei Gattungen: in der Fürstenspiegelliteratur und in Dramen. Auf die Fürstenspiegelliteratur, die sich im 16. Jahrhundert als bewußte Gegen-

---

[71] Ebenda, 45-47.

[72] Als Beispiel unter vielen, die die Doppelköpfigkeit der Staatsräson kritisch gegen die Obrigkeit wenden, sei Lütkemann und seine Regentenpredigt genannt (1655). Zu Lütkemanns Begriff des rechten Ratio, den er mit weiten Teilen der deutschen Publizistik gemeinsam hat, vgl. Wallmann, Zwischen Reformation und Humanismus, 366 f.

[73] Sprenger, geb. zu Anfang des 17. Jahrhunderts, als Jurist an verschiedenen Höfen tätig, Bonus Princeps, Bl. a 5 b.

[74] Vgl. Wallmann, 350.

position zu den Schriften der „statistae" versteht[75], ist schon öfter hingewiesen worden. Die Übergänge zu den Erbauungsschriften waren fließend. Luther etwa hielt die Schilderung des Lebens Davids für einen Regentenspiegel[76]. Seit dem Mittelalter rankte sich eine üppig wuchernde Phantasie um die biblischen Gestalten und trat in zahllosen Dramen zutage[77]. An die biblischen Gestalten lagerten sich viele nichtchristliche und nichtbiblische Vorstellungen an[78]. Daneben ist gerade im Mittelalter David als Präfiguration Christi wichtig und auch seine typologische Verknüpfung mit verschiedenen historischen Königen. Diese Darstellung Davids in Dramen ist typisch für eine weitgehend schriftlose Kultur[79]. Im 16. Jahrhundert werden erstmals in einigen Dramen bevorzugt individuelle Charakterzüge Davids behandelt, sein Ringen mit Gott, seine Verfehlungen und Buße[80].

In den Dramen des Barocks verlieren die biblischen Gestalten weitgehend ihren religiösen Sinngehalt, sie treten als politische Menschen, als Vorbild der zeitgenössischen Fürsten auf, typologische Bezüge sind weitgehend verlorengegangen[81], Typos und Antitypos sind geradezu vertauscht, wenn etwa Moses als „Cavalier" und Nathan als Oberhofprediger bezeichnet werden. Andererseits wird in den Dramen etwa des Andreas Gryphius durchaus die Stellung des Königs als Gesalbter des Herrn herausgestellt, so etwa in seinem Trauerspiel „Die sieben Brüder oder die Gibeoniter"[82]. Saul erscheint hier zwar als Verbrecher, aber mehr vom Schicksal als vom bösen Charakter getrieben. Die Fabel des Stücks läuft darauf hinaus, daß jedes Opfer oder gar ein Verbrechen gebracht werden muß, wenn es die Staatsräson erfordert. Gleichzeitig wird aber in Sauls Schlußworten auf die Nichtigkeit und Vergänglichkeit jeder Herrschaft hingewiesen:

„Also muß unser Haus vor Davids=Thron vergehen!
Also muß Davids=Ruhm aus meinem Fall entstehen!
Also werden die zerbrochen/
Die des Himmels=König pochen!
Mensch! O spiegel dich an mir/
Was mich schlug/ daß dreuet dir[83]."

---

[75] Dazu Kunkel, Die Staatsraison in der Publizistik.

[76] Urbanek, 245.

[77] Noch Goethe schildert im „Wilhelm Meister" ein Puppenspiel, das die Geschichte von Saul und David zum Inhalt hat.

[78] Das zeigt sich z. B. daran, daß die populären Spiele aus dem reichen Traditionsgut der Davidgestalt nur die heldenhaften Elemente übernommen haben, etwa Kampf mit Goliath, Einzug in Jerusalem, David als Harfenspieler (der Spielmann ist in der deutschen Sage oft der verkleidete Held!). Vgl. Urbanek, 133, 158.

[79] Es handelt sich ja um Stücke, die vor dem Volk aufgeführt wurden.

[80] Urbanek, 231 ff.

[81] Ähnliches gilt auch für den Roman in dieser Zeit: „Der biblische Roman wie der historische Roman überhaupt ist letzten Endes eine Zusammenstellung aller nur erdenklichen Liebesabenteuer." (Deutschle, 32).

Der Verlust an typologischer Sinngebung in den Dramen entspricht dem in gleicher Weise in der geschichtlichen Weltdeutung vollzogenen Prozeß der Säkularisierung.

---

[82] Gesamtausgabe der deutschsprachigen Werke, Bd. 6.
[83] Siehe dazu auch Schmelzeisen; Gryphius, GA, Bd. 6, 129.

III. „Das Recht des Königs, der über euch herrschen soll"

Die Auslegung von 1 Sam 8 in den Zeugnissen des 16. und 17. Jahrhunderts

1. Einleitung

Die wichtigste Bibelstelle für das Verständnis des Königtums in der Literatur der frühen Neuzeit ist zweifellos 1 Sam 8, 11 ff. Andere treten demgegenüber zurück. Hosea 13 wird sehr selten herangezogen, offenbar weil die Radikalität dieses Textes nicht umgesetzt werden konnte. Ähnliches gilt für den Gideonspruch und die Jothamfabel, die wegen ihres rätselhaften antimonarchischen Charakters den Auslegern Schwierigkeiten machte. Einer der wenigen, die sich mit der Jothamfabel (Ri 9, 8-15) auseinandersetzten, ist Sebastian Franck gewesen. In seiner „Chronica" schreibt er:

„Der selb (Jotham) verhub dem volck sein undanckbare und trewlose handlung durch ein feine gleichniß/ zeigt in jr boßhafftige narrheyt an/ das sy vil lieber ein dornstauden dann ein oelbaum/ figenbaum oder weinstock/ das ist/ ein Tirannen dann ein Heyland wolten zum Herren haben[1]."

Populär ist die Auslegung der Jothamfabel nicht geworden.

1 Sam 8 wird in der Regel im Zusammenhang mit Dt 17, 14 ff. erörtert. Diese beiden Textstellen sind die Pole, um die sich das politische Denken drehte, in dessen zentralen Aussagen sich das Staatsverständnis wiederfand[2]. Nachdem die Bibelstellen ihre typologische Bedeutsamkeit verloren haben, vergrößert sich im 17. Jahrhundert die Menge der in politischer Publizistik herangezogenen Bibelzitate. In erbaulichen Texten wird gerne auf Sir 49, 5 verwiesen, weniger als grundsätzliche Kritik am Königtum, als vielmehr zum persönlichen Trost der Regenten. Die Psalmen sind schon von ihrer Entstehung her gern zitierte Texte zur Stützung der königlichen Macht oder zur Aufstellung positiv-kritischer Fürstenspiegel. Besonders oft werden in diesem Zusammenhang der 82. und 101. Psalm herangezogen. Auch in Zeiten,

---

[1] Franck, Chronica, Bl. XLVIII b.

[2] Es sei darauf hingewiesen, daß Begriffe und Vorstellungen des römischen Rechts bereits auf die lateinischen Bibelübersetzungen, vor allem auf die Vulgata eingewirkt haben, und zwar besonders dort, wo die Bibel vom Gesetz oder von der Königsherrschaft handelt (Mertens in: Fenske u. a., Gesch. d. pol. Ideen, 154).

zu denen man von einer historisch-kritischen Betrachtungsweise des Alten Testamentes noch weit entfernt war, war der Verwendungsrahmen der Bibelstellen in strenger Weise festgelegt. Diese Verwendung ist einem historischen Wandel unterworfen und von bestimmten geistesgeschichtlichen Fakten abhängig.

So ist das achte Kapitel aus dem 1. Samuelbuch in den politischen Schriften des 16. und 17. Jahrhunderts deswegen so wichtig, weil es hier um die Frage geht, ob die absolutistische Regierungsweise von Gott verordnet bzw. zugelassen ist, oder ob sie gegen alles Herkommen und jede göttliche Ordnung verstößt. Verteidiger der souveränen Macht der Könige verstehen die in 1 Sam 8, 11 ff. aufgeführten Rechte zumindest als zulässig. Mittelalterliche Autoren hatte an dieser Stelle in erster Linie das Verhältnis zwischen geistlicher und weltlicher Autorität interessiert. Die Argumente der Papstseite sollten später von Verteidigern des Absolutismus aufgegriffen werden, konnten aber auch zum Teil zur Begründung der Volkssouveränität dienen. Die Verwendung von 1 Sam 8 als politisches Argument kann auf verschiedene Weise geschehen. Die Autorität der Bibelstelle wird in unterschiedlichem Maß geachtet. Es wird wörtlich zitiert oder auch paraphrasiert, wobei eine Veränderung des Inhalts durchaus möglich ist. Immer wieder sind andere Aspekte der vielschichtigen Erzählung von der Thronerhebung Sauls wichtig. Dabei interessiert, welche Auslegungsmotive als allgemein verbindliche Traditionen und welche als individuelle Eigenarten der jeweiligen Interpreten betrachtet werden müssen.

Als nichtbiblische Parallele zur Saulerzählung und auch zur Jothamfabel muß kurz auf eine Fabel Äsops hingewiesen werden, wonach die Frösche ihren ersten Herrscher, einen Hackklotz, verspotteten und daraufhin von Gott einen Storch als König bekamen, der sie auffraß. Der — seltene — Hinweis auf diese Fabel verstärkt die resignative Tendenz der jeweiligen Interpretation[3].

Es gibt grundsätzlich verschiedene Möglichkeiten, die Fülle des Quellenmaterials zu ordnen, nämlich chronologisch oder systematisch, sei es nach inhaltlichen Aspekten oder nach gattungsspezifischen Kriterien. Es wurde versucht, die Gliederung als sinnvollen Kompromiß zwischen beiden Ordnungssystemen aufzubauen, nämlich zwischen chronologischer und motivorientierter Darstellung. Dies bietet sich deswegen an, weil bestimmte Vorstellungen und Interpretationen, die sich mit dem „Recht des Königs" verbanden, immer nur zu jeweils bestimmten Zeiten aktuell gewesen sind. Bei dieser Darstellung kann sich also am ehesten die Dynamik der Auslegungstradition entwickeln.

---

[3] Luther, WA 11, 267 f.; Lauterbeck, Bl. XXV a; „An die Versammlung gemeiner Bauernschaft", in: Laube (Hg.), 123.

In letzter Zeit wurden Versuche unternommen, auch erzählende Quellen quantitativ auszuwerten[4]. Eine solche vergleichende Textanalyse setzt erstens ein zahlenmäßig umfangreiches Quellenmaterial voraus und zweitens eine genau formulierte Fragestellung. Eine quantitative Differenzierung dieser Art würde für die Auslegung von 1 Sam 8 bedeuten, daß etwa die Verteilung des Verwendungszwecks (erbauliche Predigt oder politisches Argument), die Art des Argumentierens (streng biblizistisch, selektiv, assoziativ) und die verschiedenen Auslegungsaspekte ermittelt würden. — Wäre damit größere Klarheit für den Verlauf der Auslegungsgeschichte gewonnen? Abgesehen davon, daß bei dieser Art kulturhistorischer Quellenanalyse die Kategorien der Befragung sich erst während der Arbeit an den Quellen endgültig herauskristallisieren und einer formalen Vorab-Definition schwer zugänglich sind, wird durch die quantitative Analyse der Blick auf das wesentliche und zeittypische der jeweiligen Interpretation verstellt. Eine statistische Auswertung, so verlockend sie im ersten Augenblick erscheinen mag, scheint mir für die vorliegende Fragestellung ungeeignet zu sein.

2. Wer macht den König?
Der Streit um das Primat von regnum oder sacerdotium

Die Erzählung von der Wahl Sauls zum ersten König in Israel interessierte die Autoren im Mittelalter vorwiegend unter dem Aspekt — wie schon die Gestalt Melchisedechs —, neue Einsichten in das Verhältnis von Kaiser und Papst zu gewinnen. Besonders umstritten war daher die Frage, wer in der Bibel den König machte: Gott, Samuel oder das Volk. Von ebensolchem Interesse war auch die Frage, ob der oberste Priester jederzeit wie seinerzeit Samuel (1 Sam 15) den König absetzen dürfe[1]. Dagegen ist die Diskussion um die Rechte des Königs kaum von Bedeutung gewesen. Tatsächlich ging es im Investiturstreit ja auch um die Entsakralisierung der weltlichen Herrschaft, gleichzeitig aber verbunden mit einer starken rechtlichen Verfestigung des kirchlich-hierarchischen Systems. Die Entsakralisierung der weltlichen Herrschaft eröffnete dieser in einem zweiten Schritt die Möglichkeit einer machtbetonten Definition der Herrschaft, für die dann auch die Rechte des Königs aus 1 Sam 8, 11 ff. von Bedeutung werden sollten.

Der erste, der den im Hochmittelalter aufgebrochenen Konflikt zwischen sacerdotium und imperium in einem philosophischen System zu lösen ver-

---

[4] Siehe etwa: Lenz (Hg.); Marschalk.
[1] Kirn, 32 ff.; Funkenstein, Das Alte Testament, 34 ff., 68 ff.

suchte, war *Johann von Salisbury* (ca. 1115-1180), ein Freund Thomas Beckets und Sekretär des Erzbischofs von Canterbury. Als solcher war er eng in die heftigen Auseinandersetzungen zwischen Heinrich II. und der Kirche verstrickt. In seinem Hauptwerk „Policraticus" (1159) definiert er den Herrscher einerseits als das Abbild Gottes und analog zum Kopf des Menschen als Haupt des Staatswesens, andererseits gilt er ihm aber doch nur als Diener des Priestertums, ja sogar nur als Erfüllungsgehilfe für die Aufgaben, die einem Priester nicht anstehen[2]. Ausführlich geht Johann auf Dt 17, 14 ff. ein und interpretiert das Gebot der Mäßigung, Zweckdienlichkeit und Ehrenhaftigkeit als rechte Verhaltensmaßregel für einen Fürsten[3]. Gegenüber einem schlechten Fürsten empfiehlt er radikales Vorgehen: „Origo tyranni iniquitas est, et de radice toxicata mala et pestifera germinat et pullulat arbor, securi qualibet succidenda[4]." Diese radikale Ansicht liest sich wie eine vorweggenommene Reaktion auf die Ermordung Beckets (1170). Gemäßigter klingt eine Passage aus dem folgenden Kapitel des „Policraticus":

„Ich bin fest überzeugt, daß die Tyrannen Diener Gottes sind, der wollte, daß nach seinem gerechten Ratschluß in beiden Herrschaftsbereichen, dem der Seelen und dem der Körper, die Bösen gestraft und gezüchtigt und die Guten angetrieben würden. Denn die Sünden des Volkes machen den Gottlosen zum Herrscher, und, wie die Geschichte der Könige bezeugt, brachten die Fehler der Priester im Volke Gottes die Tyrannen hervor... Alle Gewalt aber ist gut, weil sie von ihm ist, von dem alles und allein alles Gute kommt... So ist auch die Macht des Tyrannen gut, nichts aber schlechter als die Tyrannei[5]."

Wenig später lobt Johann die Tugend der Duldsamkeit und Demut als beste Reaktion gegenüber Tyrannen[6]. Für Johann beweisen die biblischen Berichte das Primat der geistlichen Gewalt, das weltliche Schwert hat kein Recht aus sich heraus, sondern nur innerhalb des göttlichen Heilsplans, d. h. aber auch, daß die weltliche Gewalt vordergründig als Unheil und Geißel Gottes auftreten kann. Dahinter steht das Bemühen Johanns, die Einheit der respublica christiana herauszustellen: „Das höchste Ziel ist die libertas ecclesiae; wer ihr widerstrebt, kennzeichnet sich dadurch als tyrannus[7]." Johann von Salisbury setzt in diesem Punkt die gregorianische Tradition des Investi-

---

[2] Policraticus IV, 1; IV, 3.
[3] Ebenda, IV, 4.
[4] Ebenda, VIII, 17.
[5] „Ministros Dei tamen tyrannos esse non abnego, qui in utroque primatu, scilicet animarum et corporum, justo suo indicio esse voluit, per quos punirentur mali, et corrigerentur, et exercerentur boni. Nam et peccata populi faciunt regnare hypocritam, et sicut Regum testatur historia, defectus sacerdotum, in populo Dei, tyrannos induxit... Omnis autem potestas bona, quoniam ab eo est, a quo solo, omnia, et sola sunt bona... Ergo et tyranni potestas bona quidem est, tyrannide tamen nihil est pejus." (Policraticus VIII, 18). Übersetzung nach Moebus, Die Politischen Theorien von der Antike bis zur Renaissance, 190 f.
[6] Policraticus VIII, 20.
[7] Kirn, 34.

turstreites fort. Die weltliche Herrschaft ist damit als ursprünglich heidnisch anzusehen und als das Produkt niederer Triebe, sie erhält erst durch die Salbung Sauls durch Samuel eine göttliche Sanktionierung. Hier wirkt zweifellos die Lehre vom Ursprung des Staates aus dem Sündenfall nach[8].

Neu interpretiert wurden die biblischen Berichte über die Entstehung des Königtums unter dem Einfluß des Aristotelismus von *Thomas von Aquin* (ca. 1225-1274). Wichtig für sein Verständnis der in 1 Sam 8 beschriebenen Herrschaftseinsetzung ist der Umstand, daß er die Herrschaft für eine natürliche und gottgefällige Folge der menschlichen Natur hielt und ihren Ursprung nicht in der Sündhaftigkeit des Menschen suchte. Diese Lehre breitete sich in der Hochscholastik durch die Wiederentdeckung des Aristoteles aus, vor allem durch das Aufgreifen der aristotelischen Lehre der Entelechie durch Thomas von Aquin, die für die zeitgenössische Staatsanschauung bedeutete, daß die Obrigkeit nicht durch den Sündenfall nötig geworden ist, sondern daß der Mensch von Gott zum sozialen Zusammenleben bestimmt ist[9]. Die jeweilige Erscheinungsform des Staates ist durch das Handeln der Menschen als causa secunda bedingt[10]. Das natürliche und das positive Recht bleiben aber dem geoffenbarten Recht Gottes untergeordnet. Ungerechtigkeit und Willkür sind nicht der Königsherrschaft an sich immanent, sondern nur ihrer entarteten Form, der Tyrannis. In diesem Sinne geht Thomas in seinem Hauptwerk, der „Summa Theologiae" auch auf 1 Sam 8 ein. Zunächst weist er die unreflektierte Gültigkeit der alttestamentlichen Gebote für seine Zeit und deren staatliche Ordnung zurück[11]. Da die beste Regierungsform die Monarchie, die schlechteste die Tyrannis ist, Gott aber in 1 Sam 8, 11 ff. ein ius tyrannicum verkünden ließ, so kann diese Regel kein Vorbild sein. Gott kannte die Neigung der Israeliten, ihre Vergünstigungen zu mißbrauchen, die Erhebung Sauls stellt eine Strafe dar. Die in 1 Sam 8 genannten Rechte qualifiziert Thomas als tyrannisch. Wichtig ist aber folgende Einschränkung: „Potest tamen contingere quod etiam bonus rex, absque tyrannide, filios tollat, et constituat tribunos et centuriones, et multa accipiat a subditis, propter commune bonum procurandum[12]."

Thomas zitiert 1 Sam 8 in seiner Schrift „de regimine principium" überhaupt nicht, Hos 13, 11 wird zweimal erwähnt und begründet das Auftreten von Tyrannen mit der Schuld und Verfehlung des Volkes[13]. Obwohl Thomas von Aquin an der hierarchischen Konstruktion des Weltalls in sinnvoller und

---

[8] Funkenstein, Das Alte Testament, 70.

[9] Scheuner in: Evangelisches Soziallexikon, Sp. 1249 f.; Schweitzer in: RGG[3], Bd. 6, Sp. 299.

[10] Schweitzer, ebenda, Sp. 300; Dreitzel, Prot. Arist., 180 f.

[11] S. Th. I. II. 105, 1. Bd. 7, S. 262 f.; Kirn, 35 ff.

[12] S. Th. I. II. 105, 1.5. Bd. 7, S. 263.

[13] de regimine principium, I, 7; I, 10.

miteinander verbundener Über- und Unterordnung festhält, räumt er der weltlichen Sphäre durchaus einen weiten Raum der Eigenverantwortung und -tätigkeit ein[14]. Der Staat gilt ihm als eine die menschliche Natur bereichernde und befreiende Einrichtung. Die weltliche Gewalt ist der Kirche nur insoweit unterworfen, als der religiöse Endzweck betroffen ist, d. h. die Kirche übt in erster Linie eine moralische Kontrolle über die weltliche Obrigkeit aus. Ein Primat des Sacerdotiums wird bei Thomas nicht postuliert, auch Saul wird nicht als Zeuge in dieser Sache herangezogen[15].

In seiner Schrift „Libellus de Cesarea monarchia" versuchte der Basler Universitätsprofessor *Peter von Andlau* 1460 als einer der ersten eine zusammenfassende Darstellung des deutschen Staatsrechts zu geben. Peter gehört zu den Autoren, die sich bemühten, in ihren Schriften die Einheit des Reiches zu bestätigen. Diese Schrift ist u. a. deswegen interessant, weil biblische Argumentation und aristotelische Schulung in charakteristischer Weise im Streit miteinander liegen. Ziemlich unverbunden, zum Teil sogar widersprüchlich stehen aristotelische Argumente neben biblischen und solchen aus der christlichen Tradition oder gar Legende. So weist Peter von Andlau zwar mehrfach darauf hin, daß die Herrschaft eine Folge der Unvernunft und Schlechtigkeit der Menschen sei, erwähnt auch das unheilverkündende Lebensende der ersten Herrscher (Ninus, Nimrod, Cham, Lamech), die er genealogisch auf Kain zurückführt, hält aber dennoch die Herrscher für Teilhaber an der göttlichen Macht und die Monarchie an sich für die Herrschaftsform, die dem Gemeinschaftstrieb der Menschen am besten entgegenkomme[16].

Interessant ist vor allem das Kapitel II: An regna mundi a summo rerum principe Deo ejusque divina dependeant voluntate. Unter den Gelehrten sei es eine alte Streitfrage „an hujusmodi dominatus mundi a summo rerum principe Deo, ejusque divina dependeant voluntate[17]". Diejenigen, die das verneinen, bringen vor, daß das Volk der Hebräer bis zur Wahl Sauls in besonderer Liebe von Gott „divina quadam disposicione non regaliter, sed politice (ut sacris litteris compertum habetur) gubernatus sit..." Als Samuel Gott den Wunsch des Volkes vorgetragen hatte, antwortete dieser erbittert:

„non enim te abjecerunt, sed me, ne regnem super eos: quasi regnare et principari sit rem divini juris usurpare, divinamque fugere subjeccionem. Recensuit quoque illis jura et leges regum tyrannidis profecto et iniquitatis plenas[18]."

---

[14] Berber, 143 ff.

[15] Hier ist auch die zeitgeschichtliche Situation, d. h. die tatsächliche Dominanz eines verweltlichten Papsttums zu berücksichtigen.

[16] Peter von Andlau, 45 f., 47 f., 52.

[17] Ebenda, 46.

[18] Ebenda.

Die weltliche Herrschaft bedeute, so meinen die von Peter zitierten Gelehrten, geradezu einen Abfall von Gott und eine Schwächung seiner Macht. Die in 1 Sam 8, 11 ff. aufgeführten Rechte werden nur beiläufig als wirklich tyrannisch erwähnt. Zur Begründung seiner eigenen Position, daß nämlich die Könige durchaus an der göttlichen Macht teilhaben, führt Peter einen Beweis in aristotelischer Manier[19]. Da jedes Geschaffene von etwas Ungeschaffenem, jedes Bewegte von etwas Unbewegtem abhängt, muß die Königsherrschaft auch von Gott abhängen. Dazu kommt:

„Presidentes autem dominio plus vigent in natura entis, quam persone private: cum gerant vicem quasi tocius entis, cui presunt... Quo ergo magis, participant de natura entis, tanto quoque magis ad suum appropinquant principuum, plusque de divina participant influencia."

Als Beispiel für den Einfluß, der von einem Amt göttlicher Herkunft auf den Amtsträger übergeht, führt Peter das Verhalten des Königs Saul an: Denn bald nachdem dieser von Samuel zum König erhoben war, fuhr der Geist des Herrn in ihn und machte, daß er zu prophezeien begann (1 Sam 10, 6, 9 ff.)[20].

Peter von Andlau interessiert an der Geschichte Sauls nicht die Frage nach den Majestätsrechten, nicht die Frage, ob Gott tyrannisches Verhalten legitimiert, sondern nur die Frage, ob die Herrschaft vom göttlichen Willen abhängt und somit teilhat am göttlichen Heilsplan. Dieses Problem ist freilich keine scholastische Spielerei, sondern von eminenter Bedeutung in der Auseinandersetzung von Kaiser und Papst[21]. Es sei daran erinnert, daß Gregor VII. die weltliche Herrschaft für ein Produkt der gottfeindlichen Kräfte in der Welt hielt. Daß Peter die Frage nach den Rechten der Herrschaft nur beiläufig und ohne rechtes Problembewußtsein behandelt, entspricht dem Trend der mittelalterlichen Exegese dieser Bibelstelle. Eine tyrannische, despotische Herrschaft auf höchster Ebene war im Mittelalter eher eine abstrakte Denkfigur als erlebte, erlebbare Erfahrung, weil die im Lehnssystem verankerten Beziehungen als gleichwertiges Nehmen und Geben begriffen wurden, obgleich manche Lehnspflichten auch an die in 1 Sam 8, 11 ff. aufgezählten Rechte erinnern. Peters Anmerkung, daß die Monarchie im Einklang mit der Ordnung der Natur steht[22], weist darauf hin, daß seine Vorstellungen im ordo-Denken wurzeln.

Anders interpretiert *Jacob Almain,* Theologieprofessor in Paris, diese Textstelle. In seiner Schrift „Expositio de suprema potestate ecclesiastica et

---

[19] Ebenda, 47. Peter lehnt sich dabei an Thomas von Aquin und seine Schrift „de regimine principium" an; vgl. Hürbin, 133.

[20] Zu diesem Aspekt s. o. Kap. II., 2.

[21] Auch wenn Peter in Tit. IX des zweiten Teils ausdrücklich die Abhängigkeit des Kaisers vom Papst herausstellt, so möchte er als Realist doch die beiden Bereiche möglichst getrennt sehen und meint, der Papst solle sich besser nicht in die weltliche Regierung einmischen.

[22] Peter von Andlau, 49 f.

laica" (1512)[23] beweist er das Primat des Papstes über den Kaiser. Auch bei Almain sind Elemente eines starken Ordnungsdenkens zu erkennen, etwa in der Konstruktion eines hierarchischen Weltsystems, an dessen Spitze der Papst steht. 1 Sam 8, 11 ff. wird als selbstverständliche Verfügungsgewalt des Königs über alle Personen und Dinge in seinem Königreich interpretiert. Almain ist nun weniger an den konkreten Auswirkungen dieses Satzes, als vielmehr an dessen übertragener Bedeutung für die Macht des Papstes interessiert. Denn so wie der König über alle Dinge in seinem Reich verfüge, so herrsche der Papst auch über alles und jeden in seinem Reich, das die ganze Welt umfasse[24]. Dies ist ein bekanntes Argument der päpstlichen Seite, wodurch Innozenz III. die Entwicklung seit den Anfängen des Investiturstreits bündig zusammengefaßt hat. Der Christianitas als geistlicher Körperschaft steht der Papst unbezweifelbar vor. Aber auch die regna sind von ihm nicht unabhängig, zum einen wegen der allumfassenden geistlichen Gerichtsbarkeit, zum anderen wegen der Befugnisse des Papstes als „vicarius Christi"[25].

Den Versuch einer „unpolitischen" Schriftauslegung machte *Nikolaus von Lyra* (1270-1349), ein berühmter Vertreter der mittelalterlichen Schriftauslegung, dessen „Postilla litteralis" bis ins 16. Jahrhundert einflußreich blieb. Es heißt bei ihm zu 1 Sam 8, der Grund für den Wunsch nach einem König sei die Schlechtigkeit der Söhne Samuels und die Notwendigkeit eines besseren militärischen Schutzes gewesen. Nikolaus kommentiert diese biblische Aussage nicht weiter. Das ius regis sei nötig zur Aufrechterhaltung des Gemeinwesens, berge aber die Gefahr der Entartung in sich. Selbst die beste menschliche Herrschaft sei schlechter als die direkte Herrschaft Gottes[26].

Wichtig für die Auslegung von 1 Sam 8, wie überhaupt für das gesamte Alte Testament, ist die Auseinandersetzung mit der jüdischen Auslegungstradition geworden. Dies gilt für die mittelalterlichen Exegeten — etwa Nikolaus von Lyra — genauso wie für die späteren Jahrhunderte. Besonders wichtig ist dabei, weniger als Exeget denn als Quelle, *Flavius Josephus* (geb. 37/38 n.). In seinen „Antiquitates" gibt er die biblische Erzählung von der Wahl Sauls um einige Details bereichert wieder[27]. Das Volk wendet sich an Samuel mit der Bitte um einen König:

„Diese Reden beunruhigten und ängstigten Samuel sehr, da er bei seiner angeborenen Gerechtigkeitsliebe gegen die Königsherrschaft eingenommen war. Vielmehr hatte er eine besondere Vorliebe für die Herrschaft der Vornehmsten, die die Völker glücklich und fast göttlich zu machen imstande sei."

---

[23] In Goldast, Bd. 1, 588-647.
[24] Ebenda, 626 f.
[25] Mertens in: Fenske u. a., Gesch. d. pol. Ideen, 169 f.
[26] Ad Regum 1 cap. 8.
[27] Jüdische Altertümer, VI 23, 3 ff.; 4.

Auf Gottes Aufforderung hin hält Samuel nun dem Volk die Gefahren der Königsherrschaft vor, in die es sich kopflos stürzen will. Gott aber wird sich des Volkes später nicht erbarmen: „Er wird euch aber nicht erhören, euch vielmehr euch selbst überlassen und euch dafür büßen lassen, was ihr in eurem Unverstande euch gewünscht habt." Das Volk dagegen bringt als Argument für sein verstocktes Beharren, daß es einen König für seine Kriegszüge brauche. Samuel hält dagegen: Gott ist der beste Herrscher. Zuletzt findet doch die Wahl Sauls statt:

„Der Prophet aber, der alle künftigen Ereignisse aufgeschrieben hatte, las diese Aufzeichnungen dem Volke in Gegenwart des Königs vor und legte dann das Buch in die Hütte Gottes, damit es für alle Zeiten als Zeugnis diene, daß er das alles vorhergesagt habe."

Bemerkenswert an dieser Darstellung ist die besondere Akzentuierung der Person Samuels. Samuels Interesse ist hernach nämlich nicht allein ein religiöses, die Verteidigung Gottes, sondern auch ein politisches, d. h. die Verteidigung der alten jüdischen Verfassung, die als Mischung von Theokratie und Oligarchie zu beschreiben ist und jedenfalls Samuels Einfluß gestärkt hatte. In der umstrittenen Frage, welches Recht Samuel vor dem Volk im Tempel niederlegte, vertritt Josephus die Meinung, Samuel habe die in 1 Sam 8, 11 ff. vorgetragenen Rechte allein aus dem Grunde niedergelegt, in alle Ewigkeit Zeugnis von der Richtigkeit seiner Prophezeiung zu geben.

Vergleicht man die Auslegung des Josephus etwa mit der des Nikolaus von Lyra, so ergibt sich, daß einige Elemente gleich bleiben — Begründung mit der militärischen Lage, Hinweis, daß Gottes Herrschaft die beste sei —, andere in veränderter Form erscheinen. So wird bei Josephus das Königtum an sich als Gewaltherrschaft dargestellt: „Keineswegs wird er (der König) aber das Menschengeschlecht beschützen und erhalten wie Gott, der es geschaffen hat", bei Nikolaus wird dem Königtum nur die Gefahr der Entartung nachgesagt.

In späterer Zeit spielt der Streit zwischen regnum und sacerdotium bei der Auslegung von 1 Sam 8 nur noch eine untergeordnete Rolle. Ganz deutlich gerät jetzt das Papsttum in die Defensive gegenüber den staatlichen Machtansprüchen. Als Kardinal Bellarmin in der Auseinandersetzung mit den Ansprüchen Jakobs I. die direkte Gewalt des Papstes auch in zeitlichen Dingen behauptet hatte, wurde diese Ansicht einmütig zurückgewiesen.

3. Die Reformationszeit als Übergangsepoche

In ganz verschiedenen Kreisen und Schriften wird während der Reformation das Verhältnis zur Obrigkeit und insbesondere zum Königtum erörtert.

Da sind zum einen Schriften, die sich wegen der Religion, bzw. der Verfolgung von Anhängern eines bestimmten Bekenntnisses mit der Obrigkeit auseinandersetzen. Dann gibt es Abhandlungen, die verschiedene politische Ordnungen einander gegenüberstellen. Wichtig sind auch Schriften im Zusammenhang mit dem Bauernkrieg, in denen die Kritik überwiegend politisch-sozial motiviert ist. Dazu gehören auch Werke radikaler Kreise, in denen sich religiöser Fanatismus mit Sozialrebellentum verbinden konnte. Interessant ist auch die publizistische Auseinandersetzung am Vorabend des Schmalkaldischen Krieges, bei der es um die Frage der Legitimität des Krieges gegen den Kaiser ging.

Für die Auslegung von 1 Sam 8 bedeutet die Reformationszeit eine Übergangsphase zwischen der vorher wichtigen Frage nach dem Verhältnis von regnum und sacerdotium und der späten wichtigen Diskussion um die Rechte des Königs. Zum einen geriet durch den religiösen Dissens die Obrigkeit in eine Krise — ihre Pflichten und Rechte wurden kritisch betrachtet —, zum anderen war die Frage von geistlicher und weltlicher Sphäre — den zwei Reichen — nach wie vor aktuell. In dieser Phase des Umbruchs werden der Auslegung von 1 Sam 8 soviele Aspekte abgewonnen, daß schwerlich ein beherrschendes Motiv genannt werden kann.

3.1. Luther und seine Anhänger

Luther[1] selbst hat sich zur Geschichte Sauls nicht geäußert, die Frage nach der Natur des alttestamentlichen Königtums stellte für ihn kein brennendes Gegenwartsproblem dar[2]. Gleichwohl war auch Luther der Meinung, das Königtum, bzw. die Obrigkeit sei um der Sünde willen da, dies hinderte ihn aber nicht, gerade deswegen die Obrigkeit zu achten. Eine der wenigen Stellen, an denen Luther sich zwar nicht auf 1 Sam 8, aber Hos 13, 11 bezieht und überhaupt sinngemäß zur Problematik der Monarchie Stellung nimmt, befindet sich in seiner Schrift: Von weltlicher Obrigkeit[3]. An dieser Stelle werden nur die Mißbräuche der Fürstenherrschaft mit bitteren Worten beklagt. Die Saulerzählung gewinnt wohl deshalb für Luther kein besonderes Gewicht, weil er von der Notwendigkeit der Herrschaft und der realistischen Auseinandersetzung mit Rechten und Pflichten dieser Herrschaft ausgeht. In diesem Zusammenhang ist ein Zitat aus den Tischreden interessant. Dort heißt es unter der Überschrift „Ob man einen Tyrannen, der wider Recht und Billigkeit nach seinem Gefallen handelt, möge umbbringen":

---

[1] Auf eine Auseinandersetzung mit Luthers Obrigkeitsauffassung wird hier ausdrücklich verzichtet.

[2] Vgl. Kirn, 39.

[3] S. o. Kap. I., 4. Anm. 26.

„... Einem Privat= und gemeinen Mann, der in keinem öffentlichen Ampte und Befehl ist, gebühret es nicht, wenn ers gleich könnte, denn das funfte Gebot Gottes verbeuts: Du sollst nicht tödten. Wenn ich aber einen, der gleich kein Tyrann wäre, bei meinem Eheweibe oder Tochter ergriffe, so möchte ich ihn wohl umbbringen. Item: Wenn er diesem sein Weib, dem Andern seine Tochter, dem Dritten seine Aecker und Güter mit Gewalt nähme, und die Bürger und Unterthane träten zusammen, und konnten seine Gewalt und Tyrannei länger nicht dulden noch leiden; so möchten sie ihn umbbringen, wie einen anderen Mörder und Straßenräuber[4]."

Zweifellos trägt dieser Tyrann Züge des in 1 Sam 8, 11 ff. beschriebenen.

Unter einigen von Luthers Anhängern wird die Geschichte der Wahl Sauls stärker problematisiert und intensiver diskutiert. Bei *Melanchthon* wird die Saulerzählung nicht allgemein-moralisch, sondern konkret-staatsrechtlich interpretiert, wie ja Melanchthon in erster Linie ein Systematisierer und weitaus stärker als Luther von politisch-historischem Interesse geprägt ist. Die früheste Äußerung Melanchthons zum Verständnis von 1 Sam 8, 11 ff. findet sich in seinem Kommentar zum 3. Buch der „Politik" des Aristoteles (1530). Dort fragt er, welche Art der Königsherrschaft von Gott gebilligt wird, denn je nach Volk und Charakter desselben sind verschiedene Arten eines Regimentes möglich: „Alibi vere servi sunt subditi. Alibi regum potestas legibus circumscripta est, et quaedam libertas concessa populis". Dann weist Melanchthon darauf hin, daß im Reich die unumschränkte Herrschergewalt verfassungsrechtlich nicht möglich sei, erklärt aber diese absolute Herrschaftsgewalt für vereinbar mit Gottes Geboten:

„Approbat autem utramque formam Deus, et utroque loco vult principes eo iure quod receptum est uti. In historiis regum, ubi Samueli ius regni describitur, probatur acerbissima forma imperii, ornatur hoc titulo, quod ius sit regum. Significat enim Spiritus sanctus legitimum imperium, quamvis durum sit, tamen Deo probari[5]."

Widerstand gegen Tyrannis hielt Melanchthon grundsätzlich für berechtigt[6].

In seinen „loci communes" zog Melanchthon die Verbindung vom ius regni des Samuel zu den Souveränitätsrechten des Herrschers, allerdings von Auflage zu Auflage modifiziert[7]. In der ersten Auflage geht er noch gar nicht auf diese problematische Stelle ein. In der zweiten Auflage der loci communes von 1535 heißt es dann:

„Non est infinita potestas regum aut principum. Primum enim nihil debent contra ius divinum et ius naturae mandare aut agere. Deinde peccant etiam, quando aliquid imperant contra leges sui regni seu contra forma sui imperii."

Melanchthon weist hier auf das strafwürdige Verhalten des Königs Achab hin, der sich unrechtmäßig den Weinberg des Naboth aneignete und dafür von Gott bestraft wurde (1 Reg 21). Er fährt dann fort:

---

[4] EA 62, Nr. 2749, 206 f.

[5] CR 16, 441 ff.; vgl. Dreitzel, Prot. Arist., 140 f.

[6] Dreitzel, Prot. Arist., 95 f.

[7] Kirn, 42.

„Locus igitur de iure regni in historia Samuelis non concedit infinitam licentiam principibus, sed de stipendiis loquitur, hoc est, concedit sumi ad usus publicos stipendia ex privatorum fortunis[8]."

Nach der Bearbeitung von 1543 weist Melanchthon mit noch mehr Nachdruck darauf hin, daß hier nicht der unumschränkten Macht das Wort geredet werde, sondern lediglich von Steuern die Rede sei[9].

Wichtige und interessante Hinweise zum Verständnis des alttestamentlichen Königtums finden sich auch in Melanchthons Bearbeitung der Weltchronik des *Johannes Carion*[10]. Bemerkenswert ist die ausgesprochen positive Bewertung Nimrods[11]. Nimrod habe nämlich einem archaischen Zustand, in dem Raub und Verbrechen das Zusammenleben der Menschen unmöglich gemacht haben, ein Ende gesetzt:

„Et nominatur *Venator coram Domino,* quia et feras et latrones cepit, et a Deo ornatus est robore et successibus, ut constituere durabilem imperii formam legibus, iudiciis et praesidiis, et sontes vi trahere ad poenas posset[12]."

Von Nimrod nahm die monarchische Gewalt ihren Ursprung, der vorhergegangene Gesellschaftszustand wird negativ gesehen. Kritischer wird das israelitische Königtum im Chronicon Carionis beurteilt. Das Volk Israel sündigte bei seinem Wunsch nach einem König in zweifacher Hinsicht, erstens durch mangelndes Vertrauen in die göttliche Hilfe, zweitens durch die Dreistigkeit, die göttliche Ordnung aufgrund menschlicher Überlegungen ändern zu wollen. Schließlich gewährt Gott einen König, nicht ohne aber auf dessen Lasten für das Volk hinzuweisen:

„Hic dicunt aliqui describi tyrannum, non regem, nec dici haec ita, tanquam approbante Deo servitutem. Sed textus nominat *ius regis,* et loquitur de oneribus, stipendiorum causa impositis, non tribuit potestam instituendi extremam servitutem contra legem divinam. Quia Deuteronomii 17. praeceptum est, ut rex discat legem, et eam sequatur in tota gubernatione[13]."

Die Monarchie sei, obwohl in der letzten Zeit gemäßigter geworden, immer noch härter als die Aristokratie. Im übrigen sei die Monarchie als Einrichtung auf menschlichen Wunsch immer anfällig für die Einflüsterungen des Teufels gewesen, daher sündigten Saul und auch David[14].

---

[8] CR 21, 552 f.

[9] CR 21, 1014: „Locus vero in historia Samuelis (1 Sam 8, 11-18) de iure regum loquitur de stipendiis. Non concedit infinitam licentiam principibus rapiendi ex bonis civium, quantum volunt, quia tenent quaedam propria iure divino et humano."

[10] Wittenberg 1558 (CR XII); Schon an der von Carion verfaßten 1. Auflage hatte Melanchthon mitgearbeitet.

[11] Im Mittelalter galt Nimrod allgemein als die Verkörperung des Teufels: vgl. Goez, 274.

[12] CR XII, Sp. 739 f.

[13] CR XII, Sp. 756.

[14] CR XII, Sp. 758.

Urban Rhegius beschäftigt sich mit dem alttestamentlichen Königtum in seiner 1525 erschienen Schrift „Von Leibeigenschaft oder Knechtschaft". Zunächst argumentiert Rhegius mit Rm 13 und der Zwei-Reiche-Lehre für die Unterordnung des Menschen unter die Staatsgewalt[15]. Dann geht er auf das „Herrenamt" ein: „Ayn guter frommer herr ist ain grosse gottes gab. Ain boeser ist ain erschreckliche gottes straff." Wenn auch die schlechten Könige eine Strafe und ein Werkzeug des göttlichen Zorns sind, so ist ihre Sünde damit nicht entschuldigt:

„Item da die Israeliter sich an iren richtern nit wolten lassen begnuegen, sonder begerten auch ain künig zu haben, wie dann die hayden künig hetten und handleten also wider Got iren rechten künig, da ließ inen Got durch den frommen Samuelem erzelen, wie ain künig wurd mit inen tyrannisch umbgeen, und Sprach: Er würt ewere sun nemen... (etc.)... Hosee am 13. ca. spricht: Ich wird dir ain künig geben in meinem zorn und will in dir wider nemen in meiner ungnad. Dise grausamme exempel sollen billich ain christlichen herren erschrecken, das er in gottes forcht stande und auff sein hayliges wort sehe. Dann es würt in nit helffen noch entschuldigen, wann schon Got durch in das sündig volck straffte und sie an leib und gut blagete... Wann so im finstern liecht der natur kayn heßlicherer nam was dann tyrann, das im auch die hayden feynd waren, als der auch wider haydnische zucht und tugent handlet, wie vil billicher sollen sich die christlichen herren im hellen tag des evangeliums solchs ungeheüren namens beschemen? Es will unnd kans der christlich glaub nit erleyden. Wolt ir christliche herren sein und genent werden, so mussen ir nit tyrannen seyn. Wolt ir aber tyrannen sein, so laßt euch nit christen nennen, so wayßt man sich darnach zu richten[16]."

Wenn aber ein Herr ein Christ ist, so muß er sich an die Gebote Dt 17, 15 ff. halten[17]. Rhegius interessiert am alttestamentlichen Königtum nicht die konkret-staatsrechtliche Seite, sondern er benutzt es in der Art eines Fürstenspiegels. Einer radikalen Interpretation beugt er durch die Trennung seiner Argumente in solche, die das Herrenamt, und solche, die das Knechtsamt betreffen, vor. Der Fürst ist als Mensch und als Amtsträger in besonderer Weise Gott verpflichtet. Das Vorbild der Könige des Alten Testamentes soll ihm helfen, der Gefahren und Grenzen seines Amtes inne zu werden. Aber die Ausführungen des Rhegius gehen über die Aufforderung zu individueller Betrachtung und Versenkung des Fürsten in seine Pflichten hinaus, er vertritt durchaus die Auffassung, daß sich der Fürst im praktischen Vollzug seines Amtes an den Normen des Alten Testamentes orientieren soll.

Johannes Brenz hat in einer Schrift, die ebenso wie die zuvor behandelte von Urban Rhegius zur Beruhigung der aufgebrachten Bauern im Bauernkriegsjahr 1525 erschien, das „künigs recht" nach 1 Sam 8, 11 ff. zitiert und dazu bemerkt:

---

[15] Rhegius in Laube, Flugschriften, 242 ff.

[16] Ebenda, 252 f. Auf S. 254 heißt es in Anlehnung an Sir 49, 4, daß alle Könige außer David, Ezechias und Josias gesündigt haben.

[17] Ebenda, 254.

„Wiewol nur ain oberkait unrecht thut, wann sie sich solcher beschwerd gegen den underthonen underzeycht, ist doch der underthon schuldig zu leyden, wie unbillich im geschehe, will er christenlich oder gotlich faren[18]."

Ausführlicher und um manche Aspekte bereichert ist seine Auslegung in einer Homilie zu dieser Textstelle[19]. Der Gattung Predigt entsprechend, führt Brenz seine Homilie an der biblischen Erzählung, verbunden mit Erklärungen, Interpretationen und allgemeinen Betrachtungen, entlang. Auf die einzelnen von Samuel aufgeführten angeblichen Rechte des Königs wird nicht weiter eingegangen, im Zentrum seiner Ausführungen steht die Betrachtung, wie es zur Ablehnung der alten und dem Wunsch nach einer neuen Herrschaftsform kommen konnte. Die staatstheoretischen Überlegungen bleiben bei Brenz undeutlich, weil sich das Ziel seiner Predigt vorwiegend — mit starker antijüdischer Tendenz — auf die Darstellung des frevelhaften Verhaltens der Israeliten richtet. Obwohl Samuel ein untadeliger Mensch war, sündigte er — so meint Brenz —, als er seine untauglichen Söhne zu Richtern einsetzte, da er nicht authoritate verbi Dei, sondern humana prudentia handelte[20]. Aber seit den Zeiten des Moses wurden die Richter von Gott selbst ausgewählt. Nun folgen Betrachtungen darüber, daß selbst der untadeligste Mensch im Gefängnis des Körpers der Sünde anheimfallen kann. Als bekanntestes Beispiel führt Brenz dazu den König David an. Die Verfehlung der Söhne Samuels bestand nicht darin, daß sie Geschenke annahmen, sondern, daß sie sie aus Geldgier nahmen[21]. Dann geht Brenz ausführlich auf die Verfassungsänderung (initium mutationis status imperii) ein und legt zunächst dar, wodurch sich die ratio der Richterzeit von der der Königsherrschaft unterscheidet[22]. In der Richterzeit regierte gleichsam das Gesetz Gottes selbst, die Richter, die diesem zuwiderhandelten, konnten abgesetzt werden. Die Monarchie dagegen muß, auch wenn sie tyrannisch ist, dauernd ertragen werden. Über den besten Zustand des Staates urteilt Brenz:

„Caeterum, hunc Imperij statum, videlicet, ubi non monarchae, non Oligarchae, seu pauci optimates & tyranni, pro arbitrio & libidine sua dominantur, sed ubi magistratus, aut sorte, ut inter ethnicos, deliguntur, aut divina revelatione, ut in populo Dei, designuntur, longe omnium optimum esse, & prudentes quondam viri inter veteres iudicaverunt, talem statum, Isonomiam, hoc est, iuris aequabilitatem vocantes, & Dominus Deus noster in eo significavit, dum populo suo Israel ex Ägypto liberato, & in promissam regionem introducto, non reges Monarchas, non tyrannos Oligarchas, sed Iudices, hoc est, magistratus sub lege constitutos, designavit[23]."

---

[18] Brenz, Von Gehorsam der Untertanen, in: Laube, Flugschriften, 289.
[19] Opera, Bd. 2, 352 ff.
[20] Ebenda, 353.
[21] Opera, Bd. 2, 355.
[22] Ebenda, 356.
[23] Ebenda, 356 f.

Die Israeliten aber sannen auf Neuerungen und verachteten den alten Zustand allein deswegen, weil er alt war. In einer Zeit, da Rechtsnormen ihre Güte durch ihr Alter bewiesen, wog dieser Vorwurf von Brenz doppelt schwer. Das Verhalten der Israeliten zeichnet sich nach seiner Meinung durch Listigkeit und Verschlagenheit aus, sie führen zwar triftige Gründe an, z. B. das Alter Samuels, die aber nicht über ihre wahren Beweggründe, nämlich incivilitas, ingratitudo, impietas, diffidentia, incredulitas und desperatio hinwegtäuschen können[24]. Denn es hätte ja schon genügt, von Gott bessere Richter zu erbitten. Zu Unrecht wird zur Rechtfertigung dieses Wunsches Dt 17, 14 angeführt, denn es handelt sich hier nicht um ein Gebot, sondern um eine Vorschrift für den von Gott nicht gewünschten Fall, daß die Israeliten auf einem König bestehen. Außerdem: „Huc accedit, quod etiamsi lex concedat, ut rex constituatur, tamen non concedit, ut ex diffidentia divini auxilij, & fiducia humani regni, rex petatur"[25]. Darin, im stärkeren Vertrauen auf menschliche als auf göttliche Hilfe, besteht die große Gottlosigkeit der Israeliten. Zuletzt relativiert Brenz seine kritischen Anmerkungen zur Königsherrschaft wieder, indem er darauf hinweist, daß es gut und nützlich ist, einen König zu haben, wenn er von Gott selbst eingesetzt ist und nicht von ihm im Zorn gegeben ist[26].

In einem *Andreas Osiander* zugeschriebenen Gutachten aus dem Jahre 1530[27] wird über die Rechte der Obrigkeiten und der Kirche gehandelt. Der Obrigkeit ist alles Äußerliche unterworfen, und auch jeder Christ hat eine fleischliche Hülle, die der Obrigkeit unterworfen ist. Daran schließt Osiander einige Bemerkungen über das alttestamentliche Königtum an. Die Heiden (!) neigen zum Machtmißbrauch, wie das Beispiel des Nimrod zeigt, der eine schreckliche Gewaltherrschaft errichtet hat. Ein solches Verhalten hat Christus seinen Jüngern ausdrücklich verboten:

„Christenliche oberkait dient dem glauben und der lieb, das thun die haiden nicht etc. Eben derglychen lesen wir auch (I. Regum 8), das Got fern war, da die kinder Israel einen konig forderten, nicht darumb, das im ordentlich regiment mißfiel — dan er het in vormals alweg richter und Oberherrn geben[. . .] —, sonder Got mißfiel, das sie nach art der haiden uff irn konig irn trauen setzten, gleich sam wurd er sie fur irn feinden beschirmen, vieln also von Gott ab. Darumb zaigt auch inen der Herr an, weyl sie haidnisch gebarten, so wurts auch haidnisch und tiranisch mit dem konig ergen. Die oberkait ist gotlich, nutz und gut, aber die tiranney ist bosz und schedlich, ein rut gotlichs zorn. Dan ,er gibt heuchler zu oberherrn, das volck' mit schetzungen und tiranischen aufsetzen ,zu trengen' (Hieob 34, 30) und queln. ,Er (Esa 3, 4) gibt jungling zu fursten und lest kindisch regirn', wen er seinen zorn will außlaßen (Ose 13.11)[28]."

---

[24] Ebenda, 357.

[25] Ebenda, 358.

[26] Ebenda, 359.

[27] Über die Kultfrage (2. Gutachten), GA Bd. 3, 656-673. S. dort auch zur Verfasserfrage.

[28] Ebenda, 665 f.

Osiander interpretiert diese Stelle in typisch reformatorischer Weise im Sinne moralischer Anforderungen an eine christliche Obrigkeit. Entscheidend für die Ordnung des Staates ist das Gottvertrauen eines Volkes.

3.2. „Linker" Flügel der Reformation

Die behandelten Schriften von Rhegius und Brenz gehörten zur publizistischen Debatte im Vorfeld des Bauernkrieges. 1 Sam 8 wird allerdings in Schriften von Anhängern der Bauernbewegung sehr selten zitiert. Der hier auftretende Verdacht, die obrigkeitsfeindliche Tendenz dieser Stelle sei für die Forderungen der Bauern ohne Bedeutung, bestätigt sich, wenn man die wenigen Verweise in der Bauernkriegsliteratur auf diese Stelle untersucht. In der Schrift von *Otto Brunfels* „Vom Pfaffenzehnten", 1524 in Straßburg erschienen, wird das Recht der Geistlichkeit auf den Zehnten bestritten, das der weltlichen Obrigkeit aber bestätigt:

„Fürsten, herren, edelen und vorstenderen würt auch ein theil zugelassen des zehends darumb, dann gleich wie sye den gemeynen nutz dienstlich vorstoend, sollen sye auch billich von der gemeyn erhalten werden. Denn wir leßen ye inn dem buch der Kuenig, 1. Regum am VIII. ca. also. Sag ynen an das recht des kuenigs so do württ regieren uber sye. Ewere kinder würt er nemmen und würt sye setzen auff sein wagen, würt auß ynen machen reyssige und trabanten und uß ynen woelen haubtleütt und bawleütt seiner aecker und maeyer seiner früct, schmyd seiner waffen und kaerch. Auch württ er ym verzehenden ewere fruect und weingarten. Item ewere haerdt würt er ym verzehenden und ir werdent seine knecht sein. Dargegen aber gebührt sich auch wider, das sye solich gaben nit misszbrauchen, sonder handlen nach dem gesatz so ynen vorgeschriben von Gott Deut. XVII. In sonderheit so christlich künig woellen genant werden, sollen ir hoffnung nit setzen in grossen pracht, vil rossz und unnutzen kosten und ander beschwaer. Auch nit in zuvil lust, unlauterkeit und der gleichen leben. Sollen ynen auch nit grosse schaetze samlen golds und silbers, sondern sollen foerchten Gott seinen herren und leßen in seinen gesatz yr leben lang[1]."

Ermahnung der Fürsten zu hausväterlichem Regiment, aber sonst die Bereitschaft der Untertanen, die als traditionelle Feudallasten verstandenen „Rechte des Königs" zu bestätigen, kennzeichnen die Auslegung von Otto Brunfels.

In einer anonymen Schrift *„An die Versammlung gemeiner Bauernschaft"* aus dem Jahre 1525 wird dagegen im Kapitel „Welche oberkait, ob die angeborn, oder die erwelt auff eyn zeyt, für die ander zu erkiesen" recht kritisch auf die Königsherrschaft eingegangen:

„In summa unnd kurtz zum end: Die angeborn vergewelti herrschafft artet gemaynlich nach der waren abgotterey. Ja man mueß irer forst bueben, ich geschwey der irer, harter dann Gottes gebot fürchten, und ob noch aynest die christlich bruederschafft zerstört würde und die gotlichen gebot zuegrund geen solten...[2]."

---

[1] Brunfels, in: Laube, Flugschriften, 161.
[2] Laube, Flugschriften, 123.

Und zu 1 Sam 8 schreibt der Verfasser:

„Do das außerwelt geschlechts Gottes kynder die Israheliter ain gemayn regiment fuerten und kain konig hetten, da wonet Got hertzlich bey inen, regierten loblich, lebten seligklich. Do aber der heydnisch sy raytzet und verleckert, auch ain gewaltigklichen konig under inen auffzuewerffen, und begerten an dem propheten Samuel, daß er inen von Got ain konig erwurbe, als dann... klerlich angezaigt wirt, was grossen mißfallens Gott darab hett, und inen verkündigt grosse ellend und jamer mit leyb aygenschafft und anderm, so inen an die hande stoßen würd auß gewalt der angebornen herrschafft...[3]."

In dieser Schrift ist eine grundsätzliche Tendenz zur Ablehnung der Königsherrschaft zu erkennen, da sie im Widerspruch zu den göttlichen Geboten steht. Dies weist diese Schrift dem Umfeld des radikalen Täufertums zu, in dem die Frage umging, ob die Obrigkeit nicht an sich abzuschaffen sei. Im Zusammenhang mit der Auslegung von 1 Sam 8 wäre zu fragen, ob in diesen Kreisen Elemente eines „anarchistischen" Schriftverständnisses zu finden sind. Zu diesem interessanten Thema Täufertum und Anarchie gibt es leider nur die wenig förderliche Dissertation von F. Rödel[4], deren Hauptmangel darin besteht, daß sie keine Quellen auswertet und auf eine Analyse der Begriffe und ihres systematischen Zusammenhangs verzichtet.

Der Wunsch nach einem von weltlicher Herrschaft freien Ordnungssystem ist in dieser Zeit immer mit bestimmten religiösen Vorstellungen verbunden. Es lassen sich zwei Haupttypen feststellen: Zum einen die Vorstellung, daß das weltliche Königtum in Konkurrenz zum göttlichen stehe und daher die Menschen vom rechten Pfad abführen könnte, daneben die Vorstellung, daß ein auserwähltes Volk ohne Könige auskomme. Bei dem ersten Typ ist der strenge Monotheismus auf die weltliche Sphäre übertragen worden, der zweite Typ baut dagegen auf ein spezielles Sendungsbewußtsein einer im Kampf mit ihrer Umwelt stehenden Gruppe auf.

Bei den Täufern und Spiritualisten erhebt sich die Frage, ob und in welcher Weise aus der Interpretation von 1 Sam 8 die direkte Herrschaft Gottes staatstheoretisch als Forderung nach der Abschaffung der Monarchie herausgelesen wurde. Hier liegt eine Situation vor, die schon bei der redaktionsgeschichtlichen Betrachtung der Samuelstelle vorgestellt wurde: Eine Gruppe kritisiert das Königtum religiös als Abfall von Gott und sozial als Unterdrückung der „Armen" und „Kleinen"[5]. Das soziale und religiöse Engagement sind dabei nicht zu trennen, letztlich entspricht die Einheit von religiösem und sozialem Handeln der ordnungsmäßigen Verflechtung von Mikrokosmos und Makrokosmos[6]. Die radikale, am Alten Testament orien

---

[3] Ebenda, 122 f.
[4] Die anarchistischen Tendenzen bei den Wiedertäufern des Reformationszeitalters.
[5] S. Kap. II., 1.
[6] Daraus ergibt sich ganz klar, daß das Denken in Ordnungskategorien nicht immer zu gleichen, womöglich sozialkonservativen Gedanken führen mußte.

tierte Interpretation bildet aber entschieden die Ausnahme. In der Regel wurde die Obrigkeit als geschichtlich notwendige Erscheinung anerkannt, sei es als Strafe für die Sünde der Welt — so Hans Denck[7] —, sei es wegen des „mutwilligen furwitz des volcks" — so Sebastian Franck[8].

Dabei ist zu berücksichtigen, daß die meisten Spiritualisten und Täufer das Alte Testament abwerten, und zwar aufgrund ihrer spiritualistischen Auffassungen von Kirche, Schriftverständnis und Nachfolgeethik[9]. Die zahlreichen Gebote und äußeren Zeremonien des Alten Testamentes werden von den Spiritualisten scharf abgelehnt. *Sebastian Franck* schreibt über diese äußeren Zeremonien, zu denen er auch das weltliche Regiment zählt: „Israel sah dergleichen von den Heiden und wollte es nur haben, da wollte Gott dem Kinde das Schlatterlein lassen und es mit der Puppe spielen lassen, bis er sie weiter brächte[10]." Das Israel des Alten Testamentes wird äußerst negativ beurteilt, es verharrt im kindischen, auf Äußerlichkeiten beharrenden Stadium, während das „Erwachsensein" mit der spiritualistischen Auffassung von Geist und Kirche begonnen hat[11].

Im Zusammenhang mit der Ablehnung äußerer Zeremonien wird 1 Sam 8 bei *Karlstadt* in seiner Schrift: „Von Abtuhung der Bylder und das keyn Bedtler untter den Christen seyn sollen" (1522) angeführt. Dort heißt es:

„Das ehrliche halthung (=Verehrung) der bildnis wider das erste gebot ist/ sol keyner von mir/ sonder auß der schrifft lernen. Exo. am XX steht alßo geschrieben. Du solt nit frombde gotter haben... Das kalp waß ein frombder got/ das die Juden nit hett erloßet/ und sie sprachen doch (Ex 32, 4). Eß hette sie aus egypto gefurt. Szo machen alle menschen frombde gotter/ wan sie empfangen woltath ymand anders tzurechnen/ dan dem wahrhafftigen got. Das ist/ des sich got yn der schrifft vil maß beklagt/ wie ich oben gesagt hab. Das ist das got Ißrael furwurfft/ das sie yenen einen konig erwelten. i. reg 8. Osee 13.[12]."

Äußere religiöse Zeremonien wie auch die Prachtentfaltung des weltlichen Regimentes lenken nach spiritualistischer Auffassung den Menschen von der Besinnung auf seinen wahren Herrn und Gott ab. Spiritualistisch ist nach Reventlow „die Verfallsidee, die in der bestehenden volkskirchlichen Situation eine Verfälschung des wahren Christentums sieht und eine scharfe

---

[7] Rödel, 53.

[8] Franck, Chronica, Lb: „Hie am viij und hernach am xij ca. j. Reg. sehen wir/ dz küniglicher nam und herrligkeit auß unweisem mutwilligem fürwitz des volcks/ und auß ungnad und verhengniß Gottes ins Volck Gottes kumen ist/ dan ehe der zeit hiessen die regenten oder versorger des volcks Gottes nit künig/ sunder vätter/ weiser und richter."

[9] Reventlow, 117: „Für das ethische Handeln ist nicht der Dekalog, sondern die lex Christi aus dem Neuen Testament maßgebend." S. auch 95, 108.

[10] Franck, Paradoxon 86, S. 114 f.

[11] Dies ist schon als aufklärerische Kritik am Judentum zu verstehen, andere antijüdische Interpretatoren — z. B. Brenz — sehen eher das verstockte, gottlose Volk, die Vorfahren der späteren Christusmörder.

[12] In: Deutsche Flugschriften zur Reformation, 240 f.

Scheidung zwischen den Auserwählten und den Gottlosen anstrebt[13]." Allerdings konnte diese Auffassung, die eine Verbindung des alttestamentlichen Auserwählungsgedankens mit der geschichtstypologischen Verfallsvorstellung darstellt, auch in nicht-spiritualistischen Kreisen zu großer Wirksamkeit kommen[14]. In radikalen Kreisen des Täufertums setzte sich der Gedanke durch, die Obrigkeit sei zwar zur Züchtigung der Gottlosen da, die Täufer als wahre Christen seien jedoch der herrschaftlichen Verfügungsgewalt enthoben[15]. Dieser Gedanke war der protestantischen Staatslehre an sich nicht fremd, auch Luther ging davon aus, daß die Obrigkeit wegen der Sünde der Schlechten da sein müsse und daß wahre Christen von sich aus in Frieden und Gerechtigkeit lebten. In täuferischen Kreisen wurde jedoch dieser Gedanke zusammen mit vehement vertretenem Sendungsbewußtsein die Antriebskraft für die Gründung von weitgehend autonom organisierten Gemeinden, die sich zum Teil bis heute in Nord- und Südamerika in völlig fremder Umgebung ihre besondere Lebensweise bewahren konnten[16].

Besonders interessant ist in diesem Zusammenhang die Obrigkeitsauffassung *Thomas Müntzers*. Bei ihm treffen Einflüsse verschiedener Herkunft zusammen, so daß er schwerlich ohne Einschränkung einer bestimmten Richtung zugeordnet werden kann und eine Sonderstellung einnimmt. Wichtig für Müntzers Auslegung von 1 Sam 8 ist seine eschatologische Geschichtsauffassung. Er ging von einem baldigen Ende der Welt und dem bevorstehenden Weltgericht aus, wie er in der sogenannten „Fürstenpredigt" (Auslegung des andern Unterschieds Danielis des Propheten) 1524 anhand der Exegese von Dan 2 ausführt. Demnach war die Gegenwart das letzte in der Abfolge von fünf Zeitaltern, und auf dieses Zeitalter würde das Gottesreich folgen. Die Welt der Gegenwart teilt sich in Gute und Böse, die Bösen sind eine Allianz von falschen Priestern und schlechten Fürsten[17]. Hier zeigt sich deutlich, wie Müntzers Kritik an den Predigern des „erdichteten Glaubens", d. h. eines Glaubens, der nicht in der Bibel begründet ist, sondern aus Erfindungen abgeleitet, übergeht in die Kritik an der Obrigkeit, die sich nicht seinen Forderungen anschließt. Zunächst konnte sich Müntzer noch eine gute Obrigkeit vorstellen, er forderte die Fürsten auf, ihrer Pflicht gemäß Röm 13, 4 nachzukommen und die Gottlosen auszurotten: „Solt yhr nw rechte regenthen sein, so must yhr das regiment bey den wortzeln anheben und wie Christus befolen hat. Treibet seyne feinde von den außerwelten,

---

[13] Reventlow, 119.

[14] Etwa in England oder bei Thomas Müntzer.

[15] Van Dülmen, Reformation als Revolution, 207.

[16] Auffällig ist der Kontrast dieser Gemeinden zum anglo-amerikanischen Sendungsbewußtsein, das jedoch anders als das täuferische staatlich sanktioniert war und somit dem Staat wieder zugute kam.

[17] Müntzer, Auslegung des andern Unterschieds Danielis, in: Schriften und Briefe, 256.

dann yhr seyt die mitler dozu[18]." Dieser Gedanke kehrt in der „Fürstenpredigt" häufig wieder. Enttäuscht über die gottlosen Fürsten interpretierte
Müntzer aber in seinen späteren Schriften aus den alttestamentarischen
Zeugnissen einen herrschaftslosen Urzustand heraus, dessen Wiederherstel-
lung zwangsläufig die Vernichtung aller Herrschaft beinhalten mußte. Das
Jüngste Gericht ist für ihn kein transzendenter, sondern ein geschichtlicher,
allerdings die Geschichte beendender Vorgang[19]. In diesem Zusammenhang
verweist er häufig auf Hosea 13 und 1 Sam 8. Für Müntzer bildeten das Alte
und Neue Testament eine Einheit, er widersprach Auffassungen, die die
Verbindlichkeit des Alten Testamentes für Christen relativieren wollten[20]. Er
steht damit auch im Gegensatz zu spiritualistischen Kreisen[21]. Müntzer
interessiert an der Geschichte über die Einsetzung des ersten Königs in Israel
nicht die Aufzählung der konkreten Herrschaftsrechte, sondern der Abfall
von Gott, der sich im Wunsch nach einem König äußert. Deswegen zitiert er
so häufig Hosea 13, 11: Ich gebe dir Könige in meinem Zorn und will sie dir
nehmen in meinem Grimm.

An der Auslegung von Hos 13, 11 und 1 Sam 8 läßt sich Müntzers
zunehmende Radikalisierung verfolgen. Im Juli 1523 schreibt er einen Brief
an seine Anhänger in Stolberg[22], in dem er sie vor übereiltem und unüberleg-
tem Aufruhr warnt. Er vertritt hier noch eine mehr leidenstheologische
Auffassung, indem er seine Brüder auffordert, gerade in Not und Verfolgung
als Auserwählte Gottes Werk zu achten. In diesem Zusammenhang schreibt
Müntzer:

„Dieweil aber sich die außerwelten Gottes wercks in achtung zu haben nicht untter-
winten, ist es nicht möglich, das Gott etwas darbey tun solle; unde es tzymbt sich der
götlichen, vetterlichen güte, das sie den tyrannen yhe mehr und mehr vorhenge zu
wüten, regum 8, auff das das angesicht seiner außerwelten mit schande und laster
erfullet werde, zu suchen den namen, rhum, ehre Gottes alleine[23]."

Ein Jahr später bringt Müntzer in einem Brief an den Schösser Zeiß eine
ganz andere Haltung zum Ausdruck. In diesem Brief geht es um die Verfolgung seiner Anhänger, und Müntzer bemerkt zu den Vertriebenen: „Dye
fluchtigen werden alle tage kommen, sollen wyr uns dye tyrannen zu freunden machen mit dem geschrey der armen leuthe[24]?" Über die Regenten heißt

---

[18] Ebenda, 259.

[19] Hinrichs, Luther und Müntzer, 116.

[20] Hierfür ist besonders wichtig die Auseinandersetzung Müntzers mit Egranus, s.
Elliger, Thomas Müntzer, 148 f.

[21] Gleichwohl hat Müntzer viel spiritualistisches Gedankengut übernommen. Hier ist
vor allem die anthropozentrische Komponente zu nennen, die auch Türken und Heiden
zum rechten Glauben kommen läßt, MSchBr, S. 277 (Ausgedrückte Entblößung).

[22] MSchBr, S. 21 ff.

[23] Ebenda, 22 f.

[24] MSchBr, 417.

es in demselben Brief: „. . . es wher wol byllich, wan dye regenten nicht widder den christenglauben handelten. Nun sye aber nit alleyne widder den glauben, sundern auch widder yhr naturliche recht handelen, so muß man sye erwurgen wye dye hunde[25]." Müntzers Position in diesem Brief erinnert inhaltlich an die prophetische Königskritik im Alten Testament. Eine deutliche Radikalisierung tritt auch in der gleichzeitig verfaßten „Ausgedrückte Entblößung des falschen Glaubens" zutage. Dort zitiert er Lk 1, 52: Gott stößt die Gewaltigen vom Thron und erhebt die Niedrigen[26]. Dieser Satz erinnert an die königsfeindliche Tendenz des Henochbuches[27], und Müntzer erläutert diesen Satz in genau diesem kritischen Sinn:

„Da wirdt die recht arte Herodis, des weltlichen regiments erklert, wie der heylig Samuel I. regum am 8. mit dem rechten durchleuchtigsten Hosea am 13. weyssagt: ‚Gott hat die herren und fürsten in seynem grymm der welt gegeben, und er wil sie in der erbitterung wider weg thun'. Darumb das der mensch von Gott zun creaturn gefallen, ist (es) über die massen billich gewesen, das er die creatur (zu seynem schaden) mehr dann Gott muß förchten. Derhalben saget Paulus zun Römern am dreyzehenden capitel, das die fürsten sind nicht umb der forcht des gutten wercks, sondern umb der hengerischen forcht des bösens. Darumb sind sie nicht anderst dann hencker und büttel, da ist ir gantzes hantwerck[28]."

Von der Chance, die Müntzer in der „Fürstenpredigt" den Regenten gelassen hatte, nämlich als Brüder dem Bündnis beizutreten, ist wenig übriggeblieben. Fürsten sind ein Resultat göttlichen Zorns. Die Fürsten werden nicht ihrer guten Taten wegen geachtet, sondern wegen ihrer schlechten gefürchtet. Die Ursache der Verkommenheit der Mächtigen ist in ihrer Kreatürlichkeit zu sehen, doch auch das Volk ist „grob", d. h. unwissend und dem Kreatürlichen gerade in seiner Sorge um das tägliche Brot verfallen. So führt materielle zur geistigen Armut. Als Zeichen dafür, daß die „Kleinen" dennoch die Auserwählten sind, führt Müntzer an, „das Christus eyn verachtliche Person war, von geringen eltern"[29]. Daher hat Christus auch die Gewaltigen vom Stuhl gestoßen. Das weltliche Regiment wird endgültig verworfen. Letzte Schärfe erhalten diese Gedanken in der „Hochverursachten Schutzrede". Die Kritik an der feudalen Obrigkeit beschränkte sich nicht mehr nur auf deren religiöse Irrtümer und Fehler, sondern ihr religiöses Fehlverhalten wird — sowohl als Ursache wie als Wirkung — im Zusammenhang mit der allgemeinen Ausbeutung gesehen: „Sich zu, die gruntsuppe des wuchers, der dieberey und rauberey sein unser herrn und fürsten, nemen alle creaturn zum aygenthumb[30]." Ausbeutung verträgt sich nicht mit Müntzers egalitären Anschauungen: „Die herren machen das selber, daß in der arme man feyndt wirdt,

---

[25] Ebenda.
[26] MSchBr, 284.
[27] S. o. Kap. II., 1.
[28] MSchBr, 284 f.
[29] MSchBr, 316.
[30] MSchBr, 329 (Hochverursachte Schutzrede).

Dye ursach des auffrurß wöllen sye nit wegthun, wie kann es die lenge gut werden[31]?" Luther, der ihn des Aufruhrs bezichtigt, hält er entgegen:

Eines saget er, und das allerbeschaydenste verschweyget er, wie ich klärlich vor den fürsten außpraytete, daß ein gantze gemayn gewalt des schwertz hab wie auch den schlüssel der auflösung, und sagete vom text Danielis 7; Apocalip. 6 und Romano 13; I Regum 8, daß die fürsten keine herren, sondern diener des schwerts sein, sye sollens nicht machen, wie es yenen wol gefellet, Deutro. 17., sei sollen recht thun. Darumb muß auch auß altem gutem brauch das volck darneben sein, wenn einer rechtverrichtet wird nach dem gesetz Gottes, Num. 15.[32]."

Wenige Tage vor der Schlacht von Frankenhausen zieht Müntzer ein letztes Mal die fraglichen Bibelstellen heran, und zwar wieder in Verbindung mit Lk 1, 52, um seine Auffassung, das Volk sei berechtigt, die tyrannische Obrigkeit zu beseitigen, zu begründen. In seinem letzten Brief an den Grafen Albrecht von Mansfeld schreibt er:

„Das du die epistel Pauli also ubel misbrauchst, erbarmt mich. Du wilt die bößwichtischen oberkeit dadurch bestettigen yn aller masse, wie der babst Petrum und Paulum zu stockmeystern gemacht. Meynstu, das Gott der herr seyn unverstendlich volk nicht erregen konne, die tyrannen abzusetzen yn seynem grym, Osee am 13. und 8? Hat nicht die Mutter Christi aus dem heyligen geyst gered von dyr und deynes gleichen weyssagende Luce 1: ‚Die gewaltigen hat er vom stuel gestossen und die niddrigen (die du verachst) erhaben[33]?"

Müntzer versuchte gewaltsam und revolutionär den herrschaftlosen Zustand der Richterzeit — den er allerdings nicht ausdrücklich nennt — wiederherzustellen: „. . . das volck wird frey werden und Got will allayn der herr daruber sein[34]."

Für Müntzer ist bei der Auslegung von 1 Sam 8 allein der Aspekt wichtig, daß das Königtum die Folge für den Abfall des Volkes von Gott ist. Bezeichnenderweise zitiert er 1 Sam 8 immer nur im Zusammenhang mit anderen Bibelstellen, die diese Interpretation unterstützen.

4. Loyalität oder Widerstand.
Der Streit zwischen Monarchomachen und Royalisten

In diesem Abschnitt soll in erster Linie die Auslegung von 1 Sam 8 im Calvinismus untersucht werden. Dies bietet sich aus zwei Gründen an: Einmal ist der Calvinismus stärker als die lutherische Richtung bemüht, das Alte Testament für die Alltagswirklichkeit nutzbar zu machen, zum anderen

---

[31] Ebenda.
[32] Ebenda, 328 f.
[33] MSchBr, 469.
[34] MSchBr, 343 (Hochverursachte Schutzrede)

kann der Umbruch, der die Reformation überhaupt kennzeichnet, an einem Beispiel konkretisiert werden. 1 Sam 8 ist nämlich durchgehend wichtig für die Frage des Verhältnisses der Untertanen zur andersgläubigen Obrigkeit, für die Entscheidung zwischen Widerstand und Loyalität. Die Entwicklung führt dabei von Calvin, der die Entscheidung offenhielt, zu monarchomachischen Richtungen, die die geistige Freiheit über den Gehorsam zur Obrigkeit stellten, aber auch zur uneingeschränkten Bejahung der königlichen Machtfülle. Exemplarisch zeigt sich dabei die Abhängigkeit der Bibelauslegung von der politischen Gesamtsituation.

4.1. Widerstandsrecht als Problem
des deutschen Protestantismus

Die Wichtigkeit der Frage des Widerstandsrechtes ergab sich im 16. Jahrhundert in erster Linie aus den konfessionellen Auseinandersetzungen[1]. In diesem Zusammenhang könnte das Schrifttum interessant sein, das im Vorfeld des Schmalkaldischen Krieges entstanden ist und das Problem des kriegerischen Widerstandes der Reichsstände gegen den Kaiser thematisiert. Allerdings zeigt sich, daß in diesen Publikationen — die von Friedrich Hortleder 1645 in einem Quellenband veröffentlicht worden sind — mit 1 Sam 8 kaum argumentiert wird. Der einzige direkte Verweis findet sich in einer anonymen Schrift, etwa aus dem Jahre 1531. In dieser Flugschrift wird den Reichsständen das Recht zum Widerstand aberkannt und Gehorsam dem Kaiser gegenüber gefordert. Dort heißt es, daß die Könige in Israel nicht ohne einen besonderen Befehl Gottes abgesetzt werden konnten, selbst wenn sie Tyrannen waren. Dies sei deutlich im Recht des Königs enthalten, das Samuel dem Volk vortrug:

„Darumb solten sie entweder keines Königreichs begehren/ oder sich in die Tyranney gedultiglich begeben. Also möchte man auch in diesem Fall sprechen/ entweder kein Keyser/ oder so uns GOtt einen Keyser gegeben hat/ desselben unbillich Fürnehmen nicht mit Gewalt widerstreben[2]."

Dies ist der einzige direkte Verweis auf das ius regis in der Hortlederschen Quellensammlung. Tatsächlich paßte diese Schriftstelle nicht gut in den Zusammenhang der Konfessionskriege, da dem Kaiser nicht die Anmaßung zu weitgehender Rechte vorgeworfen wurde, es ging hier vielmehr um die Frage nach einem religiös motivierten Widerstandsrecht, verbunden mit der

---

[1] Dazu Wolgast: „Das Problem des Widerstandsrechts wird im 16. Jahrhundert vor allem in den Ländern aktuell, die von den Konfessionskämpfen besonders stark erschüttert werden... Schon daran wird deutlich, daß nicht die Verteidigung ständischer Rechte gegen Ansprüche des frühmodernen Staates, sondern die Religionsfrage der wichtigste Anlaß gewesen ist, das Widerstandsrecht und die Befugnis zu seiner Ausübung zu erörtern und in die Praxis umzusetzen." (S. 17).

[2] In: Hortleder, 22 f.

Frage, wieweit die ständischen Rechte reichten. Desto häufiger wird das Verhältnis Sauls zu David herangezogen: Saul als der von Gott verworfene König wurde dennoch von David nicht angerührt[3]. David respektierte die königliche Würde Sauls, obwohl er selbst schon von Gott zum König geweiht worden war[4].

Die Widerlegung und Entkräftung dieses Argumentes erforderte einiges Geschick von den Befürwortern eines Widerstandsrechtes. Besonders gründlich bemüht sich Regius Selinus darum[5]. Regius (oder Regulus) Selinus, eigentlich Basilius Monner (gest. 1566), war 1538 als Gesandter der protestantischen Reichsstände in Frankreich, um die Möglichkeiten eines Bündnisses mit dem französischen König zu prüfen. Der aus Weimar stammende Rechtsgelehrte zählt zu den Freunden Luthers und Melanchthons. Selinus räumt ein, daß der Hinweis auf das Verhalten Davids gegenüber Saul den Anschein erwecken könne, als solle man Unrecht von der Obrigkeit leiden. Dies sei aber eher ein theologisches als ein juristisches Argument, und man täte besser, solche beiseite zu lassen.

„Doch weil gleichwol viel daran gelegen ist/ und ein Rechts=Verständiger/ (sonderlich jetzt zur Zeit/ da das helle Liecht des Heil. Evangelij so klar in die gantze Welt leuchtet/ als es zur Zeit der H. Aposteln je gewesen ist/ von der Gnaden Gottes/) auch billich ein Christ seyn sol/ vnnd diese Sache das Gewissen am allermeisten belanget/ daß man eygendtlich wisse/ was hierinnen Recht sey."

Das Beispiel hinke nämlich, weil David zu der Zeit, da er die Verfolgungen Sauls erdulden mußte, zwar von Gott schon insgeheim gesalbt, aber dem Volk nicht als König verkündet worden sei:

„Darumb weil David noch für ein Privat=Person/ vnd deß Königs Diener/ vnd Unterthan gehalten ward/ der weder Landt noch Leute/ so ihme zu schützen befohlen waren/ dazumal hatte/ So wolte er sich gegen dem Könige/ so jhn verfolgete/ nicht wehren/ noch seine Handt an jhn legen/ sondern flohe für jhm/ damit er nicht ein Ergernuß im Volck Gottes anrichtet/ vnnd mit seinem Exempel/ wo er Saul hätte vmbbracht/ (wie er dann wol hätte thun können/ I. Reg. am 24. vnnd 26. Cap.) den Unterthanen/ muthwilligen Buben/ die der Obrigkeit von Natur sonsten Feindt seynd/ nicht Ursach gebe/ sich wider jhre Obrigkeit auffzulehnen...[6]."

---

[3] So Justus Menius, Von der Notwehr Unterricht (1547), in: Hortleder, 165; Regius Selinus, Von der Defension und Gegenwehr, in: Hortleder, 184, 186 f.; (an.), des Churfürstlichen Sächsischen Heer- und Hoffpredigers erste Antwort, in: Hortleder, 194 f.; Marggraff Georgens zu Brandenburg Theologen Bedencken, in: Hortleder, 14, 18; Johann Treulinger, Warnung, Erinnerung und Christliche Ermahnung, in: Hortleder, 28 ff..

[4] In dieser Weise argumentieren: Brenz in einem Schreiben an Markgraf Georg zu Brandenburg in: Hortleder, 14; Anonymus, Ablehnung der Einrede... in: Hortleder, 18; Johann Treulinger, Warnung, Erinnerung und christliche Ermahnung, ... in: Hortleder, 28 ff., 34.

[5] Regius Selinus, Von der Defension und Gegenwehr/ ob man sich wider der Obrigkeit unrechte Gewalt wehren/ und Gewalt mit Gewalt iure vertreiben möge? in: Hortleder, 171-193.

[6] Selinus in Hortleder, 184. Die grundsätzliche Berechtigung Davids, Saul zu töten, wird übrigens nirgends, weder bei Selinus noch bei anderen Autoren in Frage gestellt. Dies

Ein weiterer Unterschied der augenblicklichen Lage zu dem biblischen
Exempel bestehe darin, so Selinus, daß die jetzt zu bekämpfende Herrschaft
eine öffentliche Gefahr darstelle, während Saul nur David bedroht habe:
„Aber vnsere Papistische Fürsten/ vnd Pfaffen=Knechte/ die verfolgen die rechte
Christliche Kirche/ gedencken Gottes Wort/ vnd die Gottes=Dienst gantz vnd gar
außzurotten/ des Papsts/ des Antichrists/ Grewel/ Abgöttery/ Lügen und Träume/
wieder auffzurichten/ daß wir an Gottes Statt/ den leidigen Teuffel anbeten vnnd
ehren sollen/ wolten gerne also die armen Unterthanen vmb das ewige Leben
bringen/ ich wil geschweigen/ daß man der armen Teutschen Nacion jhre Freyheit
nemmen/ vnd vns zu Leibeygenen machen wolte/ welches Saul nicht thät/ sondern
suchte vnnd verfolgete nur die einige Person Davids. Darumb ein grosse Ungleichheit
in diesem Exempel ist[7]."
David hätte als Privatperson nur auf ausdrücklichen Befehl Gottes gegen
Saul vorgehen können. Einen solchen Befehl gab es aber nicht. Diesen
besonderen Befehl leitet aber Selinus für seine Zeitgenossen aus der Reichsverfassung ab und rechtfertigt so den Widerstand gegen die Obrigkeit, d. h.
den Kaiser[8]. Aus all diesen Gründen folgert Selinus, daß das Exempel David
in diesem konkreten Fall nicht gilt. Sein wichtigstes Argument ist zweifellos,
daß David in der öffentlichen Meinung als Privatperson angesehen wurde[9].

Zu einem anderen Resultat kommt Johannes Brenz. Er lehnt in einem
Schreiben an Markgraf Georg zu Brandenburg Widerstand gegen den Kaiser
mit dem Argument ab, auch die Israeliten hätten sich ihren Königen nur auf
besonderen Befehl Gottes widersetzt. Einen solchen kann Brenz aber auch in
der Reichsverfassung nicht erkennen[10]. Dagegen schreibt Bugenhagen an
Kurfürst Johann den Beständigen von Sachsen, Gewalt, die sich gegen Gott
oder sein Wort richte, sei verworfen. Daher habe Samuel zu Saul gesprochen
(1 Sam 15, 23): Weil du des Herrn Wort verworfen hast, hat er dich auch
verworfen, daß du nicht mehr König über Israel seist. Bugenhagen weiter:
„Doch solle wyr auch gotlosen herrn, wen got uns yhn hat unterworffen,
gehorsam seyn in allen dingen, darinne sie unser uberherrn seyn, gleich also
do die Iuden darnach dem Saul gehorsam weren, bis yhn Got den David
gab…[11]." Allerdings fügt Bugenhagen hinzu: Wenn Saul das Volk von der
Religion abgehalten hätte, hätte Samuel ihn beseitigt. Herrschaft, auch

---

ist wohl der Abglanz der alten, aus dem Geblütsrecht stammenden Vorstellung, daß
Mitglieder der stirps regia die Berechtigung haben, unter sich mit allen Mitteln — auch
Mord und Totschlag — den König auszumachen. Dies erklärt jedenfalls die hemmungslo-
sen Blutbäder in einigen Ländern zu gewissen Zeiten des Mittelalters.

[7] Selinus in Hortleder, 185.

[8] Ebenda, 186.

[9] In ähnlicher Weise: (An.), Des Churfürstlichen Sächsischen Heer= und Hoffpredigers
erste Antwort…, in: Hortleder, 195.

[10] Brenz, Schreiben an Markgraf Georg zu Brandenburg, in: Hortleder, 4.

[11] Bugenhagen an Kurfürst Johann den Beständigen (1529), in: Scheible (Hg.), Das
Widerstandsrecht als Problem der deutschen Protestanten, 26 f.

schlechte, werde von den Juden nur solange geduldet, wie sie die Religion nicht angreife.

Diese Beispiele zeigen, daß die Argumentation mit dem Alten Testament offenkundig ausweglos in die Sackgasse führt. Einigkeit besteht allerdings darin, daß es im Alten Testament immer wieder Beispiele für Widerstand gegen religiöse Unterdrückung gegeben habe[12]. Problematisch ist allerdings die Rechtfertigung eines Bundes gegen den Kaiser. Johann Wick sammelt Beispiele aus der Bibel, um ein solches Bündnis zu rechtfertigen, seine Beispiele hinken jedoch allesamt, da kein einziges Bündnis darunter ist, das sich gegen die rechtmäßige Obrigkeit richtete[13]. In erbaulichen Werken wird immer wieder auf das respektvolle Verhalten Davids gegenüber Saul hingewiesen, aber ohne einen Zusammenhang mit dem Widerstandsrecht herzustellen. Davids Auftreten wird rein moralisch als persönliche Tugend bewertet[14].

In der lutherischen Orthodoxie wurde nicht von allen Theologen ein Widerstandsrecht rundweg abgelehnt. Sie konnten sich dabei auf Melanchthon berufen, der die grundsätzliche Möglichkeit des Widerstandes gegen eine notorisch ungerechte Obrigkeit nicht ausgeschlossen hatte[15]. So wandte sich Johann Gerhard zwar entschieden gegen ein Widerstandsrecht der Untertanen, räumte ein solches aber den Reichsständen nach Ausschöpfung aller anderen Mittel ein. Dieses Widerstandsrecht könne nicht durch den Hinweis auf König David entkräftet werden:

„Es ist abermals ein grosser unterschiedt/ zwischen den Ständen des Reichs/ unnd dem Königlichen Propheten David. Denn ob zwar David zum Könige gesalbet war/ 1 Sam 16.12 sol solte er doch des Reichs unnd der Herrschaft bey des Königs Sauls Lebzeiten sich nicht anmassen. Es wussten auch die wenigsten im Volck Israel/ das David zum künfftigen Könige gesalbet/ weil es ihnen noch nicht vorkündiget. Ja es hatte David keine Unterthanen/ die er schützen solte/ Sondern er wurde als eine PrivatPerson vom Könige verfolget/ zu dem/ so war der König Saul dem David keines weges mit Eydes Pflicht wie das Oberhaupt den Ständen des Reichs verbunden/ das dannenhero von demselbigen ihm mögen widerstanden werden[16].“

In der deutschen Staatsrechtslehre der frühen Neuzeit wird ein Widerstandsrecht des Volkes gegen die angemaßten Rechte des Königs einhellig abgelehnt. Positiver konnte ein Widerstandsrecht der Reichsstände bewertet werden.

---

[12] So: (An.), Ein Theologisches Bedencken, in: Hortleder, 67; Schrift D. Martini Lutheri/ an einen Pfarrherr..., in: Hortleder, 100; Erklärung D. Martin Luthers/ von der Frage/ die Notwehr belangend, in: Hortleder, 151.

[13] Rathschlag/ daß man dem Kaiser widerstreben möge, in: Hortleder, 73.

[14] Leiser, Regentenspiegel, 45; Schuwardt, Spiegel der Untertanen, 9; Sarcerius, CCCLXXVI a; Lyncker, 13.

[15] G. Weber, Grundlagen und Normen, 36 ff.

[16] J. Gerhard, Ob alle und jede Unterthanen in einer jedweden Policey irer von Gott vorgesetzten Obrigkeit... zum Gehorsam obligiret, in: Arumaeus, Discursus Bd. 5, 78 b.

4.2. Calvins Verständnis vom „Recht des Königs"

Johann Calvin (1509-1564) war von seiner Ausbildung her Jurist. Das Verhältnis zwischen Obrigkeit und Volk, zwischen Religion und Gesetz wird in seinen Werken ausführlich erörtert. In unserem Zusammenhang sind die betreffenden Homilien zum Samuelbuch und die knappen Anmerkungen zu Dt 17 von Interesse[1]. Gerade in den Homilien zum Samuelbuch finden sich alle wichtigen Elemente seiner Staatsauffassung wieder. Dabei ist allerdings zu berücksichtigen, daß Calvin die Samuelhomilien zu Ende seines Lebens verfaßt hat (1561) und seinen Gedanken eine vergleichsweise scharfe Form gegeben hat. Diese Textauslegung läßt Calvins Haltung zur Monarchie kritischer erscheinen, als sie in der Literatur gemeinhin beurteilt wird[2].

Die Entstehungszeit der Samuelhomilien ist durch eine zunehmend militante Formierung der französischen reformierten Bewegung gekennzeichnet. Calvin, der die französische Reformation ansonsten nach Kräften förderte, mißbilligte die wachsende Neigung zu Gewalttaten. Gleichzeitig stellte aber seine eigene wachsende antimonarchische Gesinnung, bei der er gleichwohl immer auf der Pflicht zum Gehorsam gegenüber der Obrigkeit bestand, eine unausgesprochene Rechtfertigung für die Verfechter des bewaffneten Widerstandes dar. Die reformierte Bewegung war allein schon aufgrund der Tatsache, daß sie selten geschlossene Territorien eroberte und dort Staatsreligion wurde, in höherem Maße als das Luthertum vom — auch militanten — Aktionismus ihrer Anhänger abhängig[3].

Neben der Frage nach dem Widerstandsrecht ist in Calvins Auslegung von 1 Sam 8 auch die Frage nach der besten Verfassung gestellt. Zunächst wird das gemeinschaftliche und wohlerwogene Handeln der Ältesten Israels gelobt:

„Quum itaque seniores populi viderent iudiciorum tantam corruptelam, ut ad gubernacula sederent compilatores et praedones, debuerunt remedium istis malis quaerere, et haec in parte sunt laudabiles, Verum in remedio illo querendo nimium fuerunt praecipites, quam ob rem Dominus etiam merito ad iram commotus est[4]."

---

[1] CR 57, Sp. 534 ff.; CR 52, Sp. 367 ff.

[2] Vgl. dazu Wolgast, 21 f.; Höpfl charakterisiert Calvins Haltung zur Monarchie in einer Weise, die durch Calvins Auslegung von 1 Sam 8 bestätigt wird: „Monarchy is explicitly rejected for ecclesiastical polity on scriptural grounds; in civil polity no such outright rejection was possible because of the earlier parti pris in favour of the divine authorization of all forms of government and Calvin's almost inflexible opposition to political resistance. Nonetheless, the animous against monarchs is clear enough, and civil monarchy remains a discrepant and disturbing element in an otherwise carefully synchronized arrangement of mutual constraints." (Höpfl, 171).

[3] Nijenhuis in TRE 7, 578 (Art. Calvin); van Dülmen, Entstehung des neuzeitl. Europa, 261 ff.

[4] CR 57, 540.

Calvin läßt sich nun ausführlich über die Ältestenversammlungen aus, die dafür zu sorgen haben, daß alles nach Maß und Regel geschieht. Auch für die Gegenwart sei der Herr zu bitten, daß er diesen Versammlungen stets mit seinem Heiligen Geist zur Seite stehe[5]. Positiv wird auch vermerkt, daß das Volk den obersten religiösen Führer, nämlich Samuel, befragt hat[6]. Das Königtum als Abhilfe gegen die ungerechte Tätigkeit der Söhne Samuels zu fordern, hält Calvin für weit überzogen. Er vergleicht dies Vorgehen mit dem eines Arztes, der einem Kranken, der über Leibschmerzen klagt, erklärt, das Herz müsse ihm herausgerissen werden[7]. Das Herz ist für das Volk Israel die Gnade Gottes, die es in Freiheit leben läßt. Das Volk Israel beleidigt und schmäht Gott, weil es diese einzigartige Gunst, die es allen anderen Völkern voraushat, leichtfertig aufgibt[8]. Die Hartnäckigkeit, mit der das Volk auf dem einmal eingeschlagenen falschen Weg bleibt, ist für Calvin ein Exempel für die grundsätzliche Schwachheit der Menschen.

Calvin empfindet das weltliche Königtum als Konkurrenz zur Herrschaft Gottes, seine Königskritik ist theokratisch[9]. Deutlich wird das u. a. an seinem Vorwurf, die Könige maßten sich göttliche Rechte an, etwa bei der Erhebung des Zehnten. Er weist zunächst darauf hin, daß der Zehnte von Gott den Leviten als Ersatz für deren verlorenes Land gewährt worden ist, und um sie ganz frei von anderen Tätigkeiten für den Gottesdienst zu halten:
„Nam speciali privilegio antea gaudebat, quum solutis decimis sui proventus liber ab omnibus aliis subsidiis erat: ac decimae non regibus sed iis persolverentur quos Deus ex reliquis tribubus elegerat, qui cultui suo vacarent, ac ex decimis illis, nullam aliam sortiti portionem cum fratribus viverent[10]."

Dagegen verlangt ein König den Zehnten zu seinem eigenen Nutzen und verteilt ihn an seine Günstlinge:
„Tantam itaque tyrannidem regum futuram docet, ut autoritatem ac potestatem quae Dei propria erat sibi velint arrogare decimas imponendi et exigendi. Quod quid est aliud, quaeso, quam autoritatem ipsam divinam invadere, et hominibus velle persuadere se non amplius in hominum esse numero reponendos, sed quasi coelo delapsos adorandos[11]?"

Die hier gerade in der Kontrastierung zum Königtum positiv gezeichnete Richterzeit diente Calvin als Vorbild für sein eigenes Regiment in Genf[12]. Ein auserwähltes Volk kommt ohne Könige aus und unterscheidet sich dadurch wie das alte Israel von seinen Nachbarn. Calvin verbindet die überragende

[5] CR 57, 541.
[6] CR 57, 543.
[7] CR 57, 541.
[8] CR 57, 542, auch 556.
[9] Beyerhaus, 87, 114.
[10] CR 57, 558; vgl. Gen 14, 20; Dt 14, 28 f.; 26, 12-15.
[11] CR 57, 558 f.
[12] Beyerhaus, 132 ff., 144; Bohatec, 124, 130; Höpfl 188 ff.

Gestalt eines religiösen Führers mit der Volks- bzw. Ältestenversammlung zu einem gottgefälligen Regiment. Die von ihm gerühmte libertas ist durch die sourveräne Herrschaft Gottes und durch das Recht des Volkes, die Magistratspersonen selbst zu wählen, gekennzeichnet[13]. Den Zustand vor der Einführung der Monarchie lobt Calvin als ausgewogen, da die Herrschaft mehr auf Autorität als auf Macht beruhte. Der Ehrgeiz eines einzelnen, nämlich Nimrods, hatte diese Ordnung gefährdet[14].

Das Königtum — in seiner alttestamentlichen wie auch gegenwärtigen Ausprägung — erscheint in den Samuelhomilien durchweg als Strafe Gottes[15]. Calvin verwendet bei seiner Schilderung der Nachteile und Fehler der Königsherrschaft traditionelle Topoi der Fürstenkritik. Da sind zunächst die Klagen über die schlechten und verdorbenen Berater, die den König umgeben, zu nennen. Calvin räumt bei der Auslegung von 1 Sam 8, 15 zwar ein, daß Könige für ein rechtes Regiment Berater brauchen, die Berater sind geradezu ihre Hände und Augen:

„ac manus quidem quibus edicta et decreta sua exsequantur: oculi vero quibus quid utile, quid honestum sit videant: atque ita principes ipsi in officio retineantur, ut cum aequitate et iustitia rempublicam administrent[16]."

Freilich müssen diese Berater entlohnt werden, aber was lehrt die Erfahrung mit diesen Ratgebern? „Num ubi valere autoritate et gratia coeperint, nullum finem rapinarum faciunt: sed tanquam famelicae belluae, privatorum bonis inhiant, et nunquam satiantur[17]." Raub, Verrat und tausend Arten, sich an den Gütern der Untertanen und Bürger zu bereichern, hält Calvin den Fürstendienern erbittert vor. Aber auch die Machtgier der Könige selbst ist unersättlich — dies im Unterschied zur traditionellen Hofkritik, die den „guten" König durch seine schlechten Ratgeber dem Volk entfremdet sieht. Die Macht, die die Könige innehaben, kann kaum gezügelt werden, auch die besten von ihnen — etwa David — verstießen gegen die Gebote Gottes[18]. Denn nichts ist so schwierig, wie im Besitz großer Macht bei der befohlenen Mäßigung zu bleiben[19]. In jedem Jahrhundert gab und gibt es Könige, die weder Gottesfurcht noch Gerechtigkeitssinn in ihren Schranken hält[20]. Hier

---

[13]   Beyerhaus, 135 f.; Baur, 11, 167 ff.

[14]   CR 51, 158 f.: „Nemrod... coeperit supra usitatum morem emergere. Porro sic interpretor, mediocrem hunc fuisse hominum statum, ut si qui aliis praeessent, non tamen dominarentur, nec sibi regium imperium sumerent, sed dignitate aliqua contenti civilem in modum regerent alios et plus autoritatis haberent quam potentiae... Iam dicit Moses, Nemrod, quasi oblitus foret se hominem esse, occupasse altiorem gradum." (commentarius in Genesim); dazu auch Höpfl, 169.

[15]   CR 57, 546, 552.

[16]   CR 57, 557.

[17]   Ebenda.

[18]   CR 52, 369 f.

[19]   Ebenda.

[20]   CR 57, 553, auch 555.

wendet sich Calvin auch gegen die Ansicht, der König sei „legibus solutus". Diese Ansicht wird von ihm scharf mißbilligt. In seiner Frühzeit hatte er die Gültigkeit dieses Satzes wegen der möglichen bedenklichen Erscheinungsformen abgelehnt, später lehnte er diesen Grundsatz aus religiös-politischen Erwägungen grundsätzlich ab[21]. Dies bestätigt auch seine Auslegung der Samuelstelle.

Calvin übernimmt einen weiteren traditionellen Topos der Fürstenspiegelliteratur, nämlich die Aufforderung, nur mäßigen Umgang mit Frauen zu pflegen, um nicht vom rechten Weg abzuweichen oder gar zu verweichlichen. Warnend verweist er dabei auf das Beispiel Salomos[22]. Diese Ermahnung gründet auf Dt 17, 12. Calvin führt dann aus, daß der Umgang mit Frauen dazu führen kann, daß luxuriöse Aufwendungen überhand nehmen. Gegen übermäßigen Aufwand und Verschwendung richtet er viele Ermahnungen und Klagen, vor allem warnt er die Fürsten, aus Eifer reich zu werden, das Blut des Volkes zu vergießen[23]. Diese Warnungen entsprechen ebenfalls einem traditionellen Topos der Fürstenkritik.

Zwar hält Calvin Samuels Schilderung der Königsherrschaft für realistisch, aber nichtsdestoweniger für nicht ordnungsgemäß. Der König ist Untertan Gottes und an seine Gesetze gebunden[24]. In Dt 17, 10f. und 1 Sam 10, 25 wird deutlich erklärt, daß das Recht des Königs vor Gott niedergelegt ist und daß sein Studium dem König als Pflicht auferlegt ist. Nach Calvin handelt es sich zweifellos um die in Dt 17, 14ff. niedergeschriebenen Bedingungen, auf die der König verpflichtet wird[25]. Die Möglichkeit, daß in 1 Sam 10, 25 das Königsrecht aus 1 Sam 8 gemeint sein könnte, schließt er aus: „Es kann freilich kein Zweifel bestehen, daß jenes Recht der Königsherrschaft aus Dt 16 und 17 stammt, und das ist gewiß ein ganz anderes, als das, von dem wir im 8. Kapitel (1 Sam 8) gehört haben. Dieses kann durchaus eher das Recht eines Tyrannen als das von Königen genannt werden, mit dem Gott dem Volk droht, um sein hochfahrendes Verhalten zu mäßigen und um es zu nutzbringenderem Verhalten zurückzurufen."
Samuel droht mit diesem räuberischen Verhalten der Könige nicht etwa, so fährt Calvin fort, weil er es billigt, sondern um das Volk bei der althergebrachten Verfassung zu halten, die ihren einzigen Schutz in Gott hatte[26].

---

[21] Zu Calvins Einstellung zu diesem Rechtsatz vgl. Beyerhaus 10ff., 119ff., 126ff.; Höpfl 15f., 166ff.

[22] CR 57, 550; 52, 370; vgl. 1 Kg 11. Über David heißt es ebenda: „Quod hanc legem transgressus est David: aliqua ex parte fuit excusabilis propter repudium Michol: apparet tamen libidinem plus apud eum valuisse quam praescriptam a Deo continentiam."

[23] CR 52, 371; vgl. 57, 550.

[24] CR 57, 550ff.; Baur, 102.

[25] CR 52, 371; 57, 636.

[26] CR 57, 636: „Sane non dubium est quin ius illud regni desumtum sit ex Deuteronomii 16. et 17. capitibus: longe sane aliud ab eo de quo fieri mentionem audivimus capite octavo, et quod tyrannis potius quam ius regium merito dicendum erat: quo Deus ad domandam populi arrogantiam, et ad eum ad meliorem frugem revocandum usures reges minatus est, . . ."

Sehr wichtig ist für Calvin die Bindung des Herrschers an die Gesetze und Institutionen. Diese stellen die Bewaffnung des Volkes dar und schützen es vor der Willkür der Herrscher[27]. Überhaupt sind König und Volk wechselseitigen Verpflichtungen unterworfen, die für das Volk im Gehorsam und für den König im Verzicht auf tyrannische Herrschaftsweise bestehen[28]. Es zeigt sich deutlich, wie bei Calvin zwei widersprüchliche Tendenzen die Staatslehre beherrschen: die königskritische und die obrigkeitstreue. Wie diese unterschiedlichen Richtungen vereinigt werden, zeigt sich bei seinen Ausführungen zum Widerstandsrecht. Verstößt der König gegen das von Gott gegebene Gesetz, so hat das Volk dennoch kein Recht zum Widerstand, es muß die Tyrannis geduldig ertragen[29]. Die Pflicht zum Gehorsam leitet Calvin aus dem fünften Gebot und aus der Übertragung der patria potestas Adams auf die Regenten ab[30]. „Contentos igitur esse non iis oportet quae sacra pagina docet, Deum nimirum per principes in tyrannidem deflectentes punire eos qui legitimam gubernationem non merentur[31]." Privater Widerstand ist nur gegen Privatleute erlaubt. Nun folgt aber ein Gedanke, der grundlegend für die „monarchomachische" Richtung des Protestantismus wurde, daß es nämlich ein Widerstandrecht der mittleren Magistrate gibt: „Attamen, fateor, quaedam adversus hanc tyrannidem licita sunt remedia: veluti quum constituti alii sunt magistratus et ordines quibus reipublicae cura est commissa: qui principem in officio continere poterunt, atque etiam, si quid tentaret, eum coercere."

Aber dieses Widerstandsrecht betrifft keinesfalls das gesamte Volk: „At illis officium non facientibus, aut non audentibus sese illius opponere tyrannidi, tum privatos etiam agnoscere oportet hanc a Deo cladem ipsis inmitti, peccata ipsorum castigante[32]."

Einen positiven Grund für das Vorhandensein der monarchischen Herrschaft nennt Calvin nicht. Die Ansätze einer historisch-politischen Erklärung, die ja auch im Alten Testament vorhanden sind, nämlich als Hinweise, das Königtum als Versuch einer inneren Stabilisierung angesichts bedrohlicher äußerer Gefahr zu verstehen[33], verfolgt er nicht. Er nimmt die Obrigkeit

---

[27] CR 57, 637: „Hanc ob causam legibus et institutis regi respublicas oportere videmus, sive rex dominetur, sive alii magistratus rempublicam administrent, ne quid ex libidine cuiusquam geratur, sed singuli quid sui sit officii ex legibus discant et iisdem subiiciantur et obtemperant: ac sint veluti populorum armatura."
Die Verpflichtung auf die Gesetze ist die logische Folge der Ablehnung des Satzes „princeps legibus solutus est"; vgl. Beyerhaus, 16; Höpfl 166 ff.

[28] CR 57, 552, „. . . reges et principes populis iureiurando fidem suam astringunt. . ."

[29] CR 57, 551 f., 559; so auch in der Inst. Christ. Rel. IV, 20, 23 = CR 30, 1110 f.; Höpfl 49, 153.

[30] Beyerhaus, 114.

[31] CR 57, 552.

[32] Ebenda, so auch in der Inst. Christ. Rel. IV, 20, 31 = CR 30, 1116; Beyerhaus, 97.

[33] 1 Sam 8, 20; so etwa Josephus, Antiquitates, VI, 3, 6.

lediglich als Zwangsgewalt für die seit dem Sündenfall verdorbene Menschheit hin. Der Gedanke, daß die Bildung einer staatlichen Gemeinschaft der Natur des Menschen entgegenkommt, tritt eher beiläufig auf[34]. Calvins Ansichten über die Königsherrschaft sind biblisch-theologischer Natur. Seine Ansichten bleiben im traditionellen Rahmen des Ordnungsdenkens. Dies zeigt sich an zwei typischen Vorstellungsmustern. Zum einen erscheint ihm die Königsherrschaft als ein erstes deutliches Zeichen des zunehmenden sittlichen Verfalls der Menschheit. So heißt es über diese alten Zeiten:

„Quum vero temporibus illis, quae non fuerunt tam corrupta quam ea in quae incidimus, tantum sibi principes permiserint, et rapinis ac compilationibus istiusmodi non abstinuerint, cognoscamus iam olim in mundo malitiam, avaritiam, crudelitatem, scortationem et tyrannidem obtinuisse[35]."

An anderer Stelle vertritt er entsprechend die Meinung, die Gründe zur Entartung der Monarchie seien nicht in der Staatsform als solcher, sondern in der Schwäche der menschlichen Natur zu suchen[36]. Daneben ist für Calvin die Richterzeit die Fortsetzung der patriarchalischen Familienherrschaft; auch für die Könige leitet er die Gehorsamspflicht aus der patria potestas ab[37].

Wichtig für die Einschätzung des Königtums ist für ihn die Klärung der Frage, warum die Monarchie, da sie doch offenbar ein Produkt der Sünde ist, gleichzeitig ein Unterpfand der ewigen Güte Gottes sein kann (Gen 46, 10), und wieso in Dt 17, 14 die Erhebung eines Königs, die später Gottes Zorn erregen sollte, positiv bewertet wird. Noch verwirrender wird das Problem, wenn man berücksichtigt, daß ihm König David durchweg als Präfiguration Christi gilt[38]. Die Lösung liegt nach Calvin darin, daß das Volk Israel die von Gott vorgesehene Ordnung durch seinen unzeitigen Wunsch nach einem König zerstört hat[39]. Saul ist auch bei Calvin der unglückliche Übergangskandidat, die eigentliche Heilszeit beginnt mit David.

Die Widersprüchlichkeiten in der Staatslehre — die ja nicht das Zentrum von Calvins Interesse bildet — sind darauf zurückzuführen, daß es nicht gelang, das Nebeneinander von eigener theokratischer und aus der Tradition übernommener naturrechtlicher Argumentation zu überwinden[40]. Tatsächlich besteht für ein Geschichtsbild, das nicht historisch-kritisch ausgerichtet ist, keine Notwendigkeit, die disparaten Elemente zu vereinigen. So bleibt seine Einschätzung des Königtums unschlüssig, und seine kritische Einstel-

---

[34] Beyerhaus, 131 f.; Baur, 103.
[35] CR 57, 553.
[36] CR 30, 1098 (= Inst. Christ. Rel.); Beyerhaus, 116; Höpfl 160 f. 165.
[37] Bohatec, 131 f.; Beyerhaus, 114, 132 f.
[38] CR 57, 549; Bohatec, 192.
[39] CR 52, 369; 57, 542; Beyerhaus, 112 f.
[40] Baur, 102 ff.

lung zur Monarchie erfuhr auch durch die Interpretation der Geschichte Israels und seines Königtums als Heilsgeschichte keine Abschwächung[41]. Daher lehnt Calvin die Ansicht ab, daß die Salbung der mittelalterlichen Könige diese nach dem Vorbild Davids heilige und zu Stellvertretern Gottes erhebe, denn die besondere Heiligung Davids sei einmalig gewesen und so nicht auf andere Herrscher übertragbar. Er schließt sogar die Heiligkeit als königliche Eigenschaft ausdrücklich aus[42]. David ist zwar als Typos für Christus in besonderem Maße hervorgehoben, aber nicht jeder König ist in gleicher Weise prädestiniert, darf sich also auch nicht seine Würde anmaßen.

4.3. 1. Sam 8 in der Auslegung calvinistischer Theologen und Juristen

Politisch führte der Calvinismus zu ganz unterschiedlichen Entwicklungen. Neben eine radikale, mit den politischen Obrigkeiten in Konflikt geratene Richtung traten je nach äußeren Umständen Gruppen, die sich mehr oder weniger in die Monarchie einfügen ließen und schließlich sogar zur Stütze der anfangs bekämpften Staatsform werden konnten. Zu den Schriften, die sehr häufig zitiert, aber in ihrer tatsächlichen Bedeutung für die calvinistische Staatslehre oft überschätzt werden, gehören Bezas „De iure magistratuum" und Brutus' „Vindiciae contra tyrannos". Es handelt sich dabei um Werke, die dem monarchomachischen Schrifttum zugerechnet werden, also Schriften, die sich bemühten, in den Religionskriegen des 16. Jahrhunderts, die sowohl die Obrigkeit als auch die Religion in Frage stellten, dem Staatsganzen eine neue verläßlichere Grundlage zwischen Gehorsam und Widerstand zu geben.

Für die katholische wie calvinistische monarchomachische Theorie sind folgende 3 Prämissen konstitutiv:

— Die Macht des Fürsten wird durch die Annahme eines Vertragsverhältnisses mit dem Volk beschränkt

— Ein Fürst, der gegen diesen Vertrag, also gegen die Verpflichtung zur Bewahrung der natürlichen und herkömmlichen Rechte, verstößt, ist ein Tyrann

— Anspruch der niederen Magistrate zur Verteidigung der Rechte des Königreichs, d. h. ihr Recht und ihre Verpflichtung zum Widerstand gegen einen tyrannischen König[1].

---

[41] Beyerhaus, 145.
[42] Bohatec, 192, 196 f.
[1] Wolgast, 29 f.

Bezas (1519-1605) Schrift entstand in der Zeit nach der Bartholomäus-nacht (23.8.1572). Beza hatte sich persönlich beim französischen König für die Flüchtlinge verwandt, die in großer Zahl nach Genf strömten. Wegen ihrer politischen Brisanz durfte „Du droit des magistrates" allerdings nicht in Genf erscheinen und wurde erst 1574 anonym veröffentlicht. Die lateinische Übersetzung erschien 1576.

Beza hält zwar die Tyrannis für eine von Gott verhängte Strafe zur Züchtigung der Völker, bestreitet aber, daß den Untertanen als einzige Gegenmittel Gebet und Reue bleiben[2]. Ausführlich geht er auf das Gemein-wesen der Israeliten ein[3], indem er die Richterzeit als idealen Zustand schil-dert, den die Israeliten, die ihr Glück nicht erkannten, leichtfertig verspielten. Gott entsprach ihren törichten Wünschen und gab ihnen im Zorn und Unmut einen König: „Nicht, als ob er dadurch die Monarchie an sich hätte verurteilen wollen, sondern weil diese Änderung von dem wahn-witzigen und halsstarrigen Volk veranlaßt war[4]." Die Könige neigen allerдings zum Mißbrauch ihrer Macht. Beza benutzt seine Interpretation der Vorgänge bei der Erhebung Sauls zur Begründung der Notwendigkeit eines Doppelbundes zwischen Volk, Herrscher und Gott. Er stellt klar, daß die Worte Samuels nicht als Freibrief für königliche Willkür aufzufassen sind:

„Daher irren die in der ganzen Welt, die Samuels Worte so auffassen, als ob er die Könige dazu habe veranlassen wollen, sich zu allem zu erdreisten, oder als ob er alles gebilligt habe, was jene in blinder Leidenschaft treiben, ...Samuels Worte sind jedoch so aufzufassen, wie wenn er Israel schelten und ihm sagen wollte: Es genügt euch nicht, Gott selbst als euren Herrscher zu haben, wie er es bisher aus besonderer Geneigtheit war. Sondern ihr wünscht einen anderen, und zwar einen solchen, wie ihn die übrigen Völker haben. Er wird euch also zuteil werden. Aber höret auch, welches Recht er über euch beanspruchen wird! Daß dies der Sinn der Worte Samuels ist, beweist die Erfahrung, die man später gemacht hat. Ich behaupte also: Obwohl Gott ausdrücklich David zum König ausersehen hatte, mußte er dennoch auch vom Volk gewählt werden... Obwohl die Königskrone nach dem Befehl Gottes dem Hause Davids aufgrund des Erbrechts zustand, wählte das Volk...im allgemeinen von den Söhnen des verstorbenen Königs den, welchen es am liebsten als Herrscher haben wollte. Es bestand also eine doppelte Verpflichtung, wie sich aus der Geschichte des Joas ergibt (2. Könige 11, 15-17). Zunächst nämlich versprachen der König und das Volk in einem feierlichen Eid Gott, seine kirchlichen und weltlichen Gebote zu beachten. Dem folgte ein gegenseitiger Eid zwischen dem König und dem Volk[5]."

Beza schiebt absolutistischen Bestrebungen den Riegel vor, aber auch die kirchenfreundliche Interpretation wird zugunsten der Volkssouveränität umgangen: Es ist auffällig, daß jeder Hinweis auf die Rolle der Priesterschaft, insbesondere Samuels, fehlt. Insgesamt erscheint Bezas Auslegung von 1

---

[2] Beza in: Dennert, 8; zu Beza auch Geisendorf, vor allem 312 ff.
[3] Beza in: Dennert, 23 ff.
[4] Ebenda, 23 f.
[5] Ebenda, 24 f.

Sam 8 stärker politisiert als die Calvins, dessen Ausführungen eher unverbindlich wirken.

Im gleichen Sinn wird die Samuelstelle in den „Vindiciae contra tyrannos" (1579) des *Stephanus Junius Brutus* — wohinter sich mit großer Wahrscheinlichkeit[6] Philippe Duplessis-Mornay und Hubert Languet verbergen — interpretiert. Auch in dieser Schrift wird die Theorie vom Doppelbund verteidigt, die gleichzeitig das Recht auf Widerstand dem Volk zuspricht[7]. Im Rahmen dieses Doppelbundes erhalten die Könige gemäß 1 Sam 8 und 9, 16 die Herrschaft von Gott, um das Volk zu richten und vor seinen Feinden zu schützen[8]. Die Bitte des Volkes um einen König wird von Brutus ohne Ressentiments bewertet: Das Volk war die Söhne Samuels leid geworden, weil sie das Recht brachen, und versprach sich von einem König größere militärische Erfolge[9]. Als möglicher Einwand gegen die These, daß Könige nicht Eigentümer und Nutznießer des Königsgutes, sondern nur dessen Verwalter sind, wird das Königsrecht des Samuelbuches untersucht. „Erstaunlich ist," schreibt Brutus,

„wie hoch diese Textstelle von unsern Höflingen gewertet wird, die doch sonst die ganze Heilige Schrift verspotten. Der höchste und beste Gott will hier aber dem Volk Israel nur dessen Leichtsinn klarmachen, das lieber die wechselvolle Führung eines schwachen Menschen, der sich von Stunde zu Stunde ändern kann, als die unwandelbare Herrschaft des ewigen Gottes wollte. Dabei hatte das Volk Gott doch gegenwärtig, der ihm, so oft man ihn darum bat, fromme sowie tüchtige Richter und Führer im Krieg auswählte. Samuel setzte ihnen ferner auseinander, auf wie schlüpfrigem Boden ein König stehe, wie leicht seine Macht in Gewalt abgleiten könne, wie gefährlich der Übergang von der Königsherrschaft zur Tyrannei sei... Er erklärt ihnen nicht, was das Recht der Könige sei, sondern welches Recht sich die Könige anzumaßen pflegen; nicht was sie pflichtgemäß tun sollten, sondern was sie häufig aus Schlechtigkeit für sich beanspruchten[10]."

Das wahre Recht der Könige stehe dagegen in Dt 17, 14 ff.

Den Calvinisten der ersten Jahre ist eine überwiegend kritische Haltung zur Monarchie gemeinsam, sie bevorzugen offenkundig ein auf Ausgleich basierendes Gemeinwesen, dem sie im Anschluß an Calvin selbst die theoretische Form des Doppelbundes geben. Andererseits hatte gerade Calvin erkannt, daß der Protestantismus in einem so starken monarchischen Staat wie Frankreich sich nur in Zusammenarbeit mit dem Königtum, nicht gegen

---

[6] Dennert, Einleitung, XI; Kretzer, 23 f.

[7] Brutus in: Dennert, 73: „Wir kennen bei der Einsetzung der Könige einen doppelten Bund, zunächst den zwischen Gott, König und Volk, durch den das Volk Gottesvolk wird; zweitens den zwischen König und Volk, der besagt, daß das Volk dem, der gerecht regiert, treu gehorcht."
Zum Doppelbund: Kretzer, 26 ff.

[8] Brutus, ebenda.

[9] Brutus in: Dennert, 112.

[10] Ebenda, 157.

es durchsetzen konnte. Tatsächlich ertrugen die französischen Calvinisten in der Anfangsphase die Verfolgungen mit Bekennermut und ohne Widerstand[11]. Die zunehmende Brutalität der Auseinandersetzung und insbesondere die Bartholomäusnacht 1572 führten zu einer vorübergehenden Radikalisierung des französischen Protestantismus in Wort und Tat. In diesem Zusammenhang müssen die „Vindiciae" gesehen werden[12]. Die sich mit Heinrich von Navarra verknüpfenden, durchaus realistischen Hoffnungen auf ein reformiertes Königtum brachten die calvinistischen Führer schnell wieder auf ihren ursprünglichen Weg der uneingeschränkten Anerkennung der Autorität des Königs zurück, zumal die Regierung Heinrichs IV. und vor allem die Durchsetzung und Praktizierung des Edikts von Nantes die Vorzüge einer starken, aber maßvollen Königsherrschaft deutlich demonstrierten. Es zeigt sich, daß die französischen Reformierten im 17. Jahrhundert ein von jeder menschlichen Rechenschaftspflicht entbundenes Königtum am ehesten für geeignet hielten, ihre objektiven Interessen zu vertreten[13]. An dieser royalistischen Grundüberzeugung hielt die Mehrheit der calvinistischen „Vordenker" auch in Zeiten der zunehmenden Verfolgung und anschließender Vertreibung fest. Die Theorie vom Doppelbund, die in Frankreich schnell an Bedeutung verlor, fand im traditionell stärker genossenschaftliche Traditionen bewahrenden Deutschen Reich sehr viel länger Befürworter und Vertreter. In Anlehnung an die Arbeit von Hartmut Kretzer soll vor dem dargestellten Hintergrund die Interpretation von 1 Sam 8 durch Professoren der protestantischen Akademien Saumur und Sedan betrachtet werden.

Selten wird diese Stelle im Zusammenhang mit der Widerlegung des Widerstandsrechtes gebraucht. Hierfür finden sich Belege nur in einer anonymen antijesuitischen Schrift aus dem Jahre 1611 und bei Daniel Tilenus. Im „Anti-Iesuiste" heißt es unter Berufung auf Samuel, daß das Volk nur die Macht hat, sich einen guten Fürsten zu wünschen, aber einen schlechten als ein Übel ohne Heilmittel ertragen muß[14]. Etwas ausführlicher geht Daniel Tilenus, einer der bedeutendsten Lehrer der Akademie Sedan, auf diese Stelle ein. Tilenus setzt sich im „Examen d'un escrit intitulé, Discours des vrayes raison..." mit La Milletiere auseinander, der in den kriegerischen Auseinandersetzungen, die mit dem Fall der Festung La Rochelle (1623) endeten, die Position des militärischen Widerstandes gegenüber dem Königtum vertreten hatte[15]. Tilenus hingegen verfocht die Pflicht zu absolutem Gehorsam gegenüber dem König. Keineswegs beschreibt Samuel in 1 Sam 8 einen Tyrannen,

---

[11] Kretzer, 16 f.
[12] Vgl. Kretzer, 25 ff.
[13] Kretzer, 426.
[14] Anti-Jesuiste, 72.
[15] Kretzer, 119 ff.

so hält Tilenus La Milletiere entgegen, und es besteht auch kein Widerspruch zwischen Dt 17, 14 ff. und der Samuelstelle. Moses beschreibt freilich die rechte Regierung. Dies wird von Samuel nicht in Frage gestellt, er führt nämlich nur an, was ein König darüber hinaus tun darf. „L'un descrit l'office du Roy; l'autre la puissance de la Royaute." Sicherlich haben manche Könige tyrannisch regiert, aber niemals haben die Propheten das Volk zur Rebellion aufgerufen, es sei denn, daß sie einen besonderen Auftrag Gottes gehabt hätten. Einen Vorbehalt allerdings macht Tilenus: Den Königen zu gehorchen bedeutet nicht, sie von den göttlichen Gesetzen auszunehmen, es heißt nur, daß wir wissen, daß das Gesetz der Könige uns nicht zerstören kann[16].

Tilenus hält aber nicht unter allen Umständen die Monarchie für die beste Staatsform. In einer anderen Schrift, den Disputationen (1618/19), in denen er sich mit Bellarmin auseinandersetzt, erläutert er das Problem der besten Staatsform auch im Zusammenhang mit 1 Sam 8[17]. Nach Röm 13 ist jede Obrigkeit von Gott. Damit nimmt Tilenus Calvin vor der als Vorwurf empfundenen Annahme Bellarmins, Calvin habe ein aus Demokratie und Aristokratie gemischtes Regiment allen anderen vorgezogen, in Schutz. Calvin hat, so Tilenus, sich am Vorbild und Herkommen seiner Heimatstadt orientiert. Im übrigen kann die zitierte Samuelstelle nicht ohne weiteres für den Vorrang der Monarchie herangezogen werden, denn diese Veränderung mißfiel Gott außerordentlich. Zuvor war das Regiment in Israel mehr aristokratisch gewesen. Im Widerspruch zu seiner im „Examen" gemachten Äußerung erklärt Tilenus dann, Samuel habe die Entartung der Monarchie, die Tyrannis beschrieben[18]. Deutlich wird aber, daß es Tilenus' Hauptinteresse ist, gegenüber seinen militanten Glaubensgenossen die Gehorsamspflicht den Königen gegenüber herauszustellen, und gegenüber Katholiken, die Calvinisten der Illoyalität beschuldigten, mißverständliche Äußerungen Calvins herabzuspielen und zu mildern. Auf alle Fälle sollte die absolute Untertanentreue der Reformierten bezeugt werden.

Diese Intention kommt in den Schriften der allermeisten französischen Calvinisten und auch in der Auslegung von 1 Sam 8 zum Ausdruck, so etwa auch bei *Bédé de la Gormandière*[19], der sich ebenfalls mit Bellarmin auseinandersetzt (1609), vor allem mit dessen These vom päpstlichen Primat. Bédé hingegen nennt vier Gründe für die göttliche Herkunft des Rechts der Könige. Das erste Argument ist ein ordnungstypologisches, Bédé verweist auf die Natur, in der alle Kreaturen dem Menschen, weil er das Bild Gottes ist, untertan sind. Die Vernünftigen unter den Tieren haben alle einen König[20]. Als zweites Argument nennt Bédé die Tatsache, daß seit der

---

[16] Tilenus, Examen, 35 ff.

[17] Disputatio, Cap. II, Lib. I, S. 20 ff.; Kretzer, 113 f.

[18] Disputatio, 22.

[19] Le Droit des Roys contre le Cardinal Bellarmin... 1609.

[20] Ebenda, 10.

Erschaffung der Welt das Königtum unter den Menschen verbreitet ist. Daher sagt das Volk der Juden zu Samuel (1 Sam 8, 5): So setze nun einen König über uns, der uns richte und wie ihn alle Heiden haben. Bédé findet bei den Patriarchen der israelitischen Frühzeit, vor der regulären Einführung der Monarchie, alle Zeichen der echten Souveränität wieder. Die monarchische Herrschaft ist ein Abbild der Herrschaft des einen Gottes[21]. Mit dem dritten Argument beruft sich Bédé auf die persönliche Einsetzung der ersten Könige durch Gott, die seit Adam, Noah, Nimrod und Moses praktiziert wurde. Auch die Worte Gottes in 1 Sam 8, 9 lassen sich in diesem Sinne interpretieren: Gehorche ihnen in allem, gib ihnen einen König. Tatsächlich vollzieht sich bei der Einsetzung Sauls nur, was Gott schon lange vorher in Dt 17, 14 angekündigt hatte. Die Macht der Könige war von Gott durch keine andere Macht eingeschränkt worden[22]. Als letztes Argument nennt Bédé die Praxis der Rechtgläubigen, denn niemals hat ein einzelner Gläubiger einem König Widerstand geleistet, es sei denn durch geduldiges Leiden[23].

Der Anspruch der absoluten Monarchie wurde von den französischen Calvinisten auch in späteren Jahren grundsätzlich nicht in Frage gestellt. Die Auslegung der Samuelstelle durch *Moyse Amyraut* (1596-1664), einen der bedeutendsten Theologen und Lehrer in Saumur, zeigt, wie sehr die fundamentale Frage nach der Legitimität des Königtums uninteressant geworden war. In seinem „Discours de la Souverainete des Roys" (1650)[24] bemühte sich Amyraut, der sich selbst eigentlich primär nur als Theologe, nicht als politischer Schriftsteller verstand, die Unantastbarkeit des Königtums nachzuweisen. Angeregt worden war er zu diesem Werk durch die Hinrichtung Karls I. in England. Amyraut geht in dieser Schrift ausführlich auf das alttestamentliche Königtum ein. Dort findet er zahlreiche Beispiele, die den Vorrang des Königs über die Priesterschaft und die absolute Unantastbarkeit des gesalbten Königs belegen[25]. Er legt dar, daß die Überlegenheit des israelitischen Königs auf seinen Funktionen beruht habe. Analog zu 1 Sam 8, 20 nennt Amyraut als wichtigste das Richten und das Kriegführen[26]. Gerade das Richteramt ist die hervorragende Aufgabe für den Erhalt der Gemeinschaft. Die Könige stehen anders als die Richter der vorangegangenen Epoche über den geschriebenen, „positiven" Gesetzen und sind nur den göttlichen unterworfen. Auf eine weitere Auseinandersetzung mit dieser bedeutsamen Stelle verzichtet Amyraut.

---

[21] Bede, le Droit, 11 f.
[22] Ebenda, 13.
[23] Ebenda, 16.
[24] Charenton 1650; vgl. Kretzer, 314 ff.
[25] Discours, 54.
[26] Ebenda, 55, 62.

In ähnlicher Weise uninteressiert an der Legitimität des königlichen Anspruchs ist eine unter Amyraut angefertigte Dissertation von *Charles Chaillet* (1660), die sich mit der Frage nach dem Ursprung der Herrschaft beschäftigt[27]. Es gibt verschiedene denkbare Möglichkeiten, die einen Unterwerfungsvertrag der ursprünglich freien Menschen unter einen König begründen: Furcht vor wilden Tieren oder Feinden, Eroberung oder freiwillige Unterwerfung[28]. So unterwirft sich das Volk Israel freiwillig aus durchaus unvernünftigen Gründen der Königsherrschaft, nämlich verlockt vom Glanz und der Maiestas des Königtums. Aber wie auch immer die Herrschaft zustande gekommen ist, die Rechte des Königs, die in 1 Sam 8, 11 ff. beschrieben sind, müssen akzeptiert werden. Eine Aufhebung des Unterwerfungsvertrages ist auch durch Gott selbst nicht denkbar[29].

Die französischen Calvinisten bereichern die Auslegungsgeschichte von 1 Sam 8 um einen sonst nicht vorkommenden Aspekt: Sie sehen Parallelen zwischen dem unziemlichen Wunsch des Volkes Israel nach einem König und der Laxheit der Kirche gegenüber den Machtansprüchen des Papstes. Dies wird ausführlich in der Dissertation von *Jacob Lohier D'Aussy* (1628)[30] vorgeführt. Die Israeliten versündigten sich gegen Gott, als sie die Art des Regierens, die er zuvor selbst eingeführt hatte, zurückwiesen und ihre eigenen Vorstellungen gegen alle Bedenken und Vorhaltungen durchsetzen wollten. Ebenso wurde gegen die ausdrückliche Anordnung Christi die neue Kirchenverfassung mit dem Papst an der Spitze eingeführt. Lohier D'Aussy führt den Vergleich Punkt für Punkt durch: Die Ältesten der Israeliten verlangten wie die Bischöfe nach einer sichtbaren Spitze, beide wollten einen obersten Richter und einen, der sie vor Feinden schützen soll, und beide orientieren sich an dem Vorbild anderer Völker. Die Folge dieses Verhaltens war in beiden Fällen der Verlust der ursprünglichen Freiheit und die Errichtung eines knechtischen Regimentes[31]. Nun barg diese Argumentation das Risiko der Entgegnung in sich, die Calvinisten wollten gegen die Monarchie wie gegen das Papsttum vorgehen. Um diesem möglichen Einwand vorzubeugen, beeilt sich der Verfasser, darauf hinzuweisen, daß sich die Monarchie letztlich etablieren und durchsetzen konnte, während das Papsttum diese allgemeine Anerkennung niemals erhielt. Gott machte schließlich die Herrschaft Davids zum Typos der Herrschaft Christi, nicht die des Papstes[32].

---

[27] Theses Theologicae de origine Potestatum... 1660; Diese Dissertation gibt im wesentlichen die Meinung Amyrauts wieder, vgl. Kretzer, 320, Anm. 177; siehe auch Amyraut, Discours de la Souveraineté, 100 ff.

[28] Theses Theologicae, 21 ff.

[29] Ebenda, 26 ff.

[30] Theses Theologicae de Regimine universae Ecclesiae... 1628.

[31] Ebenda, 573.

[32] Ebenda, 574.

Einige Jahrzehnte später (1681) griff *Pierre Jurieu* dieses Argument in seinem „Preservatif contre le changement de Religion"[33] auf. In dieser Schrift setzt sich Jurieu mit Bossuet[34] auseinander und erläutert sein Kirchenverständnis, das eine monarchische Spitze in der Kirche ablehnt, da sie allzuleicht mit der Oberherrschaft Christi in Konflikt geraten kann. Zur Kritik der monarchischen Spitze im Staat ringt sich Jurieu — auch unter dem Druck der Hugenottenverfolgung — allerdings nicht durch[35]. Er zieht eine Parallele zwischen dem Verhalten der Israeliten, die einen König begehrten und dem der Kirche, die sich den Papst an die Spitze setzte. Es gab eine Zeit, meint Jurieu, da kümmerte sich Gott persönlich um die Verfassung der Hebräer. Wenn nun damals sich jemand ohne Auftrag zum König gemacht hätte, hätte der Usurpator sich dann nicht mehr gegen Gott als gegen die Nation versündigt? Das Volk Israel bat Gott um einen König. Hätte es ohne dessen Zustimmung gehandelt, so hätte es gegen seine Gebote gehandelt. Protestanten müssen demnach jemanden für schuldig befinden, gegen die Gebote Gottes verstoßen zu haben, der sich ohne Auftrag an die Spitze der Kirche gestellt hat, und man wird zugeben, daß die Kirche zu träge war, um dagegen vorzugehen[36].

Wie gesellschaftskonform die calvinistischen Staatstheorien geworden waren, zeigt sich im Vergleich mit den Schriften des Bischofs *Jacques-Benigne Bossuet* (1627-1704), einem erbitterten Gegner des Calvinismus. Der Erzieher Ludwigs XIV. erweist sich in seinen historisch-politischen Schriften als einer der letzten konsequenten Vertreter des biblisch fundierten Ordnungsdenkens. Er schrieb u. a. eine Universalhistorie aus katholischer Sicht, in der die Geschichte als Aufeinanderfolge von Prophezeiung und Erfüllung beschrieben wird und die Vorsehung als wichtigstes Prinzip der Geschichte gilt[37]. Den Absolutismus verteidigte er in der für den Dauphin bestimmten Schrift „Politique tirée des propres paroles de l'écriture sainte à Monseigneur Le Dauphin", die erst posthum 1709 veröffentlicht wurde. In dieser Schrift geht Bossuet auch auf Samuel und Saul ein. Das Volk Israel wünschte sich ausdrücklich einen König, also entspricht die Monarchie dem Willen des Volkes[38]. Die Monarchie ist nach Bossuets Überzeugung die beste der möglichen Staatsformen. Ist allerdings erst einmal ein Fürst oder König eingesetzt, so ist ihm alle Macht, einschließlich der militärischen Befehlsgewalt und dem Amt des höchsten Richters überlassen, genauso wie es die Juden einst

---

[33] La Haye, 1681; vgl. Kretzer, 403 f.

[34] Bossuet hatte sich in verschiedenen Schriften mit dem Protestantismus auseinandergesetzt. Zwischen Bossuet und Jurieu zog sich der publizistische Streit über Jahre fort.

[35] Kretzer, 404.

[36] Jurieu, Preservatif, 336 f.

[37] Dazu: Kluxen, Politik und Heilsgeschehen; Löwith, 129 ff.

[38] Bossuet, Politique, 63, 67.

forderten (1 Sam 8, 20). In 1 Sam 8, 11 ff. werden die natürlichen Rechte des Königs aufgezählt. Gott sieht es nicht gerne, wenn die Könige nach ihrem Belieben handeln, aber es gibt kein Recht auf Widerstand auf seiten der Untertanen. Die Könige sind allein dem Gericht Gottes unterworfen[39].

Schon in den zwanziger Jahren des 17. Jahrhunderts sind von dem ehemals verbreiteten monarchomachischen Denken selbst bei den eher zur Radikalität neigenden Calvinisten im Süden Frankreichs nur noch Spuren anzutreffen[40]. Der Royalismus wurde bis auf ganz wenige Ausnahmen zur beherrschenden Position. Zu diesen Ausnahmen gehört der Epheserkommentar von *Robert Boyd of Trochoredge*. Der schottische Adlige lehrte von 1608-1614 in Saumur. Die in dieser Zeit gehaltenen Vorlesungen über den Epheserbrief wurden erst einige Jahrzehnte später veröffentlicht[41]. Boyds Kommentar steht in der Tradition von Mornays „Vindiciae" und vertritt wie diese die Idee des Doppelbundes, die ja sonst schnell fallengelassen worden war. Nach Boyds Grundverständnis gibt es keine Herrschaft von Gottes Gnaden, die so absolut wäre, daß sie nicht immer durch eine „mutua obligatio" bezüglich der Pflichten und Rechte beschränkt wäre[42]. In diesem Sinne versteht Boyd Dt 17, 14 ff. Er kommt auf Dt 17, 14 ff. und 1 Sam 8 zu sprechen, als er das 6. Kapitel des Epheserbriefes behandelt, das von dem Verhältnis zwischen Sklaven und Herren handelt. Hier stehe klar und deutlich, daß das Volk Israel sich eines Tages einen König wählen solle, keinen Tyrannen, der alles nach Gutdünken regiert, sondern einen Herrscher, der dem Volk zur Rechenschaft über die Aufrechterhaltung der Ordnung verpflichtet ist. 1 Sam 8, 11 ff. beschreibe also keine legitime, sondern eine tyrannische Herrschaft:

„... nihil manifestius est, quam eo loco describi, immo populo illi obstinato perfractoque praedici, non quid reapse facturus esset; non quid ipsi facere liceret, aut qualem se erga eos praestare deberet, sed potius, qualem se reapse praestiturus esset, & quid praeter jus fasque usurpaturus[43]."

Dies führe Samuel dem Volk vor Augen, um es von seinem törichten Wunsch abzubringen. Das Wort Misphat, in der Übersetzung ius oder iudicium, interpretiert Boyd als mos, forma, ordo bzw. agendi modum et ratio. Diese Gewohnheit könne aber sowohl eine gute wie eine schlechte sein, sie kann von einem schlechten König ins schlechte verkehrt werden.

---

[39] Ebenda, 121 f.
[40] Kretzer, 245.
[41] Ebenda, 236 f.
[42] Boyd, 910; vgl. Kretzer, 239 f.
[43] Boyd, 910.

Exkurs: Andere Stellungnahmen zum Widerstandsrecht, die sich auf 1 Sam 8 berufen

Im Mittelalter, etwa bei Johann von Salisbury, galt das Recht auf Widerstand gegen einen schlechten König als Zeichen für die Unterordnung des weltlichen unter den geistlichen Stand. Bei den britischen Puritanern Buchanan, Milton und Sidney wurde später das Recht des Volkes auf Widerstand bekräftigt und als Element des nationalen Selbstbewußtseins herausgestellt.

Die Fortentwicklung der königstreuen Haltung des französischen Calvinismus, der ja ein Widerstandsrecht verneinte, zeigt sich bei Hugo Grotius (1583-1645). *Grotius* gilt heute weniger als Neuerer denn vielmehr als derjenige, der „im Zeichen humanistischer Denkart" antikes Gedankengut, Theologie und spanische Scholastik zusammenfaßte und so „für die neue Epoche einer der wichtigsten Tradenten des Erbes" wurde[44]. In religiöser Hinsicht tolerant und auf Ausgleich der Konfessionen bedacht, war er in politischer Hinsicht konservativ, verwarf die Volkssouveränität und setzte sich — trotz seiner Forderung nach religiöser Toleranz — für das Recht der Obrigkeit in Glaubensfragen ein. Grotius lehnte die typologische Betrachtung insbesondere des Alten Testamentes ab. Das Alte Testament enthält seiner Meinung nach nur das Jus Civile der Hebräer und ist für die Gegenwart nur als Historienbuch interessant[45]. Diese historisch-philologische Auslegung tritt besonders deutlich in seinen „Annotationes"[46] zum Bibeltext zutage. Die Vorschriften des Alten Testamentes sind demnach ohne Gesetzeskraft, was bleibt, sind die moralischen Bestimmungen allgemeiner Art, die von Christus ins Neue Testament übernommen worden sind.

Diese grundsätzliche Haltung wird auch an seiner Auslegung von 1 Sam 8, 11 ff. deutlich. Grotius zitiert diese Stelle in „De Jure Belli ac Pacis" mit der Absicht, allen Theorien, die ein Widerstandsrecht des Volkes begründen, den Boden zu entziehen. Die biblische Argumentation hat in seinem Werk ansonsten keine zentrale Position. Er schreibt:

„Im Gesetz der Juden wird mit dem Tode bestraft, wer dem Hohenpriester oder dem, welcher ausnahmsweise zum Lenken des Staates von Gott bestellt worden ist, nicht gehorcht. Was aber bei Samuel die Stelle über das Recht des Königs anbelangt, so bezieht sie sich, richtig aufgefaßt, nicht auf das wahre Recht, d. h. auf die Möglichkeit etwas nach Recht und Billigkeit zu tun (denn in dem Teil des Gesetzes, welcher von dem Amte des Königs handelt, wird ihm ein ganz anderes Verhalten vorgeschrieben [=Dt 17, 14 ff.]). Ebensowenig bezeichnet die Stelle eine bloße Tatsache, denn dann wäre nichts besonderes vorhanden, da auch Privatpersonen einander schädigen, sondern es handelt sich um eine Handlung, die eine gewisse rechtliche Wirkung hat,

---

[44] M. Elze in RGG³, Sp. 1886, Bd. 2.
[45] M. Elze in RGG³, Sp. 1886, Bd. 2.
[46] In: Hugonis Grotii Opera Omnia Theologica.

nämlich die Verbindlichkeit begründet, keinen Widerstand zu leisten. Deshalb ist der Zusatz dabei, daß das durch solches Unrecht gedrückte Volk die Hilfe Gottes anrufen werde; nämlich weil die menschliche Hilfe nicht vorhanden ist[47]."

Grotius legt 1 Sam 8 so aus, daß jede Gegenwehr gegen Gewaltherrschaft untersagt ist. Zwar billigt er tyrannische oder absolutistische Herrschaftsformen nicht, aber die Friedenswahrung — auch um den Preis einer Gewaltherrschaft — ist sein oberstes Ziel.

Der Landsmann des Grotius, *Martin Schoockius* (1614-1665), Professor der Geschichte und später kurfürstlich-brandenburgischer Historiograph, beschäftigte sich mit der Auslegung von 1 Sam 8 in seinem „Tractatus de quadruplici lege Regia" (1668). Schoockius befaßt sich in jeweils einem Abschnitt seines Buches mit vier verschiedenen Fundamenten der rechtlichen Legitimierung der königlichen Macht. Er beginnt eigenartigerweise mit einer selten zitierten Stelle aus dem Brief des Jacobus (2, 8). Die Tatsache, daß er mit dieser moralischen Stelle beginnt, deutet den erbaulichen Charakter seiner Schrift an. Der zweite Abschnitt behandelt das Königsrecht der Israeliten, der dritte das der Römer und der vierte geht systematisch, ohne historische Bezüge auf das Recht der Könige ein. Schoockius referiert im Abschnitt über das israelitische Königsrecht ausführlich die Auslegung Quistorps[48]. Seine eigene Meinung, die er in einem eigenen Kapitel kundtut, unterscheidet sich freilich von der Quistorps und anderer Autoren, die er namentlich aufführt. So bemüht sich Schoockius, den Widerspruch zwischen Dt 17 und 1 Sam 8 wegzuinterpretieren; es handelt sich nämlich seiner Meinung nach nicht um zweierlei Recht, sondern um verschiedene Aspekte desselben. Wenn es heißt: ein König soll nicht zuviele Pferde haben, so sei damit gemeint: nicht mehr als für seine Pferdewagen und die des Heeres nötig sei. Aber gleichzeitig sei es mehr als gerecht, wenn ein König soviele Soldaten und Handwerker aus dem Volk nimmt, wie er für das Heer braucht (1 Sam 8, 11 f.)[49]. Allerdings sollen alle, die für den König arbeiten, auch Lohn dafür erhalten[50]. Dieser Vorbehalt liefert dem Königsrecht aus 1 Sam 8 ein rechtsstaatliches Fundament nach, das per se in dieser Stelle nicht enthalten ist. Schoockius ermahnt anders als viele Zeitgenossen die Fürsten und Könige nicht zur Mäßigung und Luxusentsagung, vielmehr meint er ganz im Gegenteil, ein Regent müsse sich der in 1 Sam 8, 11 ff. aufgeführten Dienste und Abgaben bedienen, um sich angemessen darstellen zu können[51]. Hier zeigt sich die Abkehr vom patriarchalisch-hausväterlichen Staatsideal, das Pflich-

---

[47] De iure belli, 114 f.

[48] Schoockius, 20 f.; zu Quistorp s. u. Kap. III. 8.

[49] Schoockius, 34.

[50] Schoockius, 34.

[51] Ebenda, 38 f.: „Filias vestras accipiet in unguentarias, in coquas, in pistrices. Nec hoc quoq; tyrannidem sapit: siquidem regia majestas, quo eminentiam suam prodat, indiget subsidio eorum earumq; à quibus splendoris quid eidem accidere potest."

ten und Rechte in einem konkreten Nutzverhältnis zueinander sah, hin zu einem Staatsgebilde, in dem die Obrigkeit zu keiner direkten moralischen Rechenschaft den Untertanen gegenüber verpflichtet ist. Es ist nur logisch, wenn unter diesen Umständen die Untertanen Lohn für ihre Leistungen verlangen.

Insgesamt sieht Schoockius keinen Widerspruch zwischen Dt 17 und 1 Sam 8. Auch die Tatsache, daß Gott den König zur Strafe gab, bedeute nicht, daß dieses Königsrecht an sich hart und ungerecht sei. Freilich sei die Herrschaft der Könige härter als die der Richter gewesen[52].

Ebenfalls unter dem Aspekt des Widerstandsrechts beschäftigt sich *Nikolaus Christoph von Lyncker* (1643-1726), Professor für Staats- und Lehnsrecht an der Universität Gießen, später Reichshofrat in Wien, mit 1 Sam 8[53]. Lyncker, Lutheraner in kaiserlichen Diensten, zeigt mit seiner Darstellung, daß der Unterschied zwischen den Konfessionen in politischen Grundfragen denkbar gering gewesen ist. Zunächst legt Lyncker dar, daß die höchste Gewalt im Staate unangreifbar sei. Sobald das Volk erst einmal seinen natürlichen Zustand der Freiheit aufgegeben und die Macht in die Hände eines Fürsten gelegt habe, bleibe ihm nichts anderes, als widerspruchslos zu gehorchen. Dies gelte auch, wenn der König unrecht handele. Nichts anderes sage Samuel in 1 Sam 8[54]. Samuel zeige hier nämlich nicht, was ein guter König tun dürfe, sondern was ein schlechter tun könne. Im übrigen sei zu bedenken, daß Samuels Rede von rhetorischer Absicht geprägt gewesen wäre, um nämlich das Volk von der unangemessenen und Gott erzürnenden Bitte abzubringen. Wichtig ist für Lyncker, daß Samuel ausdrücklich darauf hinweist, daß es dem Volke nichts nützen werde, wenn es später erneut die Hilfe Gottes gegen einen harten Herrscher anrufe, denn Gott werde sie nicht erhören: „Quid si igitur precibus apud Deum nihil impetrare adversus Regem poterunt, certe multo minus armis & violentia contra Christum Jehovae efficient." Hiermit wird das Verbot des Widerstandsrechts untermauert. Zuletzt räumt Lyncker ein, daß es besser sei, wenn sich die Könige freiwillig nach dem Königsgesetz in Dt 17, 14 ff. verhalten, aber man müsse dabei berücksichtigen, „summam potestatem in civitate multa posse per exusiam politicam, quae non possit per exusiam moralem."[55]. So überlagert und dominiert bei Lyncker die Staatsräson die moralische Auseinandersetzung mit der Heiligen Schrift.

---

[52] Schoockius, 45.
[53] De resistentia quae fit potestati, Jena 1664.
[54] Ebenda, 9 f.
[55] Ebenda, 10.

5. 1 Sam 8 im Streit um
Volkssouveränität und nationales Heilsbewußtsein:
Die Entwicklung in Schottland und England.

In England und Schottland verbanden sich verschiedene politische Einflüsse zu einer besonderen Denkrichtung, deren revolutionärer Elan sich auch das Alte Testament nutzbar machte. Neben der politischen Bedeutung des Parlamentes spielt auch die spezifische religiöse Entwicklung eine wichtige Rolle. So verweist die Person des oben erwähnten Schotten Robert Boyd of Trochoredge in den Bereich des britischen Protestantismus, in dem eine andere Richtung des Calvinismus auch im staatsrechtlichen Bereich zum Tragen kam. Seit 1560 bestand in Schottland eine calvinistische Staatskirche, eingeführt durch Parlamentsbeschluß. Auch in England überwog seit den fünfziger Jahren der calvinistische den lutherischen Einfluß, der sich deutlich in dem Glaubensbekenntnis von 1563, den 39 Artikeln der anglikanischen Kirche niederschlug. Die Entwicklung in England, seit 1603 in Personalunion mit Schottland, ist dadurch geprägt, daß religiöse Richtungsstreitigkeiten und politische Differenzen sich gegenseitig überlagerten und verstärkten. So konnte der politische Widerstand gegen das seine Macht ausweitende Königtum zu einer Radikalisierung der theologischen Positionen führen.

Im gleichen Jahr wie in Frankreich die „Vindiciae contra tyrannos" erschien in Schottland *George Buchanans* „De iure regni apud Scotos" (1579). Doch anders als die Vinciciae, deren Wirkung schnell verpuffte, behielt Buchanans Werk seinen gewaltigen Einfluß auf die Presbyterianer in England und Schottland bis hin zu den Zeiten Cromwells[1]. Buchanan vertritt die Lehre von der Souveränität des Volkes, das Volk ist die eigentliche Quelle der politischen Gewalt, der König ist an die ihm von der Gemeinschaft auferlegten Gesetze gebunden. Widerstand gegen Tyrannen ist legitim. Vor diesem Hintergrund muß Buchanans Auslegung von 1 Sam 8 verstanden werden. Zunächst beklagt er die Unvernunft der Israeliten, die den guten alten Rechtszustand durch ihre mangelnde Glaubenszuversicht zerstörten. Denn welchen Grund hatten sie, zu glauben, daß Gott mit den Söhnen Samuels anders verfahren werde, als mit den Söhnen Elis[2]? Sie forderten einen König nach dem Vorbild der Nachbarvölker, der zuhause richten und draußen verteidigen soll. Aber in Wirklichkeit, meint Buchanan, sind alle Könige Asiens Tyrannen gewesen. Das ist der verbreitete Topos von der orientalischen Despotie. Buchanan bereichert die Auslegungsgeschichte von 1 Sam 8 um einen interessanten Aspekt:

„Praeterea, Tyrannum, non regem hic describi vel ex eo facile apparet, quod in

---

[1] George Buchanan, humanistischer Gelehrter (1506-1582); Berber, 174; Wolgast 34 ff.
[2] Vgl. 1 Sam 2, 34.

Deuteronomio formulam eis ante praescripserat, non modo ab hac diversam, sed etiam plane adversam: ex ea formula Samuel caeterique judices tot annos jus dixerant: quam cum rejicerent, Dominus se rejectum ab eis conqueritur[3]."

In Dt 17, 14 ff. ist also das wahre Königsrecht enthalten, und die Verwerfung Gottes bedeutet gleichzeitig die Verwerfung des guten alten Rechtszustandes, der schon als göttliches Recht unter den Richtern Gültigkeit hatte. Neu an dieser Interpretation ist der Hinweis, daß eine Verfassungsänderung Auswirkungen auf die gesamte Rechtsprechung hat. Hier wird die später wichtig werdende Tendenz zur „Entmoralisierung" des Rechts als Problem erkannt. Buchanans fiktiver Gegner — das Buch ist als Dialog abgefaßt —wendet nun ein, in der Heiligen Schrift stehe aber König, nicht Tyrann. Diesen Einwand entkräftet Buchanan mit einem stilistisch-philologischen Argument. Gott bedient sich in der Bibel der Sprache des Volkes, und das Volk differenziert nicht so genau. Es folgen dann Erörterungen darüber, ob auch eine tyrannische Obrigkeit von Gott sei und ob Tyrannenmord erlaubt werden könne. Letzteres bejaht Buchanan, eine tyrannische Obrigkeit ist von Gott zur Strafe der Schlechten eingesetzt und betrifft insofern die Guten nicht[4]. Zuletzt erklärt er, warum das israelitische Königtum nicht als Vorbild für die schottische Verfassung dienen kann: weil die israelitischen Könige anders als die schottischen offenkundig von Gott direkt eingesetzt worden sind. Daher hat dieser auch als Urheber ihrer Würde das Recht, sie zu bestrafen. Anders ist es bei Königen, die von der Volksversammlung berufen worden sind, diese sind dem Volk verantwortlich[5]. Buchanan und die presbyterianisch gesonnene Mehrheit der Schotten standen in krassem Gegensatz zu der Auffassung ihres Königs Jakob VI., der jedoch erst dann offen zutage trat, nachdem dieser als Jakob I. König von England und Schottland geworden war.

Jakob I. hatte vor seiner Thronbesteigung 1603 in einer anonym publizierten Schrift „True law of free Monarchies" 1598 seine Ansichten über die grundsätzlich uneingeschränkte Macht des Herrschers veröffentlicht. Diese Schrift war ausdrücklich für seine schottischen Landsleute bestimmt[6]. Jakob beschränkt sich nicht darauf, die königliche Macht aus der Heiligen Schrift herzuleiten, sondern er bemüht daneben das alte und das natürliche Recht. So zieht er ähnlich wie Buchanan die alten Rechtsverhältnisse zur Begründung der speziellen Form der schottischen Herrschaft heran, erklärt aber im Gegensatz zu Buchanan, diese beruhe nicht auf freier Wahl, sondern der Unterwerfung eines eroberten Landes[7]. Mehrmals spricht er die Vorstellung,

---

[3] Buchanan, 27.

[4] Buchanan, 28 f.

[5] Buchanan, 31 f.

[6] Hancke, 14.

[7] Jus liberae Monarchiae, 87:
„Cum Monarchia igitur divinae potestatis quaedam imitatio sit, ejus primo e sacris literis

der König sei Vater der Untertanen, an. Es ist Pflicht des Königs, für sein
Volk zu sorgen und gleichzeitig Pflicht des Volkes, dem König absoluten
Gehorsam zu leisten[8]. Die Grundlage für dieses wechselseitige Verhältnis
kann aus 1 Sam 8, 11 entnommen werden. Jakob lehnte jede Relativierung
und Abwertung dieses verbürgten Königsrechts mit dem Hinweis ab, da es
sich um einen Teil der Heiligen Schrift handele, müsse er auch unmittelbar
von Gott stammen[9]. Zwar sind in 1 Sam 8, 11 ff. „enormia... vitia" dargestellt, in die Könige verfallen können, aber dem Volk bleibt nichts anderes,
als diese Nachteile zu ertragen. Dies aber ist der Sinn der Worte Samuels:
„Primo ostendit, quibus justitiae & aequitatis legibus violatis Rex populo futurus sit
gravis. Secundo pristinae libertatis spem illis omnem praecidit, utut jugo illo, quod
sua importunitate a Deo accersivere, se opprimi sentiant."
Und als Nutzanwendung für die eigene Zeit erklärt Jakob:
„Nunc igitur, quum omnibus Christianorum regnis tanquam exemplar quoddam
proponi debeat Monarchia Judaica, quae ab ipso Deo instituta nullas leges habuit,
nisi divino editas oraculo; cur, obsecro, turbulenti & factiosi homines in Christianorum Principum regnis libertatem sibi vendicent, quae Dei populo non debebatur?
... nunquam legimus, suadentibus prophetis, adversus Regem quantumvis impium
fuisse olim a populo rebellatum[10]."
Jakob interpretiert aber dennoch die Stelle nicht im rein absolutistischen
Sinn, und er bemüht sich auch nicht, die Fehler der Könige als unter
Umständen staatsnotwendig darzustellen; es geht ihm in erster Linie um die
Verneinung jedes Widerstandsrechtes für das Volk: „Neque ego inficias eo
malum Regem Dei flagellum esse, quo hominum vindicantur peccata: Licere
tamen unicuique, cum visum fuerit, eam poenam excutere id vero pernego[11]."
Erstaunlicherweise gehört Jakob, sonst in Wort und Tat eifriger Vorkämpfer
des königlichen Absolutismus, zu den gemäßigten Interpreten der Samuelstelle. Dies deutet darauf hin, daß nicht selbstherrlicher unumschränkter
Machtanspruch Motiv seiner Ausführungen ist, sondern die Überzeugung
von der gottgewollten Ehre und Pflicht der Monarchie.

Im päpstlichen Auftrag bemühte sich der Jesuit *Franz Suarez* (1548-1617)
in einer Entgegnung auf die Schriften Jakobs (1613)[12] darum, durch naturrechtliche Argumentation die sakrale Legitimierung des Gottesgnadentums
aufzuheben. Suarez griff nicht die praktischen Folgen der Lehre Jakobs an

---

substernam fundamente: deinde vero e vetusto regni nostri jure, quod nobis charissimum
esse debet; tertio e lege naturae per varias similitudines omnia confirmabo."

[8] Ebenda, 88.

[9] Ebenda, 88:
„Quod verba haec et sermocinatio Samuelis cum polulo a Spiritu Sancto sint, alia
probatione non eget, quam quod pars quaedam haec sit Sacrae Scripturae, quae tota teste
Paulo est."

[10] Ebenda, 89.

[11] Jus liberae Monarchiae, 93.

[12] Defensio fidei catholicae et apostolicae adversus anglicanae sectae errores.

— auch er lehnt ein Widerstandsrecht des Volkes ab —, sondern nur deren
sakrale Grundlage. Nach Suarez befindet sich das Königtum als eine unter
verschiedenen möglichen Staatsformen nicht in besonderer Nähe zu Gott.
Suarez vermeidet es, auf 1 Sam 8, 11 ff. einzugehen.

Im positiven Sinn und unterstützend bezog sich dagegen *Albericus Gentilis*
auf die Schriften Jakobs[13]. Gentilis verwendet biblische Argumente nur
beiläufig. Er verteidigt den König mit Aristoteles und anderen klassischen
Autoren. Auf 1 Sam 8 geht er offenkundig nur deshalb ein, weil es sich um
eine so häufig diskutierte und umstrittene Stelle handelt. Es unterlaufen ihm
auch Zitierfehler. Tatsächlich hat Gentilis 1612 die Forderung aufgestellt
„silete theologi in munere alieno"[14]. Gentilis versucht alle Einwände von
Autoren zu entkräften, die das Recht des Königs in irgendeiner Weise
relativieren wollen, sei es, indem sie es für tyrannisch, sei es, daß sie es nur als
Drohung werten[15]. Alle Fürsten seien Lehnsmänner Gottes und diesem
Rechenschaft schuldig[16]. Da das Volk Israel bat: Gib uns einen König, wie
ihn andere Völker haben, gehe daraus eindeutig hervor, daß sie einen unumschränkt herrschenden König verlangten, denn die Nachbarländer hatten
Könige, „quibus esset pro ratione voluntas"[17]. Zwischen Dt 17, 14 ff. und 1
Sam 8 bestehe kein Widerspruch, da das erste sich an die Könige, das zweite
aber an das Volk richte. Gentilis interpretiert 1 Sam 8, 11 ff. insgesamt also
dogmatischer als Jakob, den er damit verteidigen möchte.

Alexander Irvinus († 1687), ein schottischer Anhänger Karls I. verteidigt in
seiner Schrift „De iure regni diascepsis" das göttliche Recht der Könige. Der
Aristoteliker Irvinus interpretiert 1 Sam 8, 11 ff. im gleichen Sinn wie Jakob
I. Im Stande der Unschuld habe es keine Herrschaft gegeben, nach dem
Sündenfall sei auch eine schlechte Herrschaft besser als gar keine[18]. Die
Monarchie sei die ursprüngliche Herrschaftsform und von Gott direkt eingesetzt worden[19]. Irvinus lehnt die „absolutistische" Interpretation von 1 Sam 8
ab[20]. Manche glauben, so sagt er, daß hier die Majestätsrechte von Samuel
beschrieben werden. Das sei aber ein Irrtum, Samuel wolle nur das törichte
Volk davor warnen, die direkte Herrschaft Gottes leichtfertig aufs Spiel zu
setzen. Wenn aber erst einmal Könige eingesetzt worden seien, dann seien sie
von den Strafen der menschlichen Gesetze ausgenommen und haben nur
Gott zum Richter und Rächer. Zwar stehe es den Königen frei, sich gemäß 1

---

[13] De potestate regis absoluta.
[14] Nach Dreitzel, Protestantischer Aristotelismus, 159.
[15] Gentilis, 18 ff.
[16] Ebenda, 17.
[17] Ebenda, 19.
[18] Irvinus, 1 f.
[19] Ebenda, 7.
[20] Ebenda, 12 f.

Sam 8, 11 ff. zu verhalten, aber eine solche Regierung widerstrebe dem Geist Gottes. Irvinus' Interpretation entspricht der Position des gemäßigten Absolutismus. Der König ist zwar von den Gesetzen befreit, aber er unterwirft sich ihnen freiwillig.

Mit ganz anderer Tendenz bezieht sich *John Milton* (1608-1674) auf das alttestamentliche Königtum. Während der englischen Revolution stand der Dichter dem „linken Flügel" des Puritanismus nahe und rechtfertigte die Hinrichtung Karls I. Nach der Restauration der Stuarts modifizierte er allerdings seine Ansichten wieder. In der 1649 nach der Hinrichtung Karls veröffentlichten Schrift „The tenure of the kings and magistrates" gibt Milton dem speziellen Sendungsbewußtsein des Volkes mit starker antimonarchischer Stoßrichtung beredten Ausdruck. In dieser Schrift unternimmt Milton den Versuch zu beweisen, daß es zu allen Zeiten erlaubt war, Tyrannen zur Verantwortung zu ziehen und schließlich auch zu töten. Wer dies unternimmt, ist letztlich ein Werkzeug in der Hand Gottes, dem es obliegt, alle Übeltäter zu strafen. Alle Menschen sind frei geboren und zum Herrscher, nicht zum Gehorchen bestimmt[21]. Milton führt Dt 17, 14 als Beleg für seine Auffassung an, daß es den Menschen ursprünglich freistand, einen König zu wählen oder wieder abzusetzen. Diese Worte bestätigen seiner Meinung nach, daß das Recht der Wahl, überhaupt der Veränderung seiner Regierung allein beim Volke lag[22]. Mit dieser Auslegung steht Milton nicht allein, viele Interpreten vor und nach ihm haben darauf hingewiesen, daß hier nicht die Erhebung des Königs von Gott befohlen wird, sondern nur Regeln für den Fall, daß es zur Wahl kommt, aufgestellt werden. Milton legt ferner dar, daß der König auch nicht Gott allein verantwortlich ist, sondern zunächst den Ältesten des Volkes durch einen Bund verpflichtet ist (vgl. 2 Sam 5, 3). So wie es Wahlfreiheit gab, so gab es auch die Entscheidung zur zwangsweisen Absetzung: Bei den Juden sei die Sitte des Tyrannenmordes nicht selten gewesen[23].

Auf das alttestamentliche Königtum geht Milton in der 1651 erschienenen Abhandlung „Defence of the people of England" ein. In dieser Schrift setzte er sich mit der „Defensio Regia pro Carolo I" des Salmasius auseinander[24].

---

[21] „For if all human power to execute, not accidentally but intendedly, the wrath of God upon evil doers without exception be of God; then that power, whether ordinary, of if that faile, extraordinary so executing that intent of God, is lawfull, and not to be resisted. . . No man, who knows ought, can be so stupid to deny that all men were born free, being that image and resemblance of God himself, and were by privilege above all the creatures, born to command and not to obey." (Milton, Complete Prose Works, Bd. III, 197 ff.)

[22] Ebenda, 206 f.; vgl. Bd. IV, 343 ff. (A defence).

[23] Milton, Tenure of kings, Complete Prose Works Bd. III, 213: „Among the jews this custom of tyrant-killing was not unusual."

[24] Claudius Salmasius (Saumaise), Professor in Leyden. Die defensio regia war erstmals 1649 erschienen.

Salmasius verteidigte die unumschränkten Rechte des Herrschers und hatte
die Hinrichtung Karls scharf verurteilt. Dem König sei erlaubt, was ihm
gefalle, er gebe Gesetze, sei ihnen aber nicht unterworfen[25]. Salmasius untermauert seine These mit Argumenten aus verschiedenen Bereichen, auch aus
der Bibel. Er weist immer wieder darauf hin, daß in der Heiligen Schrift das
königliche Regiment ausdrücklich gebilligt werde. Salmasius interpretiert
den Wunsch des Volkes nach einem König „wie ihn alle Völker haben" als
stillschweigendes Einverständnis mit einem unumschränkt regierenden
Herrscher, denn die anderen Völker des Orients würden alle despotisch
regiert[26]. Zur Verdeutlichung habe Samuel dem Volk in 1 Sam 8, 11 ff. noch
einmal ausdrücklich die Rechte des Königs aufgezählt und klargemacht, daß
sie auch Raub, Unrecht und Freiheitsberaubung beinhalten[27].

Dieser Auffassung widerspricht Milton entschieden. In Wahrheit entspre-
che eine republikanische Verfassung am meisten Gottes Wunsch — denn
schließlich habe er eine solche Verfassung selbst in Israel eingesetzt[28]. Israel
sei ein theokratischer Staat gewesen, und der Wunsch nach einem König
habe die Entthronung Gottes zur Folge gehabt. Daher sei den Israeliten von
Gott ein König im Zorn gegeben worden[29]. Keinesfalls seien in 1 Sam 8, 11 ff.
die göttlichen Rechte des Königtums aufgezählt:

„This is not what kings should do, but what they wish to . . . Since this accords neither
with divine law nor with reason, no one can doubt that the prophet told of the habits
and not the rights of kings; and not even the habits of all kings, but only of most[30]."

Salmasius hatte argumentiert, das Königtum könne keine Strafe Gottes sein,
weil es ja in Dt 17, 14 schon vorangekündigt werde[31]. Hier wirft ihm Milton
unsachgemäße Schriftauslegung vor, da er vergessen habe, daß diese Ankün-
digung dem Satz folgt: „Wenn du dann sagst: ich will einen König über mich
setzen". Daraus folgt, so Milton, zweifelsfrei, daß dem Volk die freie Entscheidung über seine künftige Verfassung vorbehalten blieb[32]. Ein Großteil
der Auseinandersetzung Miltons mit Salmasius vollzog sich in dieser Weise
als Auslegungsstreit. Miltons grundsätzlicher Einwand gegen das Königtum
beruhte allerdings auf dem Naturrecht, nicht auf der Heiligen Schrift[33].

---

[25] Defensio regia, 22 f.
[26] Hier begegnet der Topos von der knechtischen Gesinnung der orientalischen Völker.
[27] Defensio regia, 24.
[28] Milton, Complete Prose Works, Bd. IV, 344, 349 (A defence).
[29] Ebenda, 370.
[30] Ebenda, 349, 353.
[31] Defensio regia, 26 f.
[32] Milton, Complete Prose Works, Bd. IV, 368 f.
[33] Milton postuliert die naturrechtlich fundierte Freiheit des Individuums. Zu Miltons
Schriftgebrauch: William J. Grace, Einleitung zu Miltons „Defence of the people of
England", in: Complete Prose Works, Bd. IV, 287 f., 290.

Milton setzt sich in seinen Schriften mit dem oft vorgebrachten Einwand auseinander, David habe den Gesalbten des Herrn gefürchtet, und sich daher geweigert, gegen ihn die Hand zu erheben. Er hält dagegen, David habe nicht das Recht gehabt, wegen einer privaten Streitigkeit Saul zu töten. Außerdem: „But when any tyrant at this day can stew to be the Lords anointed, the onely mention'd reason why David withheld his hand, he may then but not till then presume on the same privilege[34]." Die Sitte des Tyrannenmordes läßt sich weiter seit den Anfängen der Geschichte Britanniens verfolgen. So schließt Milton den Bogen von der Tradition der Freiheit des Volkes gegenüber den Königen zu der Gewißheit, heilbringendes Werkzeug in der Hand Gottes zu sein, mit der Bemerkung:

„With this hope that as God was heretofore angry with the Jews who rejected him and his forme of government to choose a King, so that he will bless us and be propitious to us who reject a King to make him onely our leader and supreme governour in the conformity as neer as may be of his own ancient government...[35]."

Nach der Revolution — die ja nicht die Abschaffung und Vernichtung der Königsherrschaft zum erklärten Ziel gehabt hatte — schwächte Milton diese Gedankengänge ab:

„If therefore kings today rule by divine sanction, by that same sanction do the people maintain their freedom, for all things indeed have their source and sanction in God. To both these points Scripture bears witness; that kings rule through him and are by him hurled from their thrones, but nonetheless we see each of these done far more often by the people than by God. The rights of the people, then, just as those of the kings, whatever they are, are divided from God. Wherever the people have set up their kings without the direct intervention of God they can by the same right of theirs cast them down. The hand of God is more evident in the ouster than in the establishment of a tyrant, and more of his favor rests on a people when they disown an unjust king than on a king who grinds down his unoffending subjects[36]."

Diese kurzen Ausführungen zu John Milton sollten zeigen, wie unter den speziellen Voraussetzungen der englischen Entwicklung königsfeindliche Tendenzen unter dem Zeichen neuen Heilsbewußtseins zu bisher unbekannter Schärfe gesteigert wurden. Diese Entwicklung hatte auf dem Kontinent — vielleicht mit Ausnahme Thomas Müntzers — keine Parallele. Es zeigt sich aber auch gerade an der Person Miltons, was die Entwicklung generell kennzeichnet: Das Motiv der Königskritik war schwächer als das Bewußtsein, als Volk auserwählt zu sein; die Könige, wenn sie es verstanden, sich an die Spitze der Bewegung zu setzen, konnten durchaus wieder Träger der typologischen Heilserwartung werden.

Die spezifisch englische Komponente bei der Interpretation des alten Testamentes zeigt sich auch an der breiten Zustimmung, die die genealogi-

---

[34] Complete Prose Works, Bd. III, 216 (Tenure of kings); s. auch: Bd. IV, 402 (A defence).

[35] Complete Prose Works, Bd. III, 236.

[36] Complete Prose Works, Bd. IV, 359 (A defence).

sche Rückführung des regierenden Herrscherhauses auf Adam fand. In diesem Zusammenhang ist die Auseinandersetzung zwischen Bischof Filmer und John Locke um die Berechtigung patriarchalischer Staatsvorstellungen wichtig geworden. Patriarchalische Herrschaftsvorstellungen erfreuten sich seit der Reformation bis in unsere Zeit (— wie der durchaus positiv bewertete Begriff „Landesvater" für den Ministerpräsidenten zeigt —) sehr großer Beliebtheit[37]. Sie wurden gerade von protestantischen Schultheologen, die an sich selten über klar ausgearbeitete und logisch formulierte Ansichten über den Staat verfügten, zusammen mit der Lehre vom Staat als Folge des Sündenfalls verbreitet. Die Vorstellung, der Staat sei aus der Übertragung der natürlichen Gemeinschaftsform der Familie auf größere Einheiten entstanden, verneint ja konsequenterweise einen qualitativen Sprung bei der Entwicklung des Staates. Patriarchalische Herrschaftsvorstellungen gewinnen seit der Reformation an Einfluß. Bei Augustinus und Thomas von Aquin ist dieser Gedanke nur in Ansätzen vorhanden[38]. Melanchthon und seine Schüler versuchten die politische Gewalt als Weiterentwicklung der väterlichen aus dem vierten Gebot zu entwickeln[39]. Gleichzeitig legte aber gerade Melanchthon den Grund für die Entwicklung des protestantischen Aristotelismus, der wieder Abstand von der mit ethisch-sozialen Aufgaben belasteten Herrschaftsfunktion nahm und ein auf Friedens- und Ordnungssicherung bedachtes Staatswesen favorisierte. Die Gegenposition ist die Herleitung des Staates aus der Consociatio, die gerne auf Plato zurückgeführt wurde. Auch Calvin leitet die staatliche Herrschaft aus der Übertragung der patria potestas ab[40]. Diese Vorstellung wurde im 18. Jahrhundert allmählich obsolet:

„In der gleichen Zeit überschritt auch die dem christlichen Herrscher zugeschriebene... Qualifikation als (Landes-) Vater der Untertanen und Herr seines Patrimoniums ihren Gipfel. Sie hatte der Vorstellung einer vaterrechtlich geordneten Herrschaftspyramide mit Gott Vater als überirdischer und dem Monarchen als weltlicher Spitze bis hinunter zu den „Hausvätern" der „societas domestica" entsprochen und mit aller politica christiana und politicas civilis als Gesellschaftsmodell zugrunde gelegen. In der so begriffenen patriarchalisch geordneten Gesellschaft (societas civilis) ist das „Haus" die konstitutive Struktureinheit gewesen. Das fürstliche „Haus" mit seinem „Hof" stand dabei an der Spitze. In ihm und seinem Hausvater, dem Monarchen, waren der Personenverband der fürstlichen Familie, Besitz und Vermögen (Regalien) sowie die Landesherrschaft über die „Häuser" des Territoriums — eingeschränkt durch deren „Freiheiten" — begrifflich verbunden[41]."

Diese Begrifflichkeit wurde auch noch im 17./18. Jahrhundert aufrechterhalten, als sich der patriarchalische Staat längst schon zum absolutistischen

---

[37] Hierzu der Aufsatz von Paul Münch: Die ‚Obrigkeit im Vaterstand' — zu Definition und Kritik des Landesvaters während der frühen Neuzeit, in: Blühm/Garber/Garber (Hgg.), S. 15-48.

[38] Dreitzel, Protestant. Aristotelismus, 172 f.

[39] Melanchthon, Loci theologici, CR XXI, 703; Dreitzel, Protest. Aristotelismus, 91.

[40] Beyerhaus, 114.

[41] Conze, „Monarchie", in: Geschichtliche Grundbegriffe, Bd. 4, 175 f.

Machtstaat gewandelt hatte. Theorien über den Staat korrelieren in auffälliger Weise mit solchen über die Familie. So wie im 16. Jahrhundert das patriarchalische Familienbild auf den Staat übertragen wurde, so wurde umgekehrt im 18. Jahrhundert, ausgehend von England, die Vorstellung, der Staat beruhe auf einem Vertrag, auf die Familie übertragen[42].

Mit einer neuen Variante erschien das patriarchalische Modell in der Publizistik während der englischen Revolutionszeit. Hier wurde Adam als Kronzeuge für das göttliche Recht der Könige angerufen[43]. Exemplarisch wurde diese Theorie in Bischof Filmers Werk „Patriarcha or the natural Power of Kings" ausgebreitet. *Robert Filmer* († 1653) führt in seiner Schrift die königliche Herrschaft auf die Herrschaft Adams über seine Nachkommenschaft zurück. Diese Schrift ist vermutlich vor 1640 entstanden[44], wurde aber erst 1680 publiziert und war in diesen Jahren in royalistischen Kreisen außerordentlich populär. In den Jahren vor der Veröffentlichung kursierte sie als Manuskript[45]. John Locke widmete die erste Abhandlung seiner „Two Treatises of Government" der Auseinandersetzung mit Filmer (1690). Der Rückgriff auf alttestamentliche Patriarchen — bei Filmer auf Adam zur Begründung der königlichen Herrschaft, bei Hobbes auf Abraham zur Begründung föderaltheologischer Vorstellungen — war im 17. Jahrhundert nichts Ungewöhnliches[46]. Filmer bemühte sich, die direkte genealogische Herkunft des gegenwärtigen englischen Königshauses von Adam nachzuweisen, ein Unterfangen, das schon in ähnlicher Weise bei den Anhängern des „British Israelism" begegnet ist. Bei diesen sollte damit die besondere Stellung des englischen Volkes bewiesen werden, während Filmer hier grundsätzlich zur Begründung und Legitimierung der Monarchie im absolutistischen Sinn Stellung nimmt. Filmer sieht logischerweise in der Einführung der Monarchie keinen grundsätzlichen Wandel der Regierungsform, sondern nur eine Steigerung:

„Gott hat sein Volk stets durch Monarchen regiert. Die Patriarchen, Fürsten, Richter und Könige — alle waren Monarchen. In der ganzen Heiligen Schrift wird keine andere Regierungsform erwähnt oder gepriesen. Selbst zu der Zeit, als nach der Heiligen Schrift „kein König in Israel war und ein jeder tat, was ihm recht däuchte", standen die Israeliten unter der königlichen Regierung der Väter bestimmter Familien...[47]."

Samuel wird als „Vizekönig" bezeichnet[48].

---

[42] Dazu: Schochet, Patriarchalism in political thought.

[43] Jellinek, 300; Reventlow, 353.

[44] Reventlow, 353; Anm. 125.

[45] Reventlow, 447, 452; Euchner, Einleitung, 21; Skalweit, 78; Reinhard in: Fenske u. a., Gesch. d. pol. Ideen, 271.

[46] Reventlow, 353.

[47] Filmer, Patriarcha, 26.

[48] Ebenda, 27.

Der logischen Betrachtungsweise heutiger Leser erscheinen Filmers Theorien äußerst widersprüchlich und fragwürdig. Für seine Zeitgenossen stellte sich die Situation anders dar, sie empfanden seine Thesen und Schlußweise nicht als abwegig. Filmer lehnt den Gesellschaftsvertrag als unhistorisches Abstraktum ab und definiert politische Gewalt analog zur Vorstellungswelt der Bibel als Erweiterung der väterlichen Autorität. Das war ein Gedanke, der eine lange Tradition besaß und jedem Zeitgenossen sofort einleuchtete[49].

Filmer zitiert 1 Sam 8 mit der Absicht, zu zeigen, daß die Könige von Anfang an die völlig unbeschränkte „väterliche" Rechtsgewalt innehatten. Er orientiert sich hierbei an Jakob I. und seiner Schrift „True Law of free Monarchies". Es kommt nach Filmers Meinung nicht darauf an, ob Samuel hier einen Tyrannen oder einen König beschrieben hat, wichtig ist nur, daß vom Volk Gehorsam beiden gegenüber verlangt wird:

„Wenn aber auch im strengen Sinn Samuels Beschreibung auf einen Tyrannen angewendet werden mag, so dürften dennoch bei wohlwollender Auslegung seine Worte auf die Gebräuche eines gerechten Königs passen, und Zweck und Zusammenhang des Textes schließen auch am besten den gemäßigten oder beschränkten Sinn der Worte in sich; denn ... alle jene Nachteile und Plagen, die Samuel als zur königlichen Regierung gehörig aufzählt, waren nicht unerträglich, sondern solche, die aus freiwilliger Übereinkunft der Untertanen mit ihrem Fürsten entstanden waren und noch entstehen[50]."

In der Zeit der heftigsten Auseinandersetzungen zwischen Königtum und Parlament mußte Filmers Bemühen, den Einfluß des Parlamentes zurückzudrängen, Widerspruch erregen. Dazu kam noch, daß Filmer den Thronanspruch des Herzogs von York, des katholischen Bruders Jakobs II., legitimieren wollte. Ein katholischer König mußte aber bei großen Teilen des Parlaments und der Bevölkerung auf Widerstand stoßen. Gegen diesen Plan entfaltete sich eine große publizistische Aktivität. In dieses politische Umfeld sind auch die „Abhandlungen über die Regierung" von *John Locke* einzuordnen. Die erste Abhandlung, die sich mit Filmer auseinandersetzt, zielt also nicht auf dessen abstrakte Thesen, sondern vor allem auf deren politische Folgen. Diese erste Abhandlung wird in der Regel bei Editionen nicht berücksichtigt, da sie nichts heute noch wichtig Erscheinendes enthält. Allerdings wird dadurch die Bedeutung und Funktion der Treatises insgesamt verzerrt, weil ja die Auseinandersetzung mit Filmer ursächlich für die Abfassung dieser Abhandlungen gewesen ist[51].

Locke kam es gegenüber Filmer darauf an, das göttliche Recht der Könige zurückzuweisen und die monarchische Spitze als Resultat einer Übereinkunft von freien und gleichen Bürgern hinzustellen. Diese beiden Auffassungen mußten aber durchaus keine unversöhnlichen Gegensätze bleiben. Es ist

---

[49] Euchner, Einleitung, 27; Reinhard in: Fenske u. a., Gesch. d. polit. Ideen, 271.

[50] Filmer, Patriarcha, 41.

[51] Euchner, Einleitung, 25; Reventlow, 451 f.

ein weiterer Beleg für die eigentümliche englische Mischung von Auserwählungsbewußtsein, parlamentarischer Monarchie und Divine Right, daß die Erhebung Wilhelm III. zum König kraft Parlamentsentscheidung mit der Wahl Davids durch die Ältesten des Volkes verglichen wurde und mit dem Satz „the voice of God's people is the voice of God" als gottgewollt legitimiert wurde[52]. Locke interessiert an 1 Sam 8 nicht die Aufzählung der Herrschaftsrechte, sondern nur die Verwendbarkeit zur Zurückweisung eines göttlichen Rechts der Könige:

„So scheint selbst in Israel die wichtigste Aufgabe der Richter und der ersten Könige darin bestanden zu haben, Führer im Krieg zu sein und die Leitung ihrer Heere zu übernehmen... Als die Kinder Israels der schlechten Leitung der Söhne Samuels überdrüssig waren, begehrten sie einen König wie alle anderen Heiden, daß er sie richte und vor ihnen her ausziehe, wenn sie ihre Kriege führen, I Sam 8, 20. Und Gott gewährt ihr Verlangen und spricht zu Samuel: Ich will einen Mann zu dir senden; den sollst du zum Fürsten salben über mein Volk Israel, daß er mein Volk erlöse aus der Philister Hand, I Sam 9, 16, als wenn es die einzige Aufgabe eines Königs gewesen wäre, ihre Heere hinauszuführen und zu ihrer Verteidigung zu kämpfen[53]."

Die Schriftauslegung Lockes ist ein Beispiel dafür,

„daß Exegese in dieser Zeit nicht um ihrer selbst willen getrieben wird, sondern wegen der normativen Geltung der Schrift für die jeweils ganz konkreten Fragen des politischen Alltags oder bei der, mit diesen aber eng verknüpften grundsätzlichen Suche nach den Fundamenten der Sozialethik, die in den aktuellen Auseinandersetzungen um die Gestalt von Staat und Gesellschaft Englands als Maßstab dienen sollten[54]."

Daneben weist Reventlow aber auch darauf hin, daß allmählich eine soziale Differenzierung im Schriftgebrauch eintrat. Während die Öffentlichkeit im 18. Jahrhundert zunehmend von der Auseinandersetzung um Deismus und Freidenkertum bestimmt wurde, herrschte auf dem Land der nach wie vor ungebrochene Einfluß der — jeweils — orthodoxen Pfarrerschaft vor, die sich zur Vermittlung ihrer Anschauungen insbesondere der Themapredigt des Alten Testamentes bediente[55]. Dieser kulturell-geistigen Differenzierung entsprach — anders als in Deutschland — auch ein politischer Konflikt:

„Um es zugespitzt zu sagen, hatte das Aufkommen der Bibelkritik in England politische Gründe: den Whig-Ideologen ging es darum, ihren Gegnern, den hochkirchlich gesonnenen Tories, ihre Stütze in der Bibel aus der Hand zu schlagen. Dadurch, daß sie ihr den Rang als Quelle der Offenbarung absprachen und ihre menschlichen Entstehungsursachen und menschlich-allzumenschlichen Inhalte an den Pranger stellten, suchten sie die Denkweise der Tories an der Wurzel zu treffen[56]."

---

[52] Von R. Fleming in seinem Buch „The divine right of the revolution" (1706); Reventlow, 536; Straka, 657 f.

[53] Locke, 268 f.

[54] Reventlow, 468.

[55] Ebenda, 537.

[56] Reventlow, 538.

1698 wurden die „discourses concerning government" von *Algernon Sidney* veröffentlicht. Diese Schrift hatte den Verfasser 1683 den Kopf gekostet, obwohl sie damals nur als Manuskript vorlag. Algernon Sidney vertrat in den „Discourses" einen religiös fundierten Republikanismus. Sidney zieht das Beispiel des Königs Saul heran, um damit die Souveränität des Volkes zu begründen. Er interessiert sich demnach nicht für das sogenannte Recht des Königs, sondern nur für den Vorgang der Erhebung:

„Wenn zwischen dem König und dem Volk Meinungsverschiedenheiten entstehen, warum sollte es denn weniger vernünftig sein, anzunehmen, daß der König sich den Spruch des Volkes gefallen lassen müsse, als daß das Volk sich dem Willen des Königs unterwerfen müsse? Hat das Volk den König oder hat der König das Volk gemacht? Hat Gott die Israeliten geschaffen, damit Saul über sie herrsche, oder haben sie, um ihres eigenen Wohlergehens willen, einen König verlangt, damit er unter ihnen Gericht halte und ihre Schlachten schlage? ... Es ist schwer zu verstehen, wie ein Mensch zum Herrn über viele werden kann, die ihm rechtlich gleich sind, es sei denn durch Zustimmung oder durch Zwang. Wenn durch Zustimmung, so sind wir am Ende unserer Auseinandersetzungen: Regierungen und die Behörden, die deren Willen ausführen, sind vom Menschen geschaffen. Diejenigen, die ihnen das Dasein geben, müssen auch ein Recht haben, sie zu regulieren, zu beschränken und anzuweisen... Aber von der Eroberung kann kein Recht kommen...[57]."

Samuel hat nach Sidneys Meinung nicht die Herrlichkeiten einer freien Monarchie, sondern deren Übel beschrieben. Als die Israeliten einen König nach dem Vorbild der Nachbarn verlangten, forderten sie einen Tyrannen[58]. Sidneys religiöser Republikanismus wurzelt in der Überzeugung, daß nicht der König, sondern das freie Individuum die imago dei ist.

6. Vom moralischen zum positiven Rechtsbegriff

6.1. Regalien oder Souveränitätsrechte?

Die politische Diskussion des 17. Jahrhunderts, deren Hauptanliegen es nicht zuletzt vor dem Hintergrund der religiösen Auseinandersetzungen gewesen ist, die staatliche Gewalt auf ein neudefiniertes formales Recht zurückzuführen, blieb nicht ohne Auswirkungen auf die Interpretation von 1 Sam 8. Tatsächlich wird seit dieser Zeit überhaupt erst der Rechtscharakter von 1 Sam 8, 11 ff. wahrgenommen und mit Zustimmung oder Einwänden akzeptiert. Gleichzeitig wandelt sich die moralische Begründung des Rechts in eine positivistische. Dabei werden die Rechtsnormen erstmals systematisch dargestellt. Hatte im Mittelalter die landesherrliche Gewalt sich aus

---

[57] Zitiert nach Reibstein, Volkssouveränität, Bd. 1, 421, 423.
[58] Ebenda, 426.

einzelnen Rechtsinstituten — Regalien — zusammengesetzt, um deren Auslegung auch immer gestritten werden konnte, so wird in der Neuzeit umgekehrt gefragt, welche Rechte aus der Herrschaftsgewalt des Landesherren fließen. Die deutsche Staatslehre im 16. bis 18. Jahrhundert ist von der Auseinandersetzung dieser beiden Prinzipien geprägt[1].

Eine erste Stufe in dieser Entwicklung bedeutet die Interpretation der Herrschaftsrechte aus 1 Sam 8, 11 ff. als Regalien, d. h. insbesondere als das Recht, Steuern einzuziehen. Bereits Melanchthon hatte ausdrücklich darauf hingewiesen, daß in 1 Sam 8 lediglich von Steuern die Rede sei[2]. Dadurch wurde 1 Sam 8 in die konkrete Regaliendiskussion hereingetragen. Im Anschluß an Melanchthon und an einen in italienischen Fürstenspiegeln der Renaissance nachweisbaren Topos entwickelt die Staatslehre ein Schema, nach dem die Souveränitätsrechte in „innere" und „äußere", zur „defensio" und zur „jurisdictio" gehörige, gegliedert und als eigene Gruppe die fiskalischen Rechte aufgezählt wurden[3]. Es erscheint durchaus wahrscheinlich, daß dieser Topos auf die biblische Erzählung zurückzuführen ist, denn es heißt in 1 Sam 8, 20 — analog zur Trennung der Regalien in äußere und innere —, „daß uns unser König richte und vor uns her ausziehe und unsere Kriege führe."

Wichtig wurde für die deutsche Staatsrechtslehre die Auseinandersetzung mit *Jean Bodin* (1529-1596). Bodins Souveränitätsbegriff — der im Reich nur zögernd rezipiert wurde — ermöglichte nämlich eine Begründung weitreichender Herrschaftspositionen vom Souverän her, nicht von den Rechten, die den Rahmen der Feudistik sprengten[4]. Das Problem der Majestätsrechte behandelt Bodin im zehnten Kapitel des ersten Buches von „Six livres de la république" (französisch 1577, lateinische Ausgabe 1584). Es behandelt die wahren Attribute der Souveränität (Des vrayes marques de souveraineté). Bodin versteht darunter vornehmlich die Frage nach den Regalien, d. h. die umstrittene Frage der Herrschaftsrechte gehört nicht zu den allgemeinen, sondern zu den speziellen Aspekten der Regierungskunst. Bodins Argumentation in diesem Punkt wirkt unschlüssig. Zweifellos ist es die Absicht seiner Ausführungen, nicht den Tyrannen zum legitimen Herrscher zu machen, sondern die unbeschränkte Gesetzgebungsgewalt zu rechtfertigen, die natürlich auch tyrannisch mißbraucht werden kann. Das Verhalten, das er selbst von einem legitimen Herrscher erwartet, ist in Buch 2, Kap. 3-5 beschrieben. Ein tyrannischer Herrscher mißachtet die Gesetze Gottes und der Natur, er setzt sein eigenes Wohl über das des Volkes. Widerstand gegen einen solchen Herrscher ist aber nicht erlaubt, weil es nicht leicht ist zu entscheiden, ob die

---

[1] Willoweit, 10 ff., 17 und passim.
[2] S. Kap. III., 3.1.
[3] Dreitzel, Protest. Aristotelismus, 244 f.
[4] Willoweit, 138 f.; Quaritsch, 243 ff.

Handlung eines Fürsten tyrannisch ist oder nicht. Die Umstände können
Fürsten zu Handlungen zwingen, die den einen tyrannisch, den anderen aber
lobenswert erscheinen[5]. In I, 10 nennt Bodin die Herrscher Gottes Ebenbild:
„... il est besoin de prendre garde à leur qualité, à fin de respecter, & reverer leur
maiesté en toute obeissance, sentir & parler d'eux en tout honneur: car qui mesprise
son prince souverain, ilo mesprise Dieu, duquel il est l'image en terre[6]."

Ein wenig überraschend schlußfolgert er dann: „C'est pourquoy Dieu par-
lant à Samuel, auquel le peuple avoit demande un autre Prince: C'est moy,
dit-il, à qui ils ont faict iniure[7]." Weiter heißt es:

„En quoy Melanchthon s'est mespris, qui a pensé que les droits de la maiesté, soyent
les abus & tyrannies, que Samuel dit au peuple en sa harangue: Voulez vous scauoir,
dit-il, la coustume des tyrants? c'est de prendre les bien des subiects pour en disposer à
leur plaisir, prendre leurs femmes & leur enfans pour en abuser, & en faite leurs
esclaves: le mot... ne signifie pas droits en ce lieu là, mais coustumes & facons de
faire: autrement ce bon Prince Samuel se fust dementi soy-meme: car quand il rendit
compte au peuple de la charge que Dieu luy avoit donnee: Qui est celuy, dit-il, d'entre
vous, qui peut dire que iamais say pris de luy or ou argent, ou present quelconque?
Alors tout le peuple luy donna ceste louange à haute voix, qu'il n'avoit iamais faict
tort, ni rien pris de personne quel qu'il fust[8]."

Melanchthon, den Bodin hier kritisiert, war von der vorbehaltlosen Bejahung der Rechte aus 1 Sam 8 später wieder abgerückt. Mögen die Rechte aus
1 Sam 8 auch tyrannisch sein, so sind es dennoch Herrschaftsrechte, denn, so
meint Bodin im selben Kapitel weiter, Souveränität bestehe darin, daß die
Gesetze vom Willen derer abhängen, die die höchste Gewalt im Staate
innehaben.

Bodin sucht nach den Wirren der Religionskriege eine neue sachliche
Grundlage für die Monarchie und damit für das gesamte Gemeinwesen.
Gegenüber der drohenden Anarchie erscheint ihm sogar die Tyrannis akzep-
tabel, aber sein Ideal der Herrschaft ist ein christlich-humanistisches, das
weniger auf dem Neuen Testament als auf dem Alten beruht, wie Bodin auch
religiös dem jüdischen Humanismus zuneigte[9]. Die Definition der Herrschaftsrechte von den Regalien her spielt immer wieder eine Rolle bei der
Auslegung von 1 Sam 8.

6.2. 1. Sam 8 als Subsidiärargument zum Naturrecht: Thomas Hobbes

Die Ansicht, daß eine tyrannische Regierung besser sei als gar keine, wird
in konsequenter Weise von Thomas Hobbes (1588-1679) vertreten. Hobbes

---

[5] Bodin, Six livres, 294.
[6] Ebenda, 211 f.
[7] Ebenda, 212.
[8] Ebenda.
[9] Mandt, 71; Reinhard in: Fenske u. a., Gesch. d. pol. Ideen, 250.

ließ in seinen Schriften die moralische Unterscheidung zwischen despoti-
scher und politischer Herrschaft wegfallen. Diese „Entmoralisierung" des
Rechtsbegriffs ist im Zusammenhang mit der Überwindung der religiösen
Streitigkeiten — die die auf Rat und Konsens basierende Maxime politischen
Handelns wertlos gemacht hatten — und auch als Versuch zu sehen, der
Politik als exakter Wissenschaft ein Fundament zu geben[1].

In unserem Zusammenhang interessiert die Staatslehre Hobbes' — zu der
eine umfangreiche Literatur existiert[2] — vor allem unter dem Aspekt, welche
Rolle religiöse und biblische Motive in seinem Werk spielen. Reventlow hat
kritisiert, daß die Hobbes-Forschung bisher nur die säkularen Aspekte
berücksichtigt hat, theologische und biblische bisher aber vernachlässigte:

„So ist das deutlichste Schibboleth, an dem man den unüberbrückbaren Abstand
zwischen den modernen Deutern und ihrem Gegenstand erkennt, der gewöhnlich
stillschweigende Verzicht darauf, die sich ausführlich mit Bibelexegese befassenden
Abschnitte bei Hobbes in die Betrachtung einzubeziehen[3]."

Die reiche Bibelexegese

„erklärt sich ganz von seinen Zielen und seiner Zeit entsprechenden Denkvorausset-
zungen her... Erst von der eusebianischen Tradition der Typologie her werden die
ausführlichen Schriftbeweise, die Hobbes für seine Staatslehre liefert, sinnvoll[4]."

Bei Hobbes finden sich die traditionellen Elemente der typologischen Bundestheologie. So schreibt er etwa über das Erscheinen Christi:

„Es (das Erscheinen) diente dazu, unter Gott durch einen neuen Bund das Königreich
zu erneuern, das durch den alten Bund Gottes gewesen war und durch das Aufbegeh-
ren der Israeliten bei der Wahl Sauls verworfen wurde[5]."

Das Reich Gottes war also vor der Erhebung Sauls ein diesseitiges[6]. Die
Königstypologie dient bei Hobbes immer wieder als Hinweis auf die zukünf-
tige Herrschaft Gottes nach dem Jüngsten Tag. Reventlow charakterisiert
Hobbes' Religionsverständnis als humanistisch, sein Staatsverständnis als
royalistisch[7]. Dem entspricht Hobbes' Interpretation von 1 Sam 8 im Leviathan. Er weist dort das Recht der Priester in politischen Angelegenheiten
zurück und spricht den Königen auch in kirchlichen Angelegenheiten weit-
reichende Machtbefugnisse zu, ohne jedoch die Kirche gänzlich dem Staat
unterzuordnen[8]. Nachdem Hobbes im Leviathan zunächst „durch Nachden-

---

[1] Mandt, 75, 78.

[2] Zur Einführung: Einleitung von Iring Fetscher in der von ihm herausgegebenen
Ausgabe des „Leviathan"; Reventlow, 329 ff.

[3] Reventlow, 330; vgl. Fetscher, Einleitung, XXXIV f.; Reinhard in: Fenske u. a.,
Gesch. d. pol. Ideen, 270.

[4] Reventlow, 351.

[5] Leviathan, 371.

[6] Vgl. Hobbes, Leviathan, 315.

[7] Reventlow, 367.

[8] Hobbes, Leviathan, 365, 392, 437, 472; Reventlow, 365, 367 ff.

ken und Ableiten aus der Natur, den Notwendigkeiten und Zwecken der Menschen bei der Errichtung von Staaten"[9] das Modell einer absoluten Herrschaft entworfen hat, fragt er nun, was die Heilige Schrift zu diesem Thema beiträgt. Das sogenannte Recht des Königs in 1 Sam 8, 11 ff. versteht Hobbes ohne Abstriche als ein solches: „Das bedeutet uneingeschränkte Gewalt, wie sich aus der Zusammenfassung in den letzten Worten ergibt: ‚Ihr müßt seine Knechte sein'." den Wunsch des Volkes nach einem König, der es richte und seine Kriege führe, kommentiert Hobbes:

„Hier wird das Recht der Souveräne über das Militär und die gesamte Rechtspre-chung bekräftigt, in denen eine so unumschränkte Gewalt inbegriffen ist, wie über-haupt einem anderen zu übertragen möglich ist[10]."

In den Aufgaben der Rechtsprechung und der Kriegsführung zur Verteidi-gung werden auch von anderen Autoren die Pflichten des Herrschers zusam-mengefaßt, ohne daß sich daraus gleich eine Interpretation im absolutistischen Sinn ergibt[11]. Zur Begründung des Wunsches der Israeliten nach einem König führt Hobbes an, daß das Volk sich durch das Vorbild der Nachbarvölker dazu hinreißen ließ, die direkte Herrschaft Gottes zu ver-schmähen[12]. Weiter zieht Hobbes 1 Sam 8 nur heran, um Ansprüche der Priesterschaft gegenüber der weltlichen Herrschaft zurückzuweisen[13]. Hob-bes greift noch einmal auf das Alte Testament zurück, um die unum-schränkte Herrschaft zu rechtfertigen, und zwar auf den Bund Gottes mit Abraham. Dieser sei damit von Gott stellvertretend für jeden späteren Herrscher zum absoluten Herrn über weltliche und geistliche Dinge gemacht worden[14].

Auf Hobbes selbst ist hier nur kursorisch eingegangen worden, wichtig ist aber seine Rezeption durch die deutsche Staatsrechtslehre. Diese wirft Hob-bes immer wieder vor, sein Ideal sei ein König nach dem Vorbild von 1 Sam 8, ein Vorwurf, der Hobbes nur in den Augen des deutschen Publikums diskre-ditierte, ihn selbst aber nicht treffen konnte, da er dabei nichts verwerfliches fand. Auf der anderen Seite wurde Hobbes von vielen Theoretikern positiv rezipiert, die sich wie er um eine neue Legitimierung der staatlichen Gewalt bemühten.

---

[9] Leviathan, 159.
[10] Leviathan, 160.
[11] S. o. Kap. III, 6.1.
[12] Leviathan, 249.
[13] Ebenda, 315, 365.
[14] Reventlow, 352.

Exkurs: Die orientalische Despotie
als politischer Topos der Frühneuzeit

In den Quellen begegnet immer wieder die Auffassung, vor allem wenn auf die Staatsform der heidnischen Nachbarn der Israeliten hingewiesen wird, daß der Osten in besonderer Weise an sklavische Diener und despotische Herrscher gewohnt gewesen sei. Dies ist ein verbreiteter Topos der europäischen geistesgeschichtlichen Tradition, der den orientalischen Despotismus von Byzanz bis zum russischen Zarenreich in eine Linie bringt[15]. Der Urheber dieser These ist wohl Aristoteles gewesen:

„Daneben gibt es eine andere Art der Alleinherrschaft, wie bei einigen Barbarenvölkern, die Königtümer haben. Diese haben alle eine tyrannenähnliche Macht, sind aber gesetzlich begründet und ererbt. Denn da die Barbaren eher sklavischen Charakters sind als die Griechen, und die Asiaten eher als die Europäer, so ertragen sie eine despotische Herrschaft, ohne sich aufzulehnen[16]."

Aufgegriffen und im Abendland weiter verbreitet wurde diese Meinung dann von Tacitus und Livius. Tacitus läßt in den Historien (IV, 17) Claudius Civilis zu den Batavern sagen: „Servire Asiamque, et suetum regibus Orientem." Diesen Satz zitieren Conring und Cunaeus zur Charakterisierung der Nachbarn der Israeliten[17]. Bei Buchanan heißt es analog: „Nam, ut Asiae populi magis servili animo sunt quam Europaei, ita Tyrannorum imperiis facilius parebant, neque usquam, quod sciam, ab historicis mentio fit legitimi Regis in Asia[18]. Christoph Besold weitet die Analogie in die Gegenwart aus, indem er schreibt:

„Atqui Reges gentium vicinarum, tales proculdubio erant, quales hodie Turci, Tartari, Moscovitae, & c. Namq; ut Asiae populi servili magis animo sunt quam Europaei, ita Tyrannorum Imperiis facilius semper parebant; quod fere idem praedicari potest de Africanis[19]."

Kritischer steht dieser Tradition Henning Arnisaeus gegenüber. Arnisaeus, der ja auch das Recht aus 1 Sam 8, 11 ff. als wahres und nicht tyrannisches Recht der Könige qualifiziert hatte, wendet sich folgerichtig gegen die Ansicht, der Satz „einen König, wie ihn alle Völker haben" bedeute einen Tyrannen, weil ja die heidnischen Nachbarkönige Tyrannen gewesen seien. Nach seiner Ansicht sind keineswegs alle asiatischen Könige Tyrannen gewesen. Arnisaeus erläutert diese Meinung aber weiter nicht[20].

---

[15] Die besondere asiatische Neigung zum Despotismus und zur Grausamkeit ist im Laufe der Jahrhunderte zum Topos geworden, hat jedoch auch immer wieder Widerspruch gefunden.

[16] Aristoteles, Politik, 1285 a.

[17] Conring, de Republica Ebraeorum, 855; Cunaeus, de Republica, 112 f.; ähnlich Melanchthon, Ziegler, Osiander, Gentile.

[18] Buchanan, de Jure Regni, 27.

[19] Besold, de Majestate in genere, 71.

[20] Arnisaeus, de Jure Majestatis, 221 f.; so auch Carpzow/Einsiedel.

Ansätze, diese angeblich naturgegebene Neigung der Asiaten zum Knechtssinn zu erklären, finden sich bei Bodin. Bodin führt die Unterschiede, die in verschiedenen Regionen bezüglich der Regierungsform herrschen, auf klimatische Unterschiede zurück. Bodin und später Hobbes sind die ersten gewesen, die sich bemühten, die despotische Herrschaft aus der allgemeinen Verachtung zu befreien. Ihre Motive sind politologisch, noch nicht soziologisch[21]. Trotz dieser Erklärungsversuche hielt sich der Topos von der orientalischen Despotie bis in unsere Zeit[22].

6.3. „Des Königs Recht"
in der deutschen Staatsrechtslehre bis Conring

Bis zum Ende des 16. Jahrhunderts gehörten nach allgemeiner Überzeugung staatsrechtliche Erörterungen nicht zur Jurisprudenz, sondern zur Politikwissenschaft, und als ihre vornehmlichen Quellen galten neben Aristoteles vor allem die Heiligen Schriften. Dagegen konnte das Zivilrecht auf eine umfängliche kommentierende rechtswissenschaftliche Literatur zurückgreifen. Seit dem 17. Jahrhundert befaßten sich zunehmend auch Juristen mit dem Staatsrecht, wobei sie sich allmählich unter dem Einfluß von Empirismus und Rationalismus von der antiken Rechtsliteratur lösten[1]. Dieser Gegensatz von Politik und Jurisprudenz spielt bei der Interpretation von 1 Sam 8 eine wichtige Rolle. Verkürzt kann gesagt werden, daß Politiker mehr an der Handhabung der Rechte im Verhältnis zwischen Fürst und Untertan interessiert sind, die Juristen eher an ihrer Begründung und Legitimität.

Die Abhandlung des lutherischen Juristen *Thomas Lansius* (1577-1657) „De lege regia" zeigt sehr deutlich, wie eng der Anwendungsbereich des

---

[21] Berber, 204.

[22] Auch Goethe geht im „West-östlichen Diwan" auf dieses Problem ein. Dort behandelt er an einer Stelle die dem Europäer unbegreifliche Unterwürfigkeit des Orientalen gegenüber den Königen. Goethe versucht dieser Haltung Gerechtigkeit widerfahren zu lassen. Er verweist in diesem Zusammenhang auf 1 Sam 8, 11 ff. und führt diese Stelle als Beispiel für die immergültige Wahrheit an, daß in gefährlichen Zeiten alles darauf ankomme, daß der Fürst nicht allein seine Untertanen beschütze, sondern sie auch persönlich gegen den Feind in den Kampf führe. Weiter über diese Stelle — die er ganz im Sinne der orientalischen Despotie versteht — reflektierend faßt er zusammen:
„Überhaupt pflegt man bei Beurteilung der verschiedenen Regierungsformen nicht genug zu beachten, daß in allen, wie sie auch heißen, Freiheit und Knechtschaft zugleich polarisch existieren. Steht die Gewalt bei *einem,* so ist die Menge unterwürfig, ist die Gewalt bei der Menge, so steht der einzelne im Nachteil; dieses geht denn durch alle Stufen durch, bis sich vielleicht irgendwo ein Gleichgewicht, jedoch nur auf kurze Zeit, finden kann." (Hamburger Ausgabe, Bd. 2, 169 ff., 175).

[1] Hoke, 214 ff.

biblischen Vorbildes bei einem römisch-rechtlich geschulten Juristen geworden ist. Lansius fragt nach dem Ursprung der Lex Regia und stellt fest, daß darüber fünf Richtungen von Meinungen existieren:

„Opiniones illorum, qui de Origine L. R. aliquid literis commendarunt, ad has quinq; classes fere reduci possunt. Alius enim L. R. commentum putat: alius eius originem ex Iure Regum, cuius Propheta Samuel mentionem facit, deducendam esse opinatur: alij eam ad quempiam Rom. Regum referunt: alis ad L. L. 12. Tab. alij deniq; ad aliquem Rom. Impp.[2]."

Die hier interessierende zweite Auffassung wird nach Lansius allein von *Hermann Vultejus* vertreten. Dieser habe als einziger versucht, das römische Königsrecht auf das von Samuel in 1 Sam 8 verkündete Recht zurückzuführen[3]. Lansius lehnt aber die These des Vultejus mit dem Argument ab, das römische Königsrecht sei sehr weit verbreitet gewesen, während das biblische Recht kaum bei fremden Völkern bekannt gewesen sei[4]. 1 Sam 8 wird für Lansius nur noch einmal wichtig, um die Unabhängigkeit des Königs vom Volk zu beweisen. Er bringt dazu fünf Argumente[5]:

1. Wer keine Herrschaftsgewalt hat, hat auch nicht das Recht zur Absetzung.

2. Kein Gleicher oder Geringerer hat Befehlsgewalt über einen Gleichen oder Höheren.

3. Was unteilbar ist, kann nicht einem anderen mitgehören.

4. Der Fürst ist neben Gott der höchste Richter.

5. Aus 1 Sam 8 ergibt sich, daß an einen König, wie verbrecherisch er auch immer sei, nicht Hand angelegt werden darf:

„Nam licet illa facinora a Samuele descripta ius Regis haud constituant, nec, quod Rex talia facere toto possit ostendant: hoc tamen Samuel innuit, quod Rex tantorum scelorum Oceano immersus a subditis plecti iure haud queat: Divino nimirum iudicio & vindictae reservatus[6]."

Darum wollte auch David nicht Hand an den verbrecherischen König Saul legen.

Lansius ist nicht am Inhalt des Königsrechts und seiner moralischen Bewertung interessiert, ihm geht es um die Formalien der souveränen Herrschaftsausübung.

Von dem Tübinger Juristen *Christoph Besold*[7] (1577-1638) stammt eine Staatslehre, die durch eine äußerst kunstvolle Kombination verschiedener,

---

[2] Lansius, de Lege Regia, 59.

[3] Lansius, 63.

[4] Lansius, ebenda.

[5] Lansius, 108 f.

[6] Ebenda, 109.

[7] Zu Besold: Meyer, Christoph Besold als Staatsrechtler; Pahlmann, Art. Christoph Besold in: Kleinheyer/Schröder, 33 ff.

an sich widersprüchlicher Elemente versuchte, der deutschen Wirklichkeit gerecht zu werden. In einer lutherischen Familie geboren, trat er 1630 heimlich, 1635 dann auch öffentlich zum Katholizismus über. Noch am Anfang der Emanzipation des Staatsrechts von der Zivilistik stehend[8], ordnet Besold das Staatsrecht der praktischen Politik unter. Staatstheoretisch vertrat Besold die Lehre von der doppelten Majestät. Im Anschluß an Althusius sieht er den Staat (maiestas realis) als Resultat des Zusammenschlusses von Individuen. Gleichzeitig ist aber die maiestas personalis dem Herrscher nicht durch einen Wahlakt, sondern direkt von Gott verliehen. Im Sinne Bodins meint Besold, daß die höchste Macht im Staate die maiestas sei, die von keiner anderen Macht abgeleitet sei[9]. Diese höchste Gewalt teilt sich in die maiestas realis und maiestas personalis. Besold versuchte den modernen Souveränitätsbegriff[10] zu übernehmen, aber gleichzeitig die Rechte des Volkes zu bewahren und so dem Absolutismus Schranken zu weisen. So definiert Besold die maiestas realis auch als Volkssouveränität, die maiestas personalis als Herrschersouveränität. Zugleich leitet er die Monarchie aus der patria potestas ab und hält sie nur dann für funktionstüchtig, wenn die Befehlsgewalt des Herrschers nicht durch Fundamentalgesetze beschränkt wird. Allerdings sprach sich Besold trotzdem für die beschränkte Monarchie aus[11]. Trotz dieser Widersprüchlichkeiten ist Besolds Staatstheorie als origineller Versuch zu werten, moderne staatsrechtliche Theorien und die gewachsenen Traditionen des Ständestaats in Einklang zu bringen. In der praktischen Politik scheiterte Besold an der Aufgabe, das von Österreich besetzte Württemberg zu verwalten.

Die disparaten Elemente seiner Staatslehre kehren auch in seiner Auslegung von 1 Sam 8 wieder, die in seiner „Dissertatio de Majestate in genere" enthalten ist. Auffällig ist in dem genannten Werk die starke hofkritische Tendenz seiner Ausführungen. Hart wird über die Politiker und Theologen geurteilt, die den Fürsten und Königen schmeicheln wollen, indem sie ihnen versichern, ihre Macht sei absolut und völlig frei den Untertanen gegenüber. Diese, meint Besold, mißbrauchen die Heilige Schrift, beruhigen das Gewissen der Herrscher und lassen die Untertanen die Knechtschaft erdulden[12].

Besold weist auf die zahlreichen möglichen Interpretationen von 1 Sam 8 hin. Er selbst lehnt es ab, diese Stelle als positives Königsrecht zu verstehen: „Sed fere est, ut veriorem, seu probabilem magis putem eorum opinionem; qui nullum hic constitui Jus Regis; sed omnia, quae Samuel eo loci habet, ad mores ac consuetudines pravas vicinorum Regum, referenda esse censent[13]."

---

[8] Hoke in: Der Staat 15 (1976), 211 ff.; vgl. auch Klein, Recht und Staat, 509.

[9] Meyer, 55 ff.

[10] Zur Rezeption des Souveränitätsbegriffs durch die Reichspublizistik s. Quaritsch, 400 ff.

[11] Meyer, 70 f.

[12] Besold, Dissertatio de Majestate, 63 f.

[13] Ebenda, 65.

Das Gesetz, das Samuel niedergelegt habe (1 Sam 10, 25), sei nicht das Ius Regis aus 1 Sam 8 gewesen[14]. Die Rede Samuels müsse rhetorisch bewertet werden als Warnung vor dem möglichen Machtmißbrauch durch schlechte Könige. Dies sieht Besold auch durch die Tatsache bestätigt, daß das Königsrecht in 1 Sam 8 von Gott im Zorn als Strafe für die Sünde der Israeliten verkündet worden sei: „At vero legitima potestas & magistratuum reditus justi, non sunt poenae subditorum"[15]. Eine solche Herrschaft würde auch den Geboten des Dekalogs widersprechen[16]. Das echte Königsgesetz ist nach Besolds Meinung in Dt 17, 14 ff. enthalten. Weiter setzt sich Besold mit der u. a. von Gentile und Barclay vertretenen Ansicht auseinander, es sei einem König zwar nicht erlaubt so zu handeln, wie es Samuel beschrieben hat, sein Verhalten könne aber auf Erden nicht bekämpft und bestraft werden. Besold spricht dem Volk zwar ebenfalls jegliches Widerstandsrecht ab, wehrt sich aber dagegen, für das von Samuel beschriebene Verhalten das Wort „Recht" gelten zu lassen[17]. Dies begründet er mit einigen philologischen Anmerkungen: Er verweist darauf, daß das hebräische Wort des Originals weniger „Recht" als vielmehr Gewohnheit bedeute, und zwar eindeutig eine schlechte Gewohnheit[18]. Inhaltlich stehen die von Samuel aufgezählten Rechte einem König zu, aber sie sollen gemäßigt gehandhabt werden. Die Anwendung der Rechte ist dem Fürsten also nicht nach Belieben freigestellt, wie es die späteren Theoretiker der unumschränkten Fürstenmacht — etwa Leibniz und Thomasius — ausdrücklich bestätigen. Der König soll den Hof schützen und erhalten zum Wohle des Staates, nicht zu seiner eigenen Bequemlichkeit. Die Frage der Steuern ist bei Besold der Punkt, der einen Vergleich mit der eigenen zeitgenössischen Situation provoziert: „Tributa cum ratione & modo exigere licet: verum per vim & oppressionem, ipsam animam miseris subditis, quod hodie fit, auferre, intolerabilis tyrannis est[19]." Auch im Königtum der Israeliten können kaum vier gute Könige gefunden werden.

Ein weiteres wichtiges Argument ist der Hinweis, daß das Königsrecht aus 1 Sam 8, selbst wenn es bei den Juden gültig gewesen sein sollte, nicht auf andere Königreiche übertragen werden kann[20]. Der Jurist Besold lehnt also die theologisch-typologische Übernahme des alttestamentlichen jüdischen Rechtes ab. Die Gründe, die er dafür anführt, sind allerdings nicht juristischer oder staatsrechtlicher Art, sie bleiben im Rahmen biblischer und traditioneller Anschauungen. So weist er auf die besondere Neigung der

---

[14] Ebenda.
[15] Ebenda, 66.
[16] Ebenda, 67.
[17] Besold, Dissertatio de Majestate, 68, 71.
[18] Ebenda, 69 f.
[19] Ebenda, 71.
[20] Ebenda.

Völker des Ostens zur Knechtschaft und tyrannischen Herrschaft hin. Überhaupt können solche Regeln, wie sie Samuel nennt, nur in solchen Staaten gelten, in denen nicht das Gesetz und damit Gott herrscht, also nur für solche, in denen das Wort des Herrschers über dem Wort Gottes steht: etwa bei den Türken.

Insgesamt versucht Besold durch die Interpretation von 1 Sam 8 sein Ideal einer guten Herrschaft zu stützen: Ausrichtung des Herrschers an den christlichen Geboten, angemessene Behandlung der Untertanen, Verantwortung der Fürsten gegenüber den Beherrschten, aber gleichzeitig Gehorsamspflicht und kein Recht auf Widerstand bei den Untertanen. So kann das Ius Regis des Samuelbuches für Besold kein Recht, sondern nur die traurige Gewohnheit schlechter Könige beinhalten.

Die abstrakte Vorstellung des „Staatsrechts" entwickelte sich aus konkreten, zunächst nicht bestrittenen Herrschaftsrechten, den Regalien. Die staatsrechtliche Literatur des 17. Jahrhunderts in Deutschland bewegte sich weitgehend im Rahmen der Rechtstraditionen, d. h. der Wahrung der Ansprüche aller am Gemeinwesen beteiligten Gruppen und der speziellen Erfordernisse des fürstlichen Hofes[21]. Es verwundert daher nicht, daß die vorliegende Stelle aus dem Samuelbuch immer wieder nicht so sehr zu Überlegungen über Staat, Souveränität und Widerstandsrecht anregte, sondern vielmehr zu konkreten Erläuterungen der dem Herrscher zustehenden Regalien. Tatsächlich ist ja ihre Sicherung für den Herrscher das zentrale Anliegen des Samuelbuches. Bei dieser Sichtweise ist das Verständnis der Stelle eher positiv als wenn sie zur Interpretation der allumfassenden Staatsgewalt herangezogen wird. Regalien können genau definiert und nur begrenzt mißbraucht werden.

Schon im Titel von *Eberhard von Weyhes* Schrift „Verisimilia Theologica, Juridica et Politica de regni subsidiis atque oneribus subditorum libro I Samuelis c. 8 traditis..." deutet sich an, daß der Verfasser diese Bibelstelle unter dem Aspekt der Steuern und Abgaben abhandelt. Eberhard von Weyhe (1553-1633) war als humanistisch gebildeter Jurist an verschiedenen lutherischen Höfen tätig und als Verfasser eines politischen Aphorismenbuches bekannt geworden. Einleitend weist er in seinem Buch auf die Vieldeutigkeit der Auslegung von 1 Sam 8, 11 ff. hin und möchte selbst zu einer Klärung der Streitigkeiten beitragen. Seine ausführliche Darstellung ist von zahlreichen Wiederholungen gekennzeichnet. Für ihn steht die Frage der gerechten Besteuerung der Untertanen im Vordergrund, die er mit zahlreichen Beispielen aus der antiken und modernen Literatur erläutert. Seine mit immer neuen Argumenten belegte Hauptthese lautet, daß in 1 Sam 8, 11 ff. keineswegs tyrannische Rechte aufgezählt, sondern Maßnahmen beschrie-

---

[21] Vgl. dazu Klein, Recht und Staat, passim u. 510.

ben werden, die ein Fürst in Notfällen ergreifen kann und darf[22]. Die Israeliten begehrten aus Blindheit und Frechheit einen König, wodurch sie sich Gottes Zorn zuzogen. Aber dem auf diese Weise einmal begründeten Königtum ist von Gott umfassende Macht über Leib und Seele der Untertanen gegeben[23]. Da auch bei der Erhebung Sauls die Frage nach der Funktion des geistlichen Standes eine Rolle spielte, geht von Weyhe darauf auch für seine Zeit ein. Könige sind keine, so meint er, wenn sie eine kirchliche Oberhoheit anerkennen[24]. Der Großteil seiner Arbeit ist der Erörterung der Notwendigkeit von Steuern an sich und der Handhabung des Steuerwesens gewidmet. Dazu führt er viele Beispiele aus anderen Ländern und Kulturen an, ja die Ausbreitung humanistisch-gelehrten Gedankengutes scheint bisweilen die eigentliche Intention seines Werkes zu überdecken. Ohne Steuern und Abgaben könne der Fürst die notwendigen Aufgaben des Regierens nicht wahrnehmen, ja es sei überhaupt kein staatliches Zusammenleben möglich[25]. Von Weyhe will den Widerspruch zwischen 1 Sam 8 und Dt 17, 14 nicht — wie die meisten anderen Autoren — durch Hinweis auf die unterschiedlichen Adressaten, nämlich im Samuelbuch das Volk, im Deuteronomium die Könige, lösen, vielmehr meint er, daß in Dt 17, 14 ff. vom „Normalzustand" gesprochen werde, in 1 Sam 8, 11 ff. aber von Notzeiten[26]. Dies sei der eigentliche Sinn von 1 Sam 8, 11 ff.: „Constituam et dabo vobis Regem sed vivere et regnare nequit, nisi bona civium quandoque necessitate exigente diripiat, agros decimet[27]." Im Unterschied zu einem König belaste ein Tyrann seine Untertanen ohne drängende Not. Daß von Weyhe das in 1 Sam 8 genannte „Recht" für eine Ausnahmeregelung hält, zeigt sich auch daran, daß er das Wort „Misphat" als „ratio sive mos regnandi" begreift[28].

Insgesamt verbleibt von Weyhe, der sich ausdrücklich Melanchthon anschließt, im Bereich des eher moralisch argumentierenden lutherischen Staatsdenkens.

Bei der inhaltlichen Bewertung der Regalien und ihrer Aufteilung zwischen Kaiser und Territorialherren gibt es große Differenzen, die hier allerdings unberücksichtigt bleiben können. Wichtig ist in diesem Zusammenhang der Streit um das Steuerbewilligungs- und Verwaltungsrecht der Stände in Kursachsen (1664). Es gelang hier den Ständen, ihre Mitspracherechte gegen die beanspruchte unumschränkte Verfügungsgewalt des sächsischen Kurfürsten zu bewahren[29].

---

[22] So S. 10, 51, 98, 121, 130, 165.
[23] Ebenda, S. 23 ff.
[24] Ebenda, 18 f., 27.
[25] So S. 50, 98, 100, 136.
[26] Ebenda 104 f., vgl. auch 122 f.
[27] Ebenda, 134.
[28] Ebenda, 135.
[29] Diesen Hinweis verdanke ich Prof. Thomas Klein.

In dieser Auseinandersetzung vertritt *Johann Friedrich Horn* (geb. 1633) den Standpunkt der absoluten Suprematie des Regenten, der in seinen Rechten nicht beschränkt ist. In seiner Schrift „Politicorum pars Architectonica de civitate" (1664) vertieft er ein Argument, das schon bei Besold begegnete: ohne die Gültigkeit der biblischen Gebote für das politische Leben grundsätzlich abzuleugnen, bestreitet er doch die Übertragbarkeit des speziell den Israeliten gegebenen Gesetzes auf andere Völker. Aber anders als Besold, der eine beschränkte Monarchie befürwortete, bemüht sich Horn, Textstellen, die der absoluten Herrschaft entgegenstehen, zu entkräften. Dieser Punkt betrifft hauptsächlich das Verbot der Enteignung von privatem Grundbesitz, wie es in der Geschichte vom Weinberg des Naboth gelehrt wird (1 Kg 21). Diese Einschränkung beruhe, so Horn, auf einem ausdrücklichen Gebot Gottes, das er allein für die Israeliten erlassen habe. Ansonsten werde in der Heiligen Schrift nirgends das dominium eminens, worunter Horn die souveräne Königsherrschaft versteht, beschränkt[30]. Prinzipiell sind alle Einkünfte rechtmäßiges Eigentum des Landesherrn, nur ausdrückliche vertragliche Abmachungen schränken seine Oberhoheit ein.

Gegen diese Ansicht wehren sich die Brüder *Konrad und Benedikt Carpzow* in ihrer gemeinsam mit *Konrad von Einsiedel* verfaßten Dissertation: „Tractatus duo de regalibus"[31]. Die verbreitete Meinung, in 1 Sam 8 werde gezeigt, daß der kommende König seine Macht mißbrauchen und dem Volk beschwerlich sein werde, wird ausdrücklich zurückgewiesen[32]. Könige haben zwar wie alle Menschen Neigung zu Laster und Sünde, aber ein Tyrann müsse auf alle Fälle der Strafe Gottes verfallen. Vielmehr seien die in 1 Sam 8, 11 ff. beschriebenen Rechte notwendig zur ordnungsgemäßen Führung eines Gemeinwesens[33]. Besonders wichtig sei aber die Regelung des Steuerproblems:

„Denique vers. 15 de muneribus publicis patrimoniorum ita expresse loquitur, ut clariora in hanc rem verba etiam inveniri vix potuissent. Et hic est genuinus capitis hujus sensus: quem ut pro illo contrario amplectar, facit, quod mitiorem sententiam eligere, ac lenius interpretari verba ambigua debeamus, quae utrumque & duriorem & benigniorem sensum admittere videntur... Cum enim Regem agros, vineas, oliveta, filios, filias, servos &c. ablaturum praedicitur, illud quidem de tyrannide exponi potest, veruntamen, omnia haec legitimis etiam ac licitis modis & mediis fieri queunt...[34]."

Für die Verfasser existiert kein inhaltlicher Gegensatz zwischen Dt 17 und 1 Sam 8. In beiden Fällen handelt es sich, so meinen sie, um denselben König

---

[30] Horn, 311 f.

[31] Benedikt Carpzow ist bekanntgeworden als Verfasser eines theokratischen, am Alten Testament orientierten Strafsystems, s. Kleinheyer, Benedikt Carpzow, in: Kleinheyer/ Schröder (Hrsg.), 50 f.; s. auch Stintzing II, 81 f.

[32] Carpzow/Einsiedel, 9.

[33] Carpzow/Einsiedel, 10 f.

[34] Ebenda, 11.

und um dasselbe Recht, unterschieden nur nach den jeweiligen Umständen des Regierens[35]. Die versöhnliche Tendenz kommt auch darin zum Ausdruck, daß die Verfasser erklären — und in diesem Punkt haben sie beinahe die gesamte übrige Literatur gegen sich —, ein König nach dem Vorbild der anderen Völker bedeute nicht, daß es sich um einen tyrannischen König handeln müsse. Vielmehr habe den Israeliten bei ihrem Wunsch nicht das Tadelnswerte, sondern das Lobenswerte an den fremden Königen vor Augen gestanden[36]. Zusammenfassend wird festgestellt:

„Et ita est in hoc cap. Sam. omnium quasi regalium fundamentum, tam quae armatam Regis potestatem, quam quae togatam, & etiam fisci incrementum concernunt, idque tanto firmius, quod a summo DEO corroboratum, ac Jus Regis vocatum fit. Unde etiam hoc jus in omnes postmodum Reges, ac per omnes Monarchias continuatum ad nostra usque tempora pervasit[37]."

Einen Schritt weiter in der Entwicklung zur Staatswissenschaft stellte die Gleichsetzung von Regalien mit iura maiestatis, d. h. die Ersetzung konkreter Rechtsnormen durch umfassende Kompetenzrichtlinien, dar. Diesen Schritt vollzog, angeregt durch Henning Arnisaeus, neben Christoph Besold auch *Kaspar Ziegler*[38], ein Rechtsgelehrter aus Wittenberg (1621-1690). Als erster hatte wohl Althusius die Regalien mit dem Majestätsgedanken in Verbindung gebracht[39].

Ziegler löst das Problem der Machtteilung zwischen Kaiser und Territorialherren ähnlich wie Besold, indem er den Territorien die maiestas formal abspricht, aber praktisch zubilligt[40]. Auch Zieglers Traktat ist als Auseinandersetzung mit der These von den unbeschränkten Befugnissen des Herrschers zu verstehen, die Horn vertreten hatte. Ziegler geht im Kapitel „De Potestate Principum" seines „Tractatus de Juribus Majestatis" (1681)[41] ausführlich auf die umstrittene Stelle aus dem Samuelbuch ein. Einleitend nennt er ein lehrhaftes Ziel seiner Ausführungen, nämlich die Jugend zu lehren, Gutes über die Macht der Könige zu denken und die Hoheit der Fürsten zu stärken. In diesem Zusammenhang beklagt Ziegler, daß Aufwiegler die Schriftstelle falsch interpretieren[42]. Vor der Wahl des Königs Saul herrschte in Israel Theokratie und — so Ziegler — dieser Zustand sei glücklich und gedeihlich gewesen. Er hat demnach eine positive Vorstellung über den Naturzustand. Das tölpelhafte Volk verdarb ohne Not diesen paradiesischen

---

[35] Ebenda, 13 f.

[36] Ebenda, 14; nur Arnisaeus, de Iure Maiest., 221 f., argumentiert in ähnlicher Weise.

[37] Ebenda, 15.

[38] Dreitzel, Protest. Aristot., 411.

[39] Willoweit, 149.

[40] Ebenda, 151.

[41] Es handelt sich dabei um den ersten Traktat, der sich überhaupt mit den Majestätsrechten befaßt (Zedlers Universallexikon Bd. 62, Sp. 572).

[42] Ziegler, S. 86, Nr. I.

Zustand und ließ sich auch nicht vom Beispiel der Nachbarvölker abschrecken, die — wie im Orient üblich — auf besonders sklavische Weise regiert wurden. Unter der Königsherrschaft kann es zwar auch Freiheit geben, aber niemals soviel wie unter der direkten Herrschaft Gottes[43]. Gott wollte nicht, daß sich die Israeliten einen König wählen, aber er sah es voraus. Aus dieser Voraussicht ist Dt 17, 14 ff. zu verstehen und nicht, wie die Rabbiner fälschlich annehmen, als Gebot Gottes. Gott gab den Israeliten schließlich auf ihre inständigen Bitten hin einen König, nicht ohne sie nachdrücklich auf dessen Rechte hinzuweisen[44]. Ziegler versteht diese von Samuel aufgezählten Rechte keineswegs als tyrannisch, sondern als grundsätzlich notwendige Rechte jedes Königs, gegen die kein Widerstand statthaft ist. Allerdings weist er mehrfach darauf hin — und dies ist der entscheidende Gegensatz zu Horn —, daß eine Anwendung dieser Gesetze nur bei drängender Not erlaubt ist; d. h. — obwohl Ziegler dies nicht ausdrücklich sagt — ohne Not nicht. Er erläutert seine Auffassung ausführlich an den einzelnen Bestimmungen (1 Sam 8, 11 ff.) und interpretiert sie sämtlich als notwendige und erlaubte Rechte des Fürsten[45]. Selbst wenn der Fürst diese Rechte aus niedrigen Beweggründen zum Nachteil seiner Untertanen anwenden sollte, so hat der einzelne Mensch doch nicht die Einsicht in den Weltengang und in den göttlichen Heilsplan, als daß er diese Maßnahmen tadeln dürfte[46]. Ziegler lehnt überhaupt jede Form von Widerstandsrecht und Volkssouveränität ab. Er wendet sich entschieden dagegen, aus dem vermeintlichen Gegensatz zwischen Dt 17, 14 ff. und 1 Sam 8 Argumente für die Freiheitsrechte des Volkes zu beziehen. In diesem Zusammenhang polemisiert er wieder gegen die Rabbiner und ihre Schriftauslegung. Obwohl Gott im Zorn gehandelt hat, haben seine Werke gleichwohl unanfechtbare Gültigkeit[47]. Zusammenfassend bemüht sich Ziegler noch einmal, Dt 17 und 1 Sam 8 im die souveränen Herrschaftsrechte stützenden Sinne zu interpretieren:

„Etsi igitur in dicto loco Samuelis nihil inveniatur, quod publica urgente necessitate, & salute patriae in discrimine versante, jure & bona conscientia facere princeps non possit, nec opus idcirco sit audire eos, qui tyrannorum ibi mores describi asserunt;..."

Der Standpunkt der Monarchomachen, so fährt Ziegler fort, kann leicht widerlegt werden. Denn zwischen den Aussagen Moses und denen Samuels besteht genau betrachtet kein Widerspruch. Mose unterrichtet nämlich nicht das Volk, sondern beschreibt das Amt des Königs, Samuel dagegen seine Macht und die Ausdehnung seiner Herrschaftsbefugnisse:

---

[43] Ebenda, 86 f., Nr. II und III.
[44] Ebenda, 87 f., Nr. IV u. VI.
[45] Ebenda, 89 f., Nr. VI u. VII.
[46] Ebenda, 90, Nr. VIII.
[47] Ziegler, 90 f., Nr. IX und X.

„Ille imperium rectum, & quae bonis Principibus sunt agenda. Hic obedientiam subditorum, & quae iis sunt toleranda. Ille limites imperandi, hic necessitatem parendi proponit. Ab illo Reges, ab hoc subditi informantur. Et ergo diversa quando diversimode propunint, dissentire inter se dici nequeunt[48]."

Im 17. Jahrhundert — insbesondere während und nach dem 30jährigen Krieg — stellte sich drängend die Frage nach der Definition der Souveränität der Territorialstaaten, d. h. nach der Teilung der maiestas zwischen Kaiser und Landesherren. *Dietrich Reinking* (1590-1664)[49], Professor in Gießen und einer der entschiedenen Anhänger der protestantischen kaisertreuen Partei, versuchte in seiner „Biblischen Policey" eine auf pietas und iustitia bauende streng lutherische Staatslehre zu entwickeln. Danach ist zwar allein der Kaiser Inhaber der wahren Souveränität, aber durch kaiserliche Verleihung sind die Fürsten Teilhaber dieser Macht geworden[50]. Aber obwohl Reinkings Staatslehre vordergründig rein biblizistisch zu argumentieren scheint, so zeigt sich doch, daß seine den Absolutismus stützende Lehre Bibelzitate rein funktionell einsetzt und andere, nicht auf die Bibel gründende, politische Ideen, wenn auch verborgen, dominieren. So ist die oberste Maxime seiner Staatslehre nicht — wie etwa bei Althusius — die Forderung, der Staat solle sein Handeln an moralischen Normen orientieren, sondern die Staatsräson, die auch jenseits konsequent angewendeter moralischer Prinzipien legitim bleibt.

Gegenüber 1 Sam 8 entwickelt Reinking kein besonderes Problembewußtsein. Er erwähnt die Stelle einmal kursorisch im Zusammenhang mit der Feststellung, daß durch Wahl oder Erbrecht eine rechtmäßige Obrigkeit an die Regierung kommt[51], dann etwas ausführlicher bei der Behandlung der Steuerpflicht:

„Wie der König David das Volck vmb eine Stewer/ zu Erbawung deß Tempels ersuchete/ haben sie sich gantz willig erkläret/ vnd ein ansehentliches … herzugeben sich erbotten. I Chron. c 30. v. 7. Deßgleichen ließ der König Joas mit Zuthun deß Priesters eine allgemeine Kirchencollect zur reparation deß Tempels im gantzen Lande ankünden. Chron. c 24. v. 5 & seqq. das Jus Regium oder deß Königs und Regenten Recht/ wie es Samuel beschreibet im ersten Buch am 8. cap. eygenet solches den Königen und Regenten zu/ vnd kan auch gar nicht vnrecht seyn/ wann solche collecten vnd imposten urgentibus Reip. fatis & necessitate, zu Behuff deß gemeinen Besten angelegt/ eingesamblet/ und verwendet werden[52]."

Reinking bemüht sich in keiner Weise um eine über die oberflächliche Assoziation herausgehende Interpretation, die auch die staatsrechtliche Aussagekraft dieser Stelle bewerten würde. 1 Sam 8 spielt bei ihm allein bei

---

[48] Ebenda, 92 f., Nr. XII.

[49] Zu Reinking: Link in Stolleis (Hg.), 78 ff.; Pahlmann, Dietrich Reinking, in: Kleinheyer/Schöder (Hg.), 224 ff.

[50] Reinhard in: Fenske u. a., Gesch. d. pol. Ideen, 260.

[51] Biblische Policey, 181.

[52] Ebenda, 452.

der Frage der Steuern eine Rolle. Reinkings verkürzte Sichtweise läßt Zweifel aufkommen, ob die biblische Argumentation tatsächlich im Zentrum seines Denkens steht.

Die Universität Marburg hatte zu Anfang des 17. Jahrhunderts durch verschiedene Publikationen bewiesen, daß sie zu den Universitäten im Reich gehörte, an denen die wissenschaftliche Entwicklung des Reichsstaatsrechts vorangetrieben wurde. Zu nennen sind hier Regner Sixtinus, Hermann Kirchner und Hermann Vultejus, die sich insbesondere um die Regalienfrage bemühten[53].

Hermann Vultejus (1555-1634), Calvinist und Professor der Rechte in Marburg, ist u. a. durch den Vultejus-Antonius-Streit bekanntgeworden. In dieser Kontroverse, die zwischen den rivalisierenden Universitäten Marburg (reformiert) und Gießen (lutherisch) ausgetragen wurde, ging es um die Frage, ob der Kaiser die absolute monarchische Gewalt innehabe. Vultejus bestritt dies, er verwies auf den aristokratischen Charakter der Reichsverfassung[54].

In seinem Kommentar zum Corpus Juris Civilis geht er auch auf den Ursprung des Königsrechtes ein, das in I, II 6 enthalten ist[55]. Das römische Königsgesetz räumt dem Kaiser weitgehend unbeschränkte Gesetzgebungsgewalt ein. Vultejus gesteht dem Regenten zu, daß er von den Gesetzen befreit ist, aber er soll sich ihnen freiwillig unterwerfen[56]. Vultejus vertritt die mir sonst nirgends begegnete Ansicht, das römische Königsgesetz sei auf Umwegen von den Israeliten zu den Römern gelangt, es sei also identisch mit dem von Samuel verkündeten[57]. Inhaltlich geht er auf 1 Sam 8 nicht ein. Er sieht darin das abstrakte Gesetz der Herrschaft, das konkret zu füllen dem Herrscher überlassen bleibt, der es aber nach Möglichkeit nicht restriktiv anwenden soll. Man sieht, wie bei Vultejus die Tendenz zum abstrakten Verständnis der Herrschaftsrechte voranschreitet, er macht sich — jedenfalls an dieser Stelle — nicht einmal die Mühe, auf die konkreten Vorschriften einzugehen. Die Ableitung des römischen Herrschaftsrechtes aus dem Jus Regium des Samuel wirkt sehr konstruiert und ist auch auf allgemeine Ablehnung gestoßen. Vultejus vertritt den Absolutismus zwar nicht auf Reichs-, aber auf territorialstaatlicher Ebene. Für seinen Souveränitätsbegriff gilt, was Reibstein über Bodin — in dessen Nachfolge Vultejus steht — geschrieben hat:

---

[53] Klein, Conservatio Reipublicae, 210; Dreitzel, Protest. Arist., 97.

[54] Hoke, 217.

[55] In Institutiones Juris civilis a Justiniano compositas commentarius.

[56] Ebenda, 23:
„Distinguenda igitur ait lex imperii, & vox imperantis sive regnantis. Lex imperii est, ut princeps solutus sit legibus: vox regnantis est, nolle se uti lege imperii, sed velle se legibus, quibus solutus est, vivere."

[57] Ebenda, 23 f.

„Diese Souveränität... ist gleichbedeutend mit Absolutismus: Unabhängigkeit vom bestehenden Recht und von anderen Gesetzgebungsfaktoren, eine Unabhängigkeit, die freilich mit der — moralischen — Forderung behaftet ist, nicht in Willkür und Eigennutz auszuarten, sondern sich zur Verbesserung des bestehenden Zustandes zu betätigen[58]."

Die Gegenposition zu der beschriebenen vertritt *Johannes Althusius* (1557-1638), Calvinist wie Vultejus[59]. Seine Interpretation der Samuelstelle ist aus verschiedenen Gründen besonders interessant. Zum einen bringt sie in geraffter Form die wichtigsten Aspekte seiner Staatsauffassung, zum anderen können hier einige Punkte der wissenschaftlichen Diskussion über Althusius aufgegriffen werden.

Althusius geht auf diese Stelle im Zusammenhang seiner Darlegung über Wahl- und Nachfolgerecht in Königreichen ein[60]. Er will dabei die Lehre Barclays von der unbeschränkten Macht der Könige, die keinem Gesetz unterliegt, widerlegen. Barclay beruft sich zur Begründung dieser Ansicht auf 1 Sam 8. Althusius verweist dagegen auf Dt 17, 14 ff., wo seiner Meinung nach das Grundgesetz des jüdischen Staates gegeben ist; dem König wird die Pflicht auferlegt, seine gesamte Verwaltung am Dekalog auszurichten. Dem König, der diese Gesetze einhält, verspricht Gott seinen Segen, die anderen hat er, wie viele Beispiele zeigen, hart bestraft. Althusius prüft dann, ob 1 Sam 8 zu Dt 17 im Widerspruch steht[61]. Für ihn besteht kein Zweifel, daß die Aufzählung Samuels aus tyrannischen Rechten besteht, die sich ein König anmaßen wird. Dies ergibt sich für Althusius aus 1 Sam 8, 18. Zwar können die von Samuel beschriebenen Maßnahmen auch von gerechten Königen in besonderen Notfällen ergriffen werden; dies habe Samuel aber nicht gemeint. Saul und andere schlechte Könige mißbrauchten diese für Notfälle gedachten Regeln für private Zwecke. In Wahrheit sei der König wie alle Menschen dem Dekalog unterworfen. Dies wird allerdings auch nicht von Barclay und anderen Vertretern des fürstlichen Absolutismus geleugnet, es hätte etwas weitgehender Bemühungen des Althusius bedurft, um zu zeigen, inwieweit die Bestimmungen von 1 Sam 8, 11 ff. dem Dekalog widersprechen. Es ist überhaupt auffällig, daß Althusius die eigentliche Problematik der Formulierung „Hoc erit ius regis" und der folgenden Bestimmungen ausläßt und vielmehr gleich auf die Aspekte der Textstelle übergeht, an denen er besser seine speziellen Ansichten darlegen kann. Er weist dann die Ansicht Barclays zurück, die Könige könnten ungestraft von den Menschen Unrecht tun[62]. Dem stehen viele Beispiele aus der Bibel entgegen, im übrigen könnten sich

[58] Reibstein, Althusius, 212 f.
[59] Zu Althusius: Reibstein, Althusius; Winters, die „Politik" des Johannes Althusius und ihre zeitgenössischen Quellen, Winters, Johannes Althusius, in: Stolleis (Hg.), 29 ff.
[60] Politica, 3. Aufl., Kap. XIX, Nr. 50 ff., 350 ff.
[61] Ebenda, Nr. 55, 351.
[62] Ebenda, Nr. 58, 353 f.

dann auch Diebe und Räuber darauf berufen, von Gott zur Strafe ihrer Mitmenschen eingesetzt zu sein. Der vielzitierte Satz Davids an Gott (Ps 51, 6): An dir allein habe ich gesündigt, bezieht sich nach Althusius nur auf solche Vergehen, die nicht auf dem Streben nach Tyrannis beruhen, sondern gleichsam private Sünden darstellen. Das ist eine originelle und sonst kaum begegnende Deutung dieser Textstelle. Zuletzt geht Althusius zu dem Punkt über, der ihm am meisten am Herzen liegt und der in seiner Darstellung auch den breitesten Raum einnimmt, nämlich zur Stellung und Funktion der Optimaten und Ephoren[63]. Die Diskussion von 1 Sam 8 ist damit eigentlich schon abgeschlossen. Als Ausgangspunkt seiner Erörterungen stellt er ein Zitat Barclays voran: „Perditio populi regi insipienti, non optimatibus adscribitur... Optimates ergo nihil juris in rege tali corrigendo habent"[64]. Dem widerspricht Althusius entschieden. Er hält dagegen, daß Optimaten, die einen ungerechten König dulden, sich zu Spießgesellen machen. Ein ungerechter König kann auch nicht mit dem Argument, er sei die Strafe für die Sünden des Volkes, geduldet werden. Denn Gott rechtfertigt nirgends die Sünde. Der Wille des Königs ist nur dann Gesetz, wenn er gerecht ist. Althusius widersteht mit dieser Auffassung der seit Bodin manifesten Tendenz zur Entmoralisierung des Rechtsbegriffs. Sein Rechtsbegriff bleibt auf dem Boden der altständischen Vorstellungen[65].

Im übrigen sei es blasphemisch, die Macht des Königs als allumfassend und damit als gottähnlich darzustellen. Die Richter unterstanden unmittelbar Gott und handelten als seine Stellvertreter. Als dann die Israeliten den Wunsch nach einem König äußerten, sündigten sie in doppelter Weise[66], erstens, indem sie das Wahlrecht von Gott auf Samuel übertrugen, zweitens darin, daß sie die eigentliche Regierungsgewalt einem König anvertrauen wollten und damit die Fundamentalgesetze ihres Reiches änderten. Althusius relativiert die Bedeutung dieses Qualitätswandels der israelitischen Verfassung aber gleich wieder, indem er darauf hinweist, daß an sich wenig Unterschied in der Amtsführung zwischen Richtern und Königen bestanden habe[67]. Das Moment des göttlichen Zorns, das anderen Autoren so wichtig ist, unterschlägt er. So habe Gott die ersten Könige, wie schon zuvor die Richter, mit ausgewählt, die späteren folgten dann aufgrund des Erbrechtes nach und waren somit indirekt von Gott ausgewählt. Richter und Könige waren dem Volk gleichermaßen Rechenschaft schuldig. Hier verweist Althusius auf 1 Sam 12, 1 ff. Zuletzt weist er das Argument Barclays zurück, der König, von Gott ausgewählt, sei nur diesem Rechenschaft schuldig, und

---

[63] Ebenda, Nr. 58 f., 354 f.
[64] Ebenda, Nr. 59, 354.
[65] Mandt, 74.
[66] Althusius, Politica, 3. Aufl., Kap. XIX, Nr. 61, 357.
[67] Ebenda, Nr. 63, 358.

seine Macht sei der des Volkes weit überlegen[68]. Dagegen meint er, daß Gott die Sorge für das Reich nicht allein dem König, sondern auch den Ständen anvertraut habe. Könige und Ephoren werden beide von Gott mittelbar und vom Volk unmittelbar eingesetzt. Das Volk gelobt den Königen Gehorsam unter der Bedingung, daß sie fromm und gerecht nach beiden Tafeln des Dekalogs den Staat verwalten. Dies ist eine der Hauptthesen des Althusius, nämlich die genossenschaftliche Theorie vom Doppelbund, die auch — zumindest in den Anfangsjahren der Bewegung — bei anderen calvinistischen Autoren anzutreffen gewesen ist.

Noch einmal wird auf 1 Sam 8 im folgenden Kapitel (XX) eingegangen, allerdings mit einer bemerkenswerten Akzentverschiebung. Althusius schreibt dort, daß, wenn der König nach der Wahl seine Verpflichtung angenommen hat, das Volk ihm seinerseits Gehorsam gelobt:

„Propter hanc fidem, obsequia, ministeria, auxilia et consilia, quae populus summo suo magistratui promittit et praestat, dicitur ille habere innumeros oculos, aures, longas manus, celerrimosque pedes, quod quasi populus universus ei suos oculos, aures, vires et facultates in Reipubl. usum accomodet. Unde potens, robustus, dives, prudens et multarum rerum conscius magistratus dicitur, et totum populum repraesentare."

Über die dem König als Spitze des Gemeinwesens zuzustehenden Leistungen heißt es anschließend: „Ejusmodi ministeria et auxilia potissimum consistunt in operis artificialibus, vel obsequialibus, 1 Sam 8[69]." Es scheint, als habe Althusius vergessen, daß er die in 1 Sam 8, 11 ff. aufgezählten Rechte kurz vorher samt und sonders als tyrannisch abqualifiziert hat! Tatsächlich fehlt die Auseinandersetzung mit Barclay in der ersten Auflage der Politica[70], das obige Zitat ist jedoch aus der ersten Auflage übernommen worden[71]. Hier scheint Althusius sein Werk nicht sorgfältig genug redigiert zu haben[72]. Im übrigen zeigt sich, wie sehr sich seine Haltung in der Auseinandersetzung mit Gegnern verhärtet und radikalisiert hat.

Es wird in der Literatur oft darauf hingewiesen, daß die staatliche Ordnung des Althusius, so rational er sie darzustellen versuchte, letztlich nur als christliche Gemeinschaft vorzustellen ist, gegründet auf Dekalog und tiefe Religiosität[73]. Dem Vorbild des jüdischen Staates und überhaupt den Vorschriften des Alten Testamentes werden eine große Bedeutung für seine Staatslehre zugeschrieben[74]. Auch die Zeitgenossen des Althusius, vor allem seine Gegner, haben dies so empfunden und ihm zum Vorwurf gemacht.

---

[68] Ebenda, Nr. 67, 361.

[69] Ebenda, Kap. XX, Nr. 6, 383.

[70] Herborn 1603.

[71] Dort Kap. XV, 167 ff.

[72] Diesen Vorwurf macht ihm auch Reibstein, gerade in Bezug auf die Bibelzitate.

[73] So Dreitzel, Protest. Aristotel, 146; Erik Wolf, Große Rechtsdenker, 199.

[74] Etwa von Winters, die „Politik", 158.

Arnisaeus etwa hat oftmals gegen den politischen Biblizismus des Althusius und anderer polemisiert[75]. Dagegen hat Ernst Reibstein den Eindruck von der strengen Bibelgläubigkeit des Althusius modifiziert. Tatsächlich kann kein Zweifel bestehen, daß Althusius vom naiven Biblizismus der täuferischen Kreise in der Reformationszeit weit entfernt ist, seine Schriftauslegung ist durch humanistische und naturrechtliche Argumente ergänzt. Die Frage aber bleibt, inwieweit seine Staatstheorie tatsächlich noch biblisch fundiert ist, oder ob nicht vielmehr die biblische Argumentationsweise in einem sekundären Verfahren einer aus anderen Quellen entstandenen Lehre angepaßt wird. Die Hinweise Reibsteins scheinen dafür zu sprechen:

„Wenn sich Althusius auf den Boden der Schrift stellt, so tat er es als Jurist im Interesse des weltlichen Gemeinwesen, nicht in Unterordnung unter Kirche und Religion. Indem er sich auf die Schrift berief, hat er *mit* ihr, aber nicht notwendigerweise *aus* ihr argumentiert, d. h. seine Inspiration war nicht theologisch-biblizistischer, sondern profanweltlicher Art. Die Bibelzitate stehen bei jeder Einzelfrage voran und nehmen einen großen Raum ein, aber, sofern sie überhaupt auf den jeweiligen Fall passen, sind sie nachweisich nicht Quelle, sondern allenfalls Rahmen und Illustration von Gedanken, die dem Autor von anderen Horizonten zugetragen worden sind und die sich auch nicht unter biblischen, sondern nur unter profanen Perspektiven zum System zusammenfügen[76].“

Gerade an der Auslegung von 1 Sam 8 zeigt sich nach Reibstein der dekorative Charakter seiner Bibelzitate[77]. Auch die oben dargestellte Auslegung von 1 Sam 8 zeigte, daß Althusius seine Argumente nicht immer schlüssig, oft die Akzente in unzulässiger Weise verzerrend, vortrug. Trotzdem scheint Reibsteins Auffassung vom „dekorativen Charakter“ von Althusius' Schriftzitaten überzogen, zumal Reibstein übersehen hat, daß Althusius sich einige Abschnitte später mit der Problematik von 1 Sam 8 erneut auseinandersetzt. Die Zeitgenossen von Althusius empfanden seinen Biblizismus offenkundig nicht nur als vorgeschoben — sonst hätten sie ihn ihm nicht in der Weise zum Vorwurf gemacht[78]. Es scheint vielmehr so zu sein, daß Althusius immer wieder, obwohl er seine grundlegenden Ideen tatsächlich nicht aus der Heiligen Schrift bezogen hat, den exemplarischen Charakter der Bibel und des jüdischen Staates auch für neue Theorien und neue Methoden zu bestätigen sucht. Dem entspricht allerdings, wenn nicht subjektiv, so doch objektiv eine fortschreitende Säkularisierung biblischer Argumente.

Textgerechter als die Auslegung des Althusius wirkt die seines Herborner Kollegen *Philipp Heinrich von Hoen* (Hoenonius) (1576-1649). Hoenonius

---

[75] Dreitzel, Prot. Arist., 196, 182.

[76] Reibstein, Johannes Althusius, 13 f.

[77] Ebenda, 197 ff., hier S. 198, Anm. 220. Reibstein bezieht sich auf Politica³, XIX, 20 (S. 333). Hier zieht Althusius diese Stelle tatsächlich nur zur Unterstreichung seiner Vorstellung von der Volkssouveränität heran und mißachtet andere Aspekte der Stelle.

[78] Allerdings stellt sich die Frage, ob seine Gegner, die sich an der Ratio des Staates orientierten, sich nicht vielmehr daran störten, daß Althusius dem Staat eine moralische Fundierung geben wollte.

wurde schon zu Studienzeiten durch seinen „Disputationum politicarum liber unus", erstmals 1608, bekannt. Wie Althusius vertritt auch Hoenonius die calvinistischen Theorien vom Doppelbund zwischen Volk, Gott und Obrigkeit, sowie das Widerstandsrecht der mittleren Magistrate, bzw. der Stände[79]. Aber seine Auslegung von 1 Sam 8 unterscheidet sich doch beträchtlich von der seines Kollegen Althusius. Er bemüht sich eingehend um die eigentliche Problematik dieser Textstelle. Sie beweist für ihn, daß der König dem göttlichen wie auch dem natürlichen Gesetz unterworfen ist[80]. „Nec contrarium probatur ex I Sam c. 8. ubi Deus diserte dicit, Reges Israelitici populi in bona & personas subditorum jus habituros esse[81]." Hoenonius wendet sich sowohl gegen diese, die das Recht des Königs als tyrannisch begreifen, als auch gegen jene, die den Fürsten allzuviele Freiheiten zugestehen. Was ein König tun soll, steht in Dt 17, 14 ff., was er tun kann, in 1 Sam 8, 11 ff. Der Inhalt dieser allgemeinen Regel ist aber nach der Gewohnheit und Beschaffenheit eines jeden Reiches zu beurteilen: „Nimirum non raro tam dura obvenire tempora, ut Reges in salutem Regni subditis, eorumque bonis abuti quasi cogantur[82]." Tatsächlich, so Hoenonius, verlangte das Volk der Israeliten ja einen König, keinen Tyrannen, und sie erhielten einen König, wie gewünscht: „Quomodo igitur Tyranni nomen iis competeret, quos Deus eligit & constituit Reges, ut faciant judicium & justitiam[83]?"

Interessant ist, daß Hoenonius von König Saul sagt, er habe sich in allem als guter König erwiesen und das Recht aus 1 Sam 8 nicht in dieser Unmenschlichkeit wie David, Salomo und die übrigen Könige ausgeübt[84]. Alle Rechte aus 1 Sam 8, 11 ff. können durchaus zum Nutzen und Wohl des Staates angewandt werden, sind also nicht per se tyrannisch. So sind Dienstverpflichtungen zu militärischen Zwecken nötig und erlaubt. Hoenonius weist allerdings ausdrücklich darauf hin, daß der König seinen Untertanen die Dienstleistungen zu entgelten hat und auch Grund und Boden nur gegen Entschädigung enteignen darf[85]. Ungerecht ist es, wenn die von Samuel aufgezählten Leistungen zur persönlichen Bereicherung des Fürsten erbracht werden sollen: „Quamvis igitur multa jura Regis in d. cap. 8. Samuel. enumerata dura videantur..., non tamen sunt Tyrannica, utpote sine quibus nec Regis, nec Regni dignitas subsistere potest[86]." Im übrigen

---

[79] Hoenonius, 27 ff., 78 ff. Vgl. auch seine Interpretation der Vorgänge bei der Erhebung Sauls: „Dei igitur nutu electus, populi consensu confirmatus & Samuelis voce proclamatus bonum se Regem cunctis probavit..." (S. 434).

[80] Hoenonius, 431 ff.

[81] Ebenda, 432.

[82] Ebenda, 433.

[83] Ebenda.

[84] Ebenda, 434.

[85] Ebenda, 435.

[86] Hoenonius, 435.

bezeichne das hebräische Wort „Misphat" weniger das Recht, als vielmehr die Gewohnheit. Es steht also fest, meint Hoenonius, daß in 1 Sam 8 keine tyrannischen Rechte aufgezählt sind[87]. Auch den Königen, die das Recht mißbraucht haben, wird man nicht ohne weiteres die definierten Eigenschaften von Tyrannen zuordnen können[88]. Hoenonius räumt also der fürstlichen Machtentfaltung und deren Möglichkeiten, Maßnahmen im Sinne der Staatsräson zu ergreifen, viel größeren Raum ein als Althusius.

Zum Vergleich soll noch die Interpretation *Wilhelm Zeppers* (1550-1607), der als Theologe neben Althusius und Hoenonius in Herborn wirkte, behandelt werden. Sein berühmtestes Werk, die „Explanatio Legum Mosaicarum" erschien erstmals 1604, in zweiter und dritter Auflage 1614 und 1714[89]. Anders als Althusius und Hoenonius nähert sich Zepper seinem Thema als Theologe, d. h. ausgesprochen zeitbezogene Analogien fehlen, obwohl sich in seinen Ausführungen unschwer zentrale Vorstellungen der reformierten Staatslehre wiederfinden lassen. So wendet sich Zepper bei seiner Erläuterung des Königsgesetzes aus Dt 17, 14 ff. gegen übertriebenen höfischen Luxus und Aufwand und beschreibt die ideale Verfassung, die Gott für sein Volk gewünscht habe, als gemäßigte, nicht rein monarchische, sondern vielmehr aristokratische. Dies zeige sich auch exemplarisch an dem Wahlvorgang, den Gott an Saul vorführt: neben die Entscheidung Gottes und die Salbung durch den höchsten Priester (Samuel) trete gleichberechtigt die Zustimmung des Volkes[90]. Hier findet sich implizit die Lehre vom Doppelbund wieder.

Im Kapitel „De jure regis"[91] geht Zepper in erster Linie auf den vermeintlichen Widerspruch zwischen Dt 17, 14 ff. und 1 Sam 8 ein, dann auch auf die Frage, warum Gott auf den Wunsch nach einem König mit Zorn reagierte, da er doch selbst dem Abraham einen solchen verheißen hatte (1 Mose 17, 7; 49, 10). Das Deuteronomium enthält nach Zepper das wahre Königsrecht, das Samuelbuch das angemaßte. Denn Samuel übertreibe, um das Volk von seinem Wunsch nach einem König abzubringen. Das Volk aber hatte falsche Vorstellungen von einem König, es dachte, daß dieser mild wie ein Bruder regieren werde, obwohl es doch genügend Beispiele für die Irrigkeit dieser Annahme erlebt hatte, nämlich die Herrschaft Nimrods, Abimelechs und Pharaos. Tatsächlich habe es später im Reich Juda auch nur vier gute Könige gegeben, alle übrigen wie auch sämtliche Könige im Reich Israel waren Tyrannen. Zwar, so Zepper weiter, könne ein König die in 1 Sam 8, 11 ff.

---

[87] Ebenda, 436.
[88] Unter einem Tyrannen versteht Hoenonius nach üblicher Definition entweder einen Herrscher, der seine Herrschaftswürde zu Unrecht innehat — a titulo — oder einen, der seine Herrschaft mißbräuchlich ausübt — ab exercitio. Vgl. Hoenonius, 474 f.
[89] Zu Zepper: ADB 45, S. 85 ff.
[90] Zepper, 207 f., 209.
[91] Zepper, 213 ff.

aufgeführten Lasten und Abgaben verlangen, aber er muß das rechte Maß bewahren, indem er nicht auf persönlichen Luxus, sondern auf das Staatswohl aus ist[92]. Zepper interpretiert den Widerspruch zwischen Dt 17, 14 ff. und 1 Sam 8 nicht weg. Er erklärt die Härte der Bestimmungen in 1 Sam 8 mit der rhetorischen Absicht Samuels und hält die Bestimmungen des Deuteronomiums und eine gemäßigte Anwendung der Rechte aus 1 Sam 8 für das wahre Königsrecht. Die Verfehlung des Volkes, die Gott erzürnte, bestand in drei Verstößen:

— in seiner Blindheit, denn es verlangte einen König, der Recht sprechen sollte, ohne dabei zu sagen: nach göttlichem Recht;

— in seinem mangelnden Gottvertrauen, denn es wollte, daß ein Sterblicher für es kämpfe, wie bei allen Völkern, und verschmähte die direkte Hilfe Gottes selbst;

— in seiner Undankbarkeit Samuel gegenüber, dem es nach so vielen Verdiensten seine auf das Alter zurückzuführende Nachlässigkeit nicht nachsehen konnte.

Gott hatte die Wahl eines Königs nicht zwingend vorgeschrieben, aber in seiner Weisheit vorausgesehen und daher Gesetze für den Fall einer Königswahl erlassen[93]. Auf das Problem, wie sich die positive Verheißung in der Genesis, die ja über die bloße Voraussicht hinausgeht, mit dem Zorn Gottes über den Wunsch der Israeliten vereinbaren läßt, geht Zepper allerdings nicht ein. Hier haben andere Autoren Antworten gegeben, etwa die, daß die Israeliten dem von Gott vorgesehenen Zeitpunkt der Erhebung eines Königs vorgegriffen hätten, etc.[94].

An der Universität Helmstädt entstand im 17. Jahrhundert eine politische Schule, die von der Blüte des Späthumanismus und seiner konsequenten Säkularisierung infolge des „Protestantischen Aristotelismus" geprägt war[95]. Ein früher, aber bedeutender Vertreter dieser Schule ist auf staatsrechtlichem Gebiet zweifellos *Henning Arnisaeus,* dem Horst Dreitzel eine umfassende Monographie gewidmet hat. Arnisaeus (1575-1636), Medizinprofessor in Helmstädt und Frankfurt/Oder, ist durch zahlreiche politikwissenschaftliche Werke bekannt geworden, von denen in unserem Zusammenhang vor allem wichtig sind „De Jure Majestatis" (1610) und „De Autoritate Principum in populo semper inviolabili" (1612). Arnisaeus wandte sich sowohl gegen die Ansprüche des Papsttums auf Einfluß in weltlichen Angelegenheiten als auch gegen die calvinistische Vermischung von Staat und christlicher Gesellschaft. Unter allen Umständen betonte er die Autonomie des Staates.

---

[92] Zepper, 215.

[93] Ebenda, 217 f.

[94] So Calvin, Cunaeus, Schickhardt.

[95] Dreitzel, Prot. Aristotel., 27 f.

So hat für ihn der jüdische Staat des Alten Testamentes keinerlei vorbildliche Funktion, er ist nur als historische Quelle für die politische Wissenschaft interessant. Dennoch bemühte Arnisaeus die theologische Argumentation, um die von ihm abgelehnten Ansprüche der geistliche Sphäre mit eigenen Waffen zu schlagen:

„Aber vergeblich sucht man in seinen Schriften Äußerungen einer spezifisch christlichen Frömmigkeit oder einer Stellungnahme zu dogmatischen Streitigkeiten, wenn man von seinen heftigen Angriffen auf die Herrschaftsansprüche der Kirche, insbesondere des Papstes, absieht. Er zitierte die Bibel hauptsächlich, um die Autonomie der Politik und des Staates zu untermauern, und verwandte die Artikel der Augsburger Konfession über die Aufgabe der Kirche dazu, die Theologie und die Theologen in ihre Grenzen zu verweisen[96]."

Bei der Erörterung bestimmter politischer Probleme hält Arnisaeus durchaus die traditionelle Reihenfolge der Argumente ein. So handelt er bei der Frage nach den Souveränitätsrechten nacheinander die Aussagen der Bibel, der Philosophen, des Aristoteles und die Gesetze verschiedener Staaten, zuletzt die Meinungen der Juristen ab[97]. Er vertritt konsequent einen historischen Relativismus und weist wiederholt darauf hin, daß jede Verfassung nach den jeweiligen äußeren wie inneren Gegebenheiten beurteilt werden muß und ihre Gesetze nicht ohne weiteres auf andere Staaten übertragbar sind. Auch der jüdische Staat macht dabei keine Ausnahme, und es ist nach Arnisaeus absolut unzulässig, aus dem alttestamentlichen Vorbild Regeln für die modernen Staaten abzuleiten[98]. An die Stelle der typologisch-christlich fundierten Politik, deren Grundlage ja eigentlich die Gesellschaft ist, tritt bei Arnisaeus der autonome, aus seinen diesseitigen Funktionen bestimmte Machtstaat:

„Die Reduktion der staatlichen Aufgaben auf Recht- und Friedensbewahrung bedeutete nicht nur eine Abweichung von den Auffassungen seines Lehrers Aristoteles, der den Staat als totale Lebensgemeinschaft, als geschlossene Kult- und Sittengemeinschaft sowie als Wirtschaftsverband dargestellt hatte, sondern auch eine Ablehnung aller jener Pflichten, die Luther und Melanchthon den adligen und städtischen Obrigkeiten predigten und die seit der Reformation zum festen Bestand der protestantischen Staatsauffassung gehörten: die Sorge für das soziale Wohlergehen der Untertanen, für ihre Erziehung und Bildung, für ihre Rechtgläubigkeit und ihre sittliche Lebensführung[99]."

Andererseits sah Arnisaeus im Staat keine Noteinrichtung oder Strafe für den Sündenfall, sondern die natürliche Folge des menschlichen Geselligkeitstriebes[100]. Ein Widerstandsrecht des Volkes oder seiner Vertreter gegen den Monarchen lehnte er entschieden ab, er gestand es nur für den äußersten Notfall zu, daß ein Herrscher die naturgegebenen Zwecke des Staates gänz-

---

[96] Dreitzel, Prot. Aristotel., 77 f.; vgl. auch 159, 195 f., 378.

[97] Arnisaeus, de jure Majestatis, 209 ff.; Dreitzel, Prot. Arist., 133 Anm. 7, 246.

[98] Dreitzel, Prot. Arist., 279, 282.

[99] Dreitzel, Prot. Arist., 247.

[100] Ebenda, 177 ff., 199, 208 f.

lich mißachten sollte. Kein Herrscher könne nämlich die Gebote Gottes und das Naturrecht aufheben, und Gott strafe selbst die Tyrannen[101]. Mit dem Widerstandsrecht setzte sich Arnisaeus ausführlich in der erwähnten Schrift „De auctoritate principum" auseinander[102]. Er zerpflückt dabei gründlich die Argumente seiner Gegner, die diese aus der Heiligen Schrift, insbesondere dem Alten Testament bezogen haben. Er geht dabei zwar nicht direkt auf das Königsrecht aus 1 Sam 8 ein, seine Gedankengänge sollen aber doch kurz referiert werden. Arnisaeus wendet sich nachdrücklich gegen die Theorie eines Vertrages zwischen Herrscher und Volk oder gar eines Doppelbundes zwischen Herrscher, Gott und Volk und widerlegt alle Argumente, die aus der Bibel für diese Theorie herangezogen werden[103]. So wird von den Befürwortern des Widerstandsrechtes auf Elia, der auf eigene Verantwortung die Baalspriester töten ließ (1 Kg 18, 40), hingewiesen. Dies entkräftet Arnisaeus mit dem Argument, Elias sei weder Vertreter der Priester noch des Volkes gewesen, sondern habe als Prophet im heiligen Zorn gehandelt und habe daher eigentlich außerhalb der staatsrechtlich relevanten Ordnung gestanden[104]. Nirgends in der Heiligen Schrift, so faßt Arnisaeus zusammen, sei der König als Vertragspartner des Volkes aufgetreten, niemals sei die Macht dem König vom Volk gegeben worden, Gott habe auch bei den Juden niemals eine Erhebung des Volkes gegen die Tyrannen gebilligt[105]. Das Volk Israel forderte einen König nach dem Vorbild der Nachbarvölker (1 Sam 8, 5, 19 f.): „Constat autem vicinos Reges absoluto imperio, quod Regium vocamus, in subditos, sine speciali ullo pacto, sine exceptionibus onerum & munerum, usos fuisse." Daher bestand auch bei den Juden kein irgendwie geartetes Vertragsverhältnis, das ein Widerstandsrecht begründen könnte. Nicht einmal Saul war in seiner Herrschaft durch einen Vertrag gebunden[106]. Arnisaeus führt seine Argumentation nicht nur aus der Schrift selbst, nachdem er alle Argumente aus der Schrift mit der Schrift widerlegt hat, lehnt er in einem zweiten Schritt die Allgemeinverbindlichkeit und Gültigkeit der jüdischen Gesetze ab[107].

Ausführlicher geht Arnisaeus auf das Königsrecht des Alten Testamentes in seinem Buch „de jure Majestatis" ein[108]. Hier behandelt er die Grundlagen der fürstlichen Souveränität. Für Arnisaeus war der Staat seinem Wesen nach Herrschaftsordnung, seine Souveränität war die Voraussetzung einer

---

[101] Ebenda, 184 f., 225, 227, 234.
[102] Dazu: Dreitzel, ebenda, 228 f.
[103] Arnisaeus, de auct. princ., 8 ff.
[104] Ebenda, 9.
[105] Ebenda, 12.
[106] Arnisaeus, de auct. princ., 14 f.
[107] Ebenda, 16.
[108] Dazu Dreitzel, Prot. Arist., 219 ff.

eigenständigen Existenz. Traditionell wurden die Souveränitätsrechte von der Regalienfrage her behandelt[109]. Zweifellos ist Arnisaeus in diesem Punkt stark von Bodin beeinflußt. Er definiert den souveränen Herrscher als denjenigen, der keinen Höheren über sich hat, der den Staat allein regiert und zu diesem Zweck Steuern einzieht. Über die Majestätsrechte herrsche aber große Uneinigkeit unter den Rechtsgelehrten und Philosophen, daher will Arnisaeus eine ausführliche Prüfung dieses Problems vornehmen, und er beginnt mit Samuel[110]. Den Wunsch des Volkes Israel nach einem König, die Bevorzugung der Knechtschaft vor der Freiheit hält er für ein Beispiel von Geistesverwirrung. Bei der Frage nach der speziellen Schuld der Israeliten, die viele andere Autoren bewegt, hält sich Arnisaeus nicht lange auf:

„Ne enim nescii Judaei, quantam sibi asciscerent potestatem, Samuel universum jus Regis iis prius ob oculos ponere voluit, 1 Reg c. 8., quod postea in formam legis redactum reposuit ante faciem Domini, 1. Regc. 10. = 1 Kg 10, 25[111].“

In der alten Streitfrage, welches Gesetz in 1 Sam 10, 25 gemeint sei, entscheidet sich Arnisaeus in Anlehnung an Josephus für 1 Sam 8, 11 ff.

Weiter wendet sich Arnisaeus gegen die Übersetzung des hebräischen Grundwortes „Misphat“ mit Sitte bzw. Art und Weise. Denn es sei nicht allein der Könige Art und Weise, ihre Macht zu mißbrauchen, dieses Verhalten sei auch bei anderen Obrigkeiten anzutreffen, etwa bei den Söhnen Samuels. Hier bedient sich Arnisaeus eines originellen, wenn auch wenig überzeugenden Argumentes. Recht bezeichne hier vielmehr die Macht, sich Rechte herauszunehmen:

„Sed voluit Samuel ... populum admonere majoris licentiae, quam sibi vendicare possent reges, si quando plenitudine potestatis uti vellent, atque ita apparet nomen juris significare hic potestatem iure concessam...[112].“

Der Unterschied zwischen König und Tyrann besteht nach Arnisaeus nicht in den Rechten, die sie für sich in Anspruch nehmen, sondern in dem Zweck, zu welchem sie diese Rechte anwenden: Daher können die genannten Rechte 1 Sam 8, 11 ff. wohl auch einmal tyrannisch angewandt werden. Arnisaeus legt dann im einzelnen dar, welchen staatlichen Aufgaben die einzelnen Rechte aus 1 Sam 8 entsprechen und Genüge leisten[113]. Den vermeintlichen Widerspruch zwischen Dt 17, 14 ff. und 1 Sam 8 löst er, wie viele andere auch, indem er jenes zum Gesetz des Herrschens, dieses zum Gesetz des Gehorchens erklärt[114].

---

[109] Ebenda, 212, 216 ff.; de jure Majestatis, 214 ff. S. auch Quaritsch, 256 ff.

[110] De jure Majestatis, 214.

[111] Ebenda, 215.

[112] Ebenda, 216.

[113] De jure Majestatis, 217 ff.

[114] De jure Majestatis, 219.

Arnisaeus legt 1 Sam 8 konsequent im Sinne der Staatsräson aus. Wenn er
auch an sich die Bedeutung eines Schriftbeweises abstritt, so kam er doch den
möglichen Einwänden seiner Gegner durch eine gründliche, manchmal allerdings gezwungene Auseinandersetzung mit den Schriftzeugnissen zuvor.

Ein weiterer bedeutender Vertreter der Helmstädter Universität war *Hermann Conring* (1606-1681), Professor für Naturphilosophie, Medizin und
Politik[115], den mit Arnisaeus eine in vielen Punkten gemeinsame Auffassung
verband. Hermann Conring gilt zusammen mit Christoph Besold als der
eigentliche Begründer der politischen Wissenschaft als selbständiger Disziplin[116]. Erik Wolf charakterisiert Conrings politische Vorstellungen:
„Über das ‚positive' Recht und die Staatsräson hinaus gab es für Conring kein System
allgemeiner ethischer Lehren oder Ordnungsgrundsätze des politischen Handelns
mehr, die sich aus philosophischer Reflexion oder theologischer Offenbarung herleiten. Auch sein Rechtsdenken richtete sich nur nach der Staatsräson, deren Befolgung
er dem Staatsmann als alleinige Richtschnur seines Handelns empfahl. Wo er gelegentlich noch von ‚Naturrecht' gesprochen hat, das in Regeln besteht, ‚quae natura
omnibus hominibus invinxit oder mutuo vel consensu gentes moraliores pepigit',
meinte er damit kein ethisches Korrektiv des positiven Rechts. Auch seine Erklärung,
daß diese Regeln für das positive Staatsrecht verbindlich seien, bedeutete nur, daß es
gewisse naturhaft-empirische Grundlagen des politischen Ganzen gebe[117]."

Aus dem außerordentlich umfangreichen Werk Conrings soll zur Untersuchung seiner Interpretation von 1 Sam 8 die „Dissertatio de republica
Ebraeorum" herangezogen werden, zumal er in seinen politischen Werken
sonst selten Bibelzitate heranzieht[118]. Conrings Erörterung[119] der Textstelle
hat mit der seines Kollegen Arnisaeus viel gemeinsam: Das Volk in seiner
Dummheit verschmähte Gott und zog die Knechtschaft der Freiheit vor.
Gott trug Samuel auf, dem Volk die Konsequenzen dieser Verachtung der
göttlichen Herrschaft klar vor Augen zu halten. Conring setzt sich dann mit
der von Schickhard und Cunaeus im Anschluß an die rabbinischen Schriften vertretenen Auffassung auseinander, Gott habe dem Volk in Dt 17,
14 den Befehl zur Errichtung des Königtums gegeben. Dem hält Conring den
seiner Meinung nach klaren Schriftsinn entgegen, der besagt, daß Gott hier
keinen Befehl gibt, sondern sich mit den Bedingungen für den möglichen Fall
der Königswahl auseinandersetzt[120]. Conring diskutiert dann den für ihn
sehr wichtigen Einwand, in 1 Sam 8, 11 ff. werde kein Recht gegeben, da
dieses Recht ungerecht sei. Unter diesen Umständen wird „Recht" dann als
Sitte oder Gewohnheit verstanden. Diese Deutung lehnt Conring ab:

---

[115] E. Wolf, Große Rechtsdenker, 220 ff.; Willoweit in Stolleis (Hg.), 129 ff.

[116] Dreitzel, Prot. Arist., 279.

[117] E. Wolf, 240 f.

[118] Außer im dritten Band seiner Werke ist Conrings Abhandlung „de republica
Hebraeorum" auch in dem von Thomas Crenius herausgegebenen Sammelband enthalten.

[119] Conring, Opera, Bd. 3, 852 ff., Nr. LI ff.

[120] Ebenda, 853, Nr. LIII.

„At nec de vero est intelligenda, hoc est, de facultate honeste aliquid agendi. Longe enim alia vivendi ratio praescribitur regi in ea parte legis, quae est de officio regis. Intelligitur ergo *juris* vocabulo & appellatur id, quod effectum aliquem juris habere debebat, id est, non resistendi obligationem[121]."

„Recht" entzieht sich demnach der moralischen Bewertung, es geht hier um die notwendigen Voraussetzungen staatlichen Handelns. Genau dieses Argument war auch bei Arnisaeus begegnet. Conring schließt daran Betrachtungen über die Form der israelitischen Monarchie an. Im Anschluß an Aristoteles (Politik III, 14) hält Conring den israelitischen Staat für eine Mischung aus Alleinherrschaft und despotischer Herrschaft, unter der der Staat wie ein Hauswesen als Eigentum eines einzelnen behandelt wird. Eine durch Gesetze beschränkte Monarchie stelle der israelitische Staat nicht dar, weil der König zur Einhaltung der Gebote aus Dt 17, 14 ff. nicht dem Volk, sondern nur Gott verpflichtet ist. Dem Volk bleibe kein Mittel gegen königliches Unrecht, selbst wenn es göttlichen Geboten zuwiderhandelt[122]. Das Recht aus 1 Sam 8 sei auch das in 1 Sam 10, 25 gemeinte[123].

Conring versteht 1 Sam 8 als Beleg für die souveräne Macht der Könige in der Gesetzgebung. Das Problem, das daraus entsteht, daß diese absolute Macht faktisch durch das mosaische Gesetz eingeschränkt und daher keine ist, löst er, indem er das mosaische Gesetz zum Naturgesetz erklärt, dem ein König allemal verpflichtet sei. Allerdings können Verstöße gegen dieses göttliche Gesetz kein Widerstandsrecht beim Volk begründen[124]. Conring bemüht sich in gleicher Weise wie Arnisaeus, den Rechtsbegriff ohne moralische Kriterien zu definieren. Damit ist der Endpunkt der Entwicklung der Auslegung von 1 Sam 8, 11 ff. unter dem Aspekt des Rechtsverständnisses erreicht. Recht ist ein säkulares, innerweltliches Problem geworden. 1 Sam 8 ist dabei allein unter historischem Gesichtspunkt wichtig.

Dieser Überblick über die Auslegung von 1 Sam 8 in der deutschen Staatsrechtslehre zeigte auch, daß keine signifikanten Unterschiede zwischen lutherischen und reformierten Interpretationen bestehen[125]. Freilich besaß der jüdische Staat des Alten Testamentes für Calvinisten in weitaus größerem Maße als für Lutheraner Vorbilds- und Maßstabsfunktion.

Der Calvinismus gilt in den deutschen Territorien als Förderer eines „freieren korporativ-genossenschaftlichen Geistes der sozialen und politischen Institutionen"[126], gleichzeitig auch als Wegbereiter der modernen

---

[121] Ebenda, 854, Nr. LIV.

[122] Conring, Opera, Bd. III, 856, Nr. LX.

[123] Ebenda, 856 f., Nr. LXI.

[124] Conring, Opera, Bd. 3, 857, Nr. LXIII.

[125] S. Klein, Recht und Staat, 510 f.

[126] Hintze in HZ 144 (1931), 234.

Ideen von der Staatsräson. Das Luthertum bewahrte im allgemeinen eher ein patriarchalisches Herrschaftsideal, aber in konkreten Fragen der politischen Praxis ist der Unterschied zwischen den Konfessionen sehr gering gewesen.

7. Erläuterungen zu 1 Sam 8 in Realienbüchern

Eine besondere Literaturgattung bilden Realienbücher zur israelitischen Geschichte und Verfassung. Hier geht es nicht direkt um politische Diskussionen, sondern hier werden Sachinformationen gegeben, die gleichwohl in politischen Schriften herangezogen werden können. Die Realienbücher, die im 16. und 17. Jahrhundert auf allen Gebieten des Wissens entstanden, beruhten auf dem wachsenden Interesse der Zeit an der Erarbeitung von Faktenmaterial und der zunehmenden Bedeutung der Statistik. Die Gattung reicht von einfachen, weitgehend am Alten Testament orientierten Schilderungen bis zu gelehrten, philologisch und historisch argumentierenden Abhandlungen. Bis ins 18. Jahrhundert hinein werden die Realien des Alten Testamentes ohne außerbiblisches Vergleichsmaterial beschrieben[1]. Trotzdem zeigt sich an dem Anwachsen der Realienliteratur seit dem 16. Jahrhundert ein starkes Interesse an Beschreibungen aller historischer und zeitgenössischer Staaten. Diese politica specialis sollte die allgemeine Vernunft und Einsicht in die politica generalis befördern[2].

Es empfiehlt sich, die Realienbücher als eigene Gruppe zusammenzufassen, weil sie von ihrer Intention her an konkreten politischen und staatsrechtlichen Fragen zunächst uninteressiert sind. Dies gilt in besonderem Maße für die Schrift „De Republica Hebraeorum libri VIII" (erstmals 1583) des italienischen Juristen und Historikers *Carolus Sigonius* (1523-1584). Die Darstellung des Sigonius ist sachlich, frei von zeitgeschichtlichen Anspielungen und Polemik[3]. Sigonius erklärt, worin sich das Königtum von der Richterzeit inhaltlich unterscheidet:

„Iudicibus inde successere reges, qui ab eis longe diversi fuerunt, quia & ratio creandi fuit alia, & potestas, atque auctoritas multo maior, ut non tam a legibus, quam ab arbitrio, & voluntate regis profecta sit[4]."

Die Macht des Königs wird also weniger durch Gesetze als durch seinen subjektiven Willen und Ehrgeiz gestützt. In seinem Wunsch nach einem

---

[1] Kraus, 88.

[2] Vgl. dazu den Sammelband: Rassem/Stagl (Hgg.), Statistik und Staatsbeschreibung in der Neuzeit.

[3] Zu Sigonius: Diestel, 467.

[4] Sigonius, 450.

König habe das Volk ausdrücklich die wesentlichen Aufgaben des Herr-schers genannt, nämlich „principatum inquam iudiciorum, & belli"[5]. Gott habe vorausgesehen, daß die Hebräer eines Tages unzufrieden mit den Richtern, d. h. der aristokratischen Staatsform sein würden und habe ihnen daher vorsorglich in Dt 17, 14 ff. einige Richtlinien für die Königserhebung gegeben[6]. Unzufrieden mit den Söhnen Samuels gingen die Ältesten des Volkes zu Samuel und forderten von ihm einen König von der Art der anderen Völker: „Quibus verbis regem legibus superiorem, sive legibus scriptis solutum flagitarunt[7]." Dieses uneingeschränkte Herrschaftsrecht sei in 1 Sam 8, 11 ff. enthalten und später von Samuel noch einmal niederge-schrieben worden (1 Sam 10, 25). Sigonius geht nicht auf die unterschiedli-chen Meinungen zu diesem Punkt ein. Er entscheidet sich für die „absolutistische" Lösung, ohne Dt 17, 14 ff. entsprechend abzuwerten.

Gilbert Genebrard († 1597), Benediktiner und scharfer Gegner Heinrichs IV., geht in seiner „Chronographia" nur ganz kurz auf dieses strittige Thema ein. Vergebens warnte Samuel das törichte Volk vor dem Königtum, bei dem stets auch Knechtschaft ist. Das wahre Recht der Könige ist in Dt 17, 14 ff. niedergelegt, in 1 Sam 8 ist allerdings die Gewohnheit der Könige geschildert[8].

Recht ausführlich behandelt *Petrus Cunaeus* (1586-1638) das Königtum der Hebräer. Cunaeus, ein niederländischer Jurist und Theologe, hatte sich als Orientalist einen Namen gemacht. In seinem Hauptwerk „De Republica Hebraeorum", erstmals 1617 erschienen, stellt er seine gründliche Kenntnis der rabbinischen Schriften, insbesondere der des Maimonides, unter Beweis. Er übernimmt die Meinung des Maimonides, die Errichtung des Königtums sei den Israeliten in Dt 17, 14 von Gott vorgeschrieben worden. Gottes Zorn beruhe also nicht auf der Tatsache, daß überhaupt Könige gewählt wurden, sondern darauf, „quia regem concupivissent per ambiguas querelas, seditio-sasque voces, non uti legis praeceptum peragerent"[9]. Im übrigen sei der gesamte Osten an Könige gewöhnt. Gott hat demnach nicht aus Liebe und Sorge die Herrschaft Saul gegeben, sondern um unter seiner abschreckenden Herrschaft den Glanz Samuels umso heller erstrahlen zu lassen[10]. Mit den einzelnen Bestimmungen des Königsrechts in 1 Sam 8, 11 ff. hält sich Cuna-eus nicht weiter auf, er geht zu der Frage über, welches Recht Samuel dem Volk schriftlich hinterlegte (1 Sam 10, 25). Hier widerspricht Cunaeus Fla-vius Josephus. Er selbst ist anders als dieser der Ansicht, Samuel habe die

---

[5] Ebenda, 455.
[6] Ebenda, 451 f.
[7] Ebenda, 453.
[8] Genebrard, 103.
[9] Cunaeus, 113.
[10] Cunaeus, 113 f.

Vorschriften aus Dt 17, 14 ff. niedergeschrieben, die dem König Gerechtigkeit und Gottesfurcht vorschreiben[11]. Weiter erklärt Cunaeus, daß die Israeliten ein Priesterkönigtum besaßen, was nach Aristoteles die erste und
ursprüngliche Form der Herrschaft sei. Der König habe eindeutig den
Vorrang vor der Priesterschaft besessen. Die Ursache seiner quasi gottglei-
chen Erhöhung habe in der Salbung gelegen, die dem König eine solche
Majestät verlieh, daß er auf Erden als Heiliger galt und mit Gott in direktem
Umgang stand[12]. Petrus Cunaeus hat eine grundsätzlich positive Einstellung
zur Monarchie, er ist bereit, ihr weitgehende Machtbefugnisse einzuräumen,
in der Hoffnung, daß die Könige aus sich heraus Gerechtigkeit üben werden.

Eine sehr breit angelegte, reichlich aus den rabbinischen Schriften zitie-
rende Darstellung ist das „Jus Regium Hebraeorum" von *Wilhelm Schickhard,* 1625 erstmals erschienen. Spätere Auflagen wurden von J. B. Carpzow
mit umfangreichen Anmerkungen versehen. Schickhard (1592-1635) war
Mathematiker und Orientalist in Tübingen. Wie Cunaeus übernimmt
Schickhard die rabbinische Lehre, daß die Errichtung des Königtums von
Gott vorgeschrieben war, Zorn habe allein der Zeitpunkt des Wunsches
erregt und die Tatsache, daß die Israeliten nicht das Gesetz erfüllen wollten,
sondern einfach Samuels überdrüssig waren. Dieser Auffassung widerspricht Carpzow in der Anmerkung. Er listet verschiedene Irrtümer und
Widersprüche der Rabbiner auf, zieht dann aber selbst Rabbi Abarbanel
heran, um seine Ansicht, daß in Dt 17, 14 kein Gebot enthalten sei, zu
bekräftigen: „Falsum ergo & hoc alterum assertum Autoris (= Schickhard),
aberrasse Israelitas tantum in forma, non jure petendi. Peccarunt, inquam,
Regem petendo utrobiq; & quoad rem ipsam, & quoad rei modum[13]."
Schickhard referiert ausführlich die rabbinischen Ansichten über das
Königsrecht 1 Sam 8, 11 ff.[14]: Die einen meinen, es sei nur zur Abschreckung
gesagt und interpretieren das Wort „Recht" als Gewohnheit, andere — die
maior pars — sagen, diese Rechte seien in maßvoller Anwendung dem König
zugestanden. Die Praxis müsse sich nach dem Nutzen für den Staat richten.
Ausdrücklich beruft sich Schickhard auf Maimonides, der ihm alles Wesentliche zu diesem Thema gesagt zu haben scheint:
„Quaecunque hoc textu dicta sunt, competunt regi. Is emittit in omnes terminos &
assumit fortes virosq strenuos pro comitatu suo & equitibus. Constituit etiam qui
ante se stent vel currant, numerata mercede. Tollit quoque jumenta pro precio eorum:
item agros, oliveta & vineas pro servis suis, ut eas depascantur, quando in militiam
profecti non aliud habent, quod edant, etc.[15]."

---

[11] Cunaeus, 115 f.
[12] Ebenda, 118 f., 121 f.
[13] Carpzow, Anm. zu Schickhard, 6.
[14] Schickhard, 160 ff.
[15] Schickhard, 161.

Schickhard geht sehr ausführlich auf jede einzelne rechtliche Bestimmung aus 1 Sam 8, 11 ff. ein und stellt sie in seiner Interpretation als notwendige Grundlage herrscherlichen Handelns hin. Den Satz: „Eure Söhne wird er nehmen" interpretiert er so, daß jeder König Begleiter und Diener zum Schutz und zur Gesellschaft brauche. Bis ins einzelne wird nun die praktische Handhabung dieser Anweisung diskutiert: Wie und wo soll ein König seine Leute aussuchen, inwieweit muß er äußere Schönheit berücksichtigen, etc.[16]. Zu 1 Sam 8, 13 heißt es:

„Eget Rex panificis et coquis; quae officia olim erant curae masculinae, quando Pharaonis pistor suspensus esse legitur, Gen 40, 22. postea cum viri virilius agere, h. e. studiis militaribus se dedere coepissent, ad foeminas devoluta sunt[17]."

Auf diese Weise werden alle Einzelrechte aus 1 Sam 8 als notwendige und dem König zweifellos zustehende Hofdienste interpretiert. In ähnlicher Weise werden anschließend die Gebote aus Dt 17, 14 ff. besprochen[18], an die sich Ermahnungen im Stil der Fürstenspiegel anschließen.

Schickhard ist von seinen rabbinischen Quellen insofern geprägt, als er die versöhnliche Tendenz, die Bemühung um den tieferen Sinn, die das Hauptmotiv der rabbinischen Schriftauslegung ist, übernimmt. Sein Buch stellt insgesamt eine Zusammenfassung der rabbinischen Literatur dar.

Zur Gattung der Realienbücher kann auch mit einigen Einschränkungen das Werk von *C. B. Bertram* „De Republica Ebraeorum" gerechnet werden. Freilich wird das Buch kaum einem höheren wissenschaftlichen Interesse gerecht, es ist weitgehend erbaulicher Natur. Bertram († 1594), reformierter Prediger und Orientalist in Genf, schildert ausführlich die Geschichte Samuels[19]: Er habe die Rechtsprechung, die daniederlag, wiederhergestellt und sei als Richter von Ort zu Ort gezogen. Als er alt geworden war, sei er zuhause in Rama geblieben und habe seine Söhne in Beerscheba als seine Vertreter eingesetzt. Aber als seine Söhne das Recht beugten, seien die Ältesten gekommen und hätten um einen König gebeten, wie ihn alle Völker haben. Samuel brachte diese Bitte vor Gott, der seinen Propheten tröstete und ihm auftrug, das Volk vor dieser Einrichtung zu warnen, indem er ihnen das beinahe tyrannische Recht des Königs vortragen sollte[20]. Ohne Problembewußtsein geht Bertram über diese Stelle hinweg und beendet das Kapitel mit der Feststellung: Da das Volk hartnäckig blieb, bezeichnete der Prophet auf Gottes Befehl hin Saul als König.

Die Darstellung der Realien des israelitischen Staates allein aus den Heiligen Schriften stellt *Johann Stephan Menochius* († 1656), ein italienischer

---

[16] Ebenda, 166 f.
[17] Ebenda, 169 f.
[18] Ebenda, 173 ff.
[19] Bertram, 112 f.
[20] Ebenda, 116.

Jesuit, ausdrücklich als Anliegen und auch Vorzug seines Buches „De Republica Hebraeorum" heraus. Er zieht keine anderen — seiner Meinung nach nur verfälschenden — Quellen heran. Insbesondere an Schoockius richtet Menochius den Vorwurf, rabbinische und andere unorthodoxe Quellen zu stark benutzt zu haben[21]. In dem Kapitel, das sich mit der Königsherrschaft beschäftigt, stellt Menochius zunächst die Gründe vor, die die Israeliten bewogen, einen König zu fordern. Die Argumente, die Söhne Samuels seien korrupt und das Volk selbst brauche einen Heerführerkönig, hält Menochius für vorgeschoben. Der wahre Grund ist seiner Meinung der, daß die Israeliten sich in törichter Weise vom Glanz und Ruhm der benachbarten Könige blenden ließen. Danach wendet sich Menochius von 1 Sam 8 ab und interpretiert die einzelnen Bestimmungen von Dt 17, 14ff., die er offenkundig als wahres Königsrecht versteht. Dieses Gesetz wurde auch nach der Wahl Sauls von Samuel im Tempel niedergelegt. Menochius versteht das Königsgesetz Dt 17, 14ff. als wahre Bestimmung zur Klärung des Verhältnisses zwischen Gott und Herrscher, weniger als Abwägung von Pflichten und Rechten zwischen Herrscher und Volk[22].

Auf die Tatsache, daß die Königsgesetze miteinander konkurrieren, geht Menochius nicht ein, die eigentliche Problematik von 1 Sam 8 interessiert ihn nicht.

8. Moralische Betrachtung und persönliche Tröstung: Das Verständnis von 1 Sam 8 in erbaulichen Schriften

Seit dem 16. Jahrhundert entstand eine große Anzahl von an der Bibel orientierten Schriften, die wegen noch zu erläuternder Gemeinsamkeiten unter dem Oberbegriff „erbaulich" zusammengefaßt werden können. Zunächst sind damit Schriften gemeint, die kein politisch-wissenschaftliches, sondern ein belehrendes und moralisches Interesse prägt. Verfolgt man die Erbauungsliteratur zu ihren Ursprüngen, so stößt man auf verschiedene Wurzeln. Hierzu sollen einige Gedanken in Thesenform vorgebracht werden.

1. Erbauliche Schriftauslegung ist nicht typologisch. Sie bevorzugt die Allegorese und vernachlässigt den wörtlichen sowie den typologischen Sinn[1]. Die Allegorie unterstreicht die moralische Absicht der Erbauungsliteratur.

---

[21] Menochius, ad lectorem.
[22] Ebenda, Sp. 51 ff.
[1] Diestel, 308.

2. Von der persönlichen Tröstung und Seelenaufrichtung in der Frühzeit des Protestantismus führt ein Weg zu den Erbauungsschriften als Element der Aufklärungsliteratur im 18. Jahrhundert. Die erbaulichen Schriften zielen über das Gefühl auf den Verstand, sie stellen die Ordnung der Welt in ästhetisch ansprechender Form dar. Eine ähnliche Konzeption läßt sich auch in der Trauerspielliteratur der Zeit wiederfinden.

3. Im 16./17. Jahrhundert muß die erbauliche Literatur im Verhältnis zur Physikotheologie und zum Pietismus definiert werden. So haben erbauliches und physikotheologisches Schrifttum schon äußerlich gemeinsam, daß beide mit Blick auf die moralische Nutzanwendung die Heilige Schrift bzw. das Buch der Natur zitieren[2]. Dieser Gemeinsamkeit liegt die Tatsache zugrunde, daß beide Erscheinungen von gleichen Entstehungsbedingungen herrühren. Denn der in seinen Auswirkungen schon beschriebene kopernikanische Schock führte einerseits dazu, daß sich die biblische Verfallstheorie zur weltimmanenten Idee der Fortschrittlichkeit mit bewußter Hinwendung zur Natur wandelte, und andererseits dazu, daß die alte Heilsgewißheit einem neuen Begriff der Transzendenz Platz machte, in deren Rahmen sich auch die erbauliche Komponente des biblischen Zitierens einordnete. Der Schock des 16. Jahrhunderts wurde im 17. Jahrhundert gerade durch die Erbauungsliteratur und die neue Frömmigkeit überwunden[3].

4. Bei der Popularisierung des erbaulichen Schrifttums spielt der „Literaturbetrieb" eine entscheidende Rolle[4]. Der deutsche Büchermarkt war bis zum Ende des 18. Jahrhunderts fast völlig von einem protestantischen, meist geistlichen Schriftstellerstand und seinem umfangreichen religiösen Schrifttum beherrscht. Besonders zahlreich sind die Neuerscheinungen im 17. Jahrhundert, und eine besondere Rolle spielen seit Spener pietistische Publikationen, die sich durch eine Überfülle der Bibelzitate auszeichnen. Erst im 18. Jahrhundert treten in den — für die unteren Schichten in billigen Drucken vorliegenden — Erbauungsschriften auch vernünftige und aufklärerische Tendenzen bei der Erörterung gesellschaftlicher Probleme zutage. Im wesentlichen dienen diese Schriften zur Stärkung und Tröstung bei persönlichem Ungemach und Leid. Erbaulichkeit soll aber nicht nur auf eine bestimmte literarische Gattung beschränkt werden, sondern als spezielle Verstehensweise von allgemeinen Phänomenen begriffen werden.

5. Im erbaulichen Schrifttum wird noch dann biblisch-allegorisch zitiert und argumentiert, als diese Zitierweise weder in der politischen Wissenschaft

---

[2] Hierzu und zum folgenden: W. Philipp, Werden der Aufklärung. Die ersten Naturpredigten hat es im 16./17. Jahrhundert gegeben.

[3] Lehmann, 114.

[4] Lehmann, 114 ff.

noch in der theologisch-wissenschaftlichen Kontroversliteratur länger gebraucht wird. Es bleibt zu prüfen, inwieweit in den erbaulichen Schriften Versatzstücke der älteren Literatur enthalten sind. Weiter stellt sich die Frage, ob es sich bei den erbaulichen Schriften des 16. und 17. Jahrhunderts um „abgesunkenes Kulturgut" handelt, nämlich um die Erhaltung einer literarisch-theologischen Tradition mit neuer Zielsetzung für eine bestimmte Schicht des Publikums, nämlich die untere. Dabei ist durchaus denkbar, daß die Orientierung auf die Mittel- und Unterschichten erst zu einem späteren Zeitpunkt erfolgte. Hier ist auch die Ursache dafür zu suchen, daß der ursprünglich positiv besetzte Begriff „erbaulich" in Mißkredit geraten ist.

Wie in einer als erbaulich zu charakterisierenden Schrift mit der Auslegung von Bibelstellen verfahren wird, kann man sehr deutlich bei *Urbanus Rhegius* und seinem „Handtbüchlein eines christlichen Fürsten" sehen. Rhegius will in seiner Schrift das Amt des Fürsten beschreiben und diesem zugleich bei seiner schweren Aufgabe Beistand leisten. Zur Beschreibung des Fürstenamtes trägt Rhegius aus der gesamten Heiligen Schrift Bibelstellen zusammen, aber typischerweise nur solche mit allgemeinmoralischem Charakter. Ein Hinweis auf 1 Sam 8 fehlt völlig und aus Dt 17 werden nur die Verse 18 und 19 erwähnt, die in Rhegius' Interpretation die Gottesfürchtigkeit des Königs zum Inhalt haben[5]. Dabei begegnet auch der zentrale Topos der erbaulichen Fürstenspiegelliteratur, daß nämlich Regieren ein schweres Amt sei. In gleicher Weise wird auch die Geschichte Davids als Beispiel für die Schwere des Regentenamtes geschildert, ohne daß auf die Sünden Davids eingegangen wird[6]. Saul dient als Beispiel eines gottlosen Königs, nicht etwa wegen seiner Übergriffe auf seine Untertanen, sondern wegen seines mangelnden Gehorsams Gott gegenüber[7]. Die christliche Obrigkeit soll sich in ihrem schweren Amt an den Königen des Alten Testamentes aufrichten[8]. In dieser Schrift sind die erbaulichen Tendenzen, die auch in der schon besprochenen Schrift des Rhegius „Von Leibeigenschaft und Knechtschaft" enthalten waren[9], verstärkt worden. Hatte die zuletzt genannte Schrift noch zur konkreten Bestimmung der Pflichten und Rechte durch die Themenstellung genötigt, so bleibt das „Handtbüchlein" vollends im Allgemeinen. Ähnliche Beobachtungen kann man auch bei Johannes Brenz machen[10], nämlich daß der erbaulichen Schriftauslegung ein privatistischer Zug eigen ist. Gesellschaftliche oder — im alten Sinn — politische Probleme werden zu existen-

---

[5] Rhegius, Handtbüchlein, Bl. LXXV aff.
[6] Ebenda, Bl. LXXXVI bf.
[7] Ebenda, Bl. LXXVIII a.
[8] Ebenda, Bl. LXXXV a.
[9] S. o. Kap. III., 3.
[10] S. o. Kap. III., 3.

ziellen jedes einzelnen Menschen, d. h. seiner Sündhaftigkeit, Gottesfürchtigkeit oder Demut. Die politische und staatsrechtliche Auslegung des Alten Testamentes tritt deutlich hinter die moralische zurück. Damit vergrößert sich einerseits die Menge der Schriftstellen, die zu einem konkreten Problem herangezogen werden kann, andererseits verlieren konkret politische, kaum moralisch zu interpretierende Stellen ihre Bedeutung und Verwendbarkeit, es sei denn sie werden in verkürzter und verfälschender Weise zitiert. Diese privatistische Tendenz zeigt sich u. a. auch an häufigen Klagen darüber, daß die wenigsten Fürsten wohl regiert haben, ohne daß dieser Äußerung in irgendeiner Weise konkrete politische Relevanz zukäme.

Die gleiche Tendenz findet sich im „Hausveterbuch" von *Erasmus Sarcerius* wieder. Sarcerius[11] bemüht sich, aus der Bibel das Bild der frommen, patriarchalischen Herrschaft zu rekonstruieren und richtet seine Zitatenauswahl danach aus. Könige fördern die Religion und schützen das Volk. Wie Rhegius zitiert Sarcerius aus Dt 17 nur den Vers 18 f., wo von der Gottesfürchtigkeit der Könige die Rede ist. Er unterstützt sein Bild der christlichen Obrigkeit durch zahlreiche Zitate aus den Kirchenvätern. Die schlechte Obrigkeit ist demnach die Folge der Sünden des Volkes.

Georg Lauterbeck, kein Theologe, sondern ein lutherischer Jurist, Kanzler in Mansfeld und Rat in Kulmbach, gestorben 1578, veröffentlichte 1556 ein mehrfach aufgelegtes „Regentenbuch". Obwohl dieses Buch keine erbauliche Zielsetzung hat, sind seine Argumente doch als erbaulich zu charakterisieren. Er beginnt mit einem historisch-politischen Abriß: „Über Ursprung und Vergänglichkeit der großen Reiche". Das zweite Buch ist überschrieben: „Alle Regenten sind von Gott" und spricht über Sittlichkeit und moralisches Verhalten von Fürsten und Untertanen. Lauterbeck bringt traditionelle Topoi der Erbauungsliteratur vor: Der „gemeine pöfel" glaube zu unrecht, die Herrschaft inne zu haben sei ein köstlich Ding, denn die Regenten und Potentaten müssen die „gröste fehrligkeit/ sorge/ mühe/ und arbeit" tragen, bei den Mächtigen herrschen „Macht/ Untrew/ Gifft etc."[12]. Dieses Motiv, das Regieren als Last, wird auch sehr gern emblematisch dargestellt. Der größte Teil der Sinnbilder, die den Regenten oder die Regierung zum Gegenstand haben, läßt sich dieser Intention unterordnen: Bei Fürsten fällt ein kleines Laster mehr auf als ein großes bei einem gewöhnlichen Menschen, ein Fall aus großer Höhe ist sehr schlimm, Herrschen bringt Leiden und Regieren ist eine Last, nach der sich nur ein Unwissender sehnt — dies ist der Inhalt vieler solcher Embleme[13]. Lauterbecks Hinweis, ein Fürst solle in Gottes-

---

[11] Sarcerius ist ein lutherischer Prediger und Pädagoge gewesen; im Hausveterbuch ist das Kapitel „Von der Obrigkeit", Bl. CLXIXb ff. wichtig.

[12] Lauterbeck, Regentenbuch, Bl. LXIII b.

[13] Henkel/Schöne, Emblemata, Sp. 970 f., 1259 f., 1261.

furcht leben und sich nicht zu sehr über seine Untertanen erheben, entspringt wohl der Fürstenspiegelliteratur[14].

Lauterbeck entzieht sich, anders als Rhegius und Sarcerius, nicht einer Auseinandersetzung mit Dt 17, 14 ff. und 1 Sam 8. Er schreibt, daß das Regiment der Könige alt sei und bald nach der Sintflut mit Nimrod angefangen habe und daß seine Gewalt groß geworden sei. Gott habe in Dt 17, 14 ff. „dem Königlichen standt auch ein maß gesetzt"[15]. Dieses Maß bezieht sich vor allem darauf, daß die Untertanen nicht so sehr mit „schatzung" belastet werden sollen. Staatliches Handeln wird bei Lauterbeck wie bei vielen anderen Autoren in erster Linie als fiskalische Tätigkeit verstanden. Dem König winkt bei Befolgung der göttlichen Gebote Lohn:

„Also/ wenn sich ein Konig oder Fürst/ nach dieser kurtzen Regel (= Dt 17, 14 ff.) richten würde/ so were es nicht müglich/ das er unrecht thun und handeln könd. Henget auch eine zeitliche verheissung dran in Josua (= Jos 1, 7 f.)/ Nemlich/ das es denselbigen Königen gelingen sol/ das ist/ Es sol jn glücklich und wol gehen/ und sollen lang leben in jrem Königlichen Regiment[16]."

Aber Gott hat vorausgesehen, daß die Könige sich nicht immer an sein Gebot (Dt 17, 14 ff.) halten werden, „sondern sich mehr gewalts und rechts annemen/ denn jnen gebürt (1 Sam 8)". Lauterbeck interpretiert 1 Sam 8 folgendermaßen:

„Es sollen aber die König am selben ort/ die Schrifft nicht also verstehen/ das sie recht/ fug und macht hetten/ jren Unterthanen jre Kinder und güter mit gewalt zunemen/ sonst hette Gott dem Achab sampt seinem Weibe/ der bösen Jesabel/ von wegen des Weinbergs/ so sie dem Naboth namen/ so hefftig nicht gestraffet... Jedoch weil es die Welt nicht anders haben wil/ so gehet es also zu/ das die Leute/ zu weilen Regenten bekommen/ die solcher gestalt mit jnen umbgehen/ wie die Schrifft am obgemelten Capitel/ des ersten Buchs Samuelis/ meldet/ wie der Storch mit den Fröschen[17]."

1 Sam 8 enthält für Lauterbeck keine Probleme politischer oder rechtlicher Natur. Das spezifisch Erbauliche seiner Darlegung liegt in dieser resignativen Hinnahme der Gegebenheiten, die nicht in Frage gestellt werden, verbunden mit moralischer Belehrung — Fürsten sollen sich nicht erheben —und Tröstung für den einzelnen Untertanen, durch die dieser das Unumgängliche solcher Zeiterscheinungen, — wie es schlechte Fürsten nun einmal sind —, hinzunehmen lernt.

Johannes Schuwardt, ein lutherischer Schriftsteller und Pfarrer († nach 1585), verfaßte eine „Regententafel" und ergänzend dazu einen „Spiegel der Untertanen". Seine wenig originellen, dafür von Sammlerfleiß geprägten Werke zeigen deutlich den Einfluß von Melanchthons Staatsethik. In der streng obrigkeitlichen Darstellung der Regententafel werden problematische

---

[14] Lauterbeck, Regentenbuch, Bl. XXV a.
[15] Lauterbeck, Regentenbuch, Bl. XXIIII b.
[16] Ebenda, Bl. XXV a.
[17] Lauterbeck, Regentenbuch, Bl. XXV a.

Schriftstellen sorgfältig vermieden, auffällig ist hier wieder die rein moralische Betrachtungsweise, kritische Elemente der alttestamentlichen Königsgeschichte bleiben sorgfältig ausgespart. Im Kapitel „Von der Obrigkeit
Ampt" wird 1 Sam 8 nicht erwähnt, auch nicht in den Kapiteln, die die
möglichen Laster der Regenten behandeln, etwa „mit Gewalt fahren und
Tyranney üben" oder „mit unbillicher Beschwerung die Unterthanen mar-
tern" oder gar „Der Unterthanen Güter/ Acker/ Wiesen/ Garten/ Weinber-
ge/ Höltzer/ etc. mit Gewalt zu sich ziehen". Die Geschichte der
Auseinandersetzung zwischen Samuel und dem Volk wird auf den Satz
verkürzt, daß Samuel dem Volk vorhalte, sein künftiges Wohlergehen hänge
von dem Gehorsam gegenüber dem König ab[18]. Allerdings wird bei der
Aufzählung der Tugenden eines Herrschers auf Dt 17, 14 ff. verwiesen.
Schuwardt hält sich konsequent an das Interpretationsschema, in Dt 17,
14 ff. werde geschildert, was ein König tun soll und in 1 Sam 8, was das Volk
erdulden muß. Folgerichtig geht Schuwardt im „Spiegel der Untertanen" auf
1 Sam 8 ein, und zwar im Kapitel „Schatzung und Stewer zu gemeiner Not/
ist ein Unterthan seiner Obrigkeit auch schuldig"[19]. Diese Einordnung bestätigt die schon mehrfach gemachte Beobachtung, daß 1 Sam 8, 11 ff. von
vielen Interpreten weniger von der Frage der Freiheitsrechte, von Despotismus und Sklaverei her verstanden wird, sondern ganz konkret und praktisch
von der Frage der gerechten Besteuerung her. Dieser Aspekt ist weniger bei
Theoretikern des Absolutismus, sondern vorwiegend bei Verteidigern des
patriarchalischen Obrigkeitsstaates anzutreffen. Schuwardt schreibt über 1
Sam 8, 11 ff.:

„Das ist: Ihr werdet mit Leib und gut ewer hohen Obrigkeit müssen dienen/ Denn
unter diesen worten ist solchs alles kurtz begriffen/ wie die Unterthanen ihrer
Herrschaft allerley Schatzung und Stewer/ von den Gütern/ Ackern/ Vieh und
gantzer Haußhaltung/ neben teglich bereitschafft und auffwartung/ zu nötigem
Schutz der Lande werden reichen müssen/ Als denn in einem Lande immer eine
andere Weise in Erlegung der gemeinen Stewren/ von den regierenden Herrn ange-
ordnet wird/ als in dem anderen/ wieder welches alles in gemeiner not keinem
Unterthanen sich freventlich zu setzen/ oder solches zu wegern gebüren wil[20]."

Er beruft sich auf Luther und Melanchthon in den loci communes, um die
Einschränkung, daß die Obrigkeit nicht über das Maß der Notwendigkeit
hinaus die Untertanen beschweren soll, zu belegen.

Victorinus Strigelius, ein lutherischer Theologe († 1569), gehört mit seinem Kommentar zu verschiedenen alttestamentlichen Büchern ebenfalls in
die erbauliche Richtung, auch wenn der Titel seines Buchs[21] keinen Gegen-

---

[18] Schuwardt, Regententafel, 31 f., 558 ff., 613 ff., 622 ff.
[19] Schuwardt, Spiegel der Untertanen, 64 ff.
[20] Ebenda, 64.
[21] Libri Samuelis, Regum, et Paralipomenon ad Ebraicam veritatem recogniti... Im
übrigen ist gerade für die erbauliche Literatur völlig unerheblich, ob ein Werk gegenwarts-
bezogen (z. B. Regententafel) oder sachbezogen ist (z. B. Bibelkommentare), denn die
moralische und individualistische Interpretation ist ausdrücklich nicht zeitbezogen.

wartsbezug erkennen läßt. Die Auslegung von 1 Sam 8 durch Strigelius enthält trotz ihrer großen Ausführlichkeit nur wenige, wohlbekannte Elemente: Aus mangelnder Glaubenszuversicht und neuerungssüchtiger Dreistigkeit begehrte das Volk eine neue Regierungsweise, obwohl es doch unter Samuel glücklich gewesen war. Gott tadelt diesen Wunsch zwar, kommt aber dennoch der Bitte des Volkes nach, nicht ohne die zukünftigen Belastungen der Königsherrschaft darzustellen. Diese Erzählung wird von Strigelius immer wieder von weitschweifigen moralischen und erbaulichen Betrachtungen unterbrochen[22]. Strigelius weist die Ansicht zurück, das in 1 Sam 8 aufgeführte Recht sei tyrannisch. Hier werde den Königen nicht das Recht zugestanden, äußerst harte Knechtschaft gegen Gottes Gebot zu verhängen — dies werde in Dt 17, 18 f. ausdrücklich untersagt — sondern die Worte Samuels beziehen sich auf die Steuern, die dem König zu rechtmäßigem Gebrauch zustehen. Hierbei dürfen die Untertanen nicht ausgeplündert werden, sondern das rechte Maß muß gewahrt bleiben. Es folgen nun Klagen über die Willkür vieler Herrschaften, die

„otiosi indulgent voluptatibus, non foris propugnant armis patriam, nec domi regunt iudicia, disciplinam, mores, sed magnis expilationibus exhauriunt facultates suorum, vt sumtus suppetant ad voluptates & alias res inanes, in quas aulae plaerunq; pecuniam sine modo profundunt[23]."

Aber auch Lasten, die die Könige zu Unrecht dem Volk auferlegen, müssen ertragen werden. So wie die Juden die Herrschaft der Römer und des Herodes ertrugen, so müssen auch wir, meint Strigelius, die Knechtschaft in dieser Zeit, die zweifellos eine Endzeit ist, ertragen. Typischerweise ist wieder die Frage der gerechten Besteuerung der zentrale Punkt in den Ausführungen des Strigelius. Auch der — durchaus zeitkritische — Luxusvorwurf an die Fürsten fehlt nicht. Die auch an deutschen Fürstenhöfen sich in beschränktem Umfang entwickelnde höfische Gesellschaft stieß auf den Widerstand klerikaler und bürgerlicher Kreise, die an dem Vorbild des hausväterlichen Obrigkeitsstaates orientiert waren.

Noch deutlicher wird die erbauliche Tendenz bei Strigelius in den angefügten Reden über verschiedene Führer und Könige aus dem Alten Testament. Die Verfehlungen der Könige werden auf das Wirken des Teufels zurückgeführt:

„Intuentes itaq; historiam regni Israel, sciamus nos de multis magnis rebus commonefieri. Non enim tantum ex hac historia exempla gubernationis petenda sunt, qualia praebent res gestae in alijs historijs, sed multo magis testimonia patefactionum Dei, & irae ac misericordiae, & imagines calamitatum & liberationum ecclesiae. Ac vult Deus his testimonijs confirmari fidem & inuocationem, & caeteras virtutes[24]."

---

[22] Strigelius, 24 ff.
[23] Ebenda, 25.
[24] Oratio de Samuele, Bl. Eee 4 b.

In der „Oratio de Davide" werden die Verdienste Davids — insbesondere die Tatsache, daß er Saul verschonte — hervorgehoben, seine Verfehlungen dienen wieder als Anlaß zu Betrachtungen über die Nachstellungen des Teufels und die Unbeständigkeit der menschlichen Natur mit moralisch-lehrhafter Absicht[25].

Die erbauliche Interpretation bedeutet vollends die Auflösung der typologischen Weltinterpretation, da die biblischen Topoi ihren festen Sinnzusammenhang verloren haben, sie sind jetzt beliebig in verschiedener Zusammenstellung zur persönlichen Tröstung verfügbar. In diesen Schriften wird in der Regel ein ständisches Staatsideal bewahrt, staatliches Handeln erschöpft sich im Einziehen von Steuern und im Wahren des christlich-moralischen Zusammenlebens. Dies zeigt sich deutlich an den Interpretationen von zwei lutherischen Theologen, mit denen dieses Kapitel beschlossen werden soll.

Das erbauliche Element tritt bei diesen Abhandlungen — soweit es die persönliche Tröstung betrifft — zurück, so etwa bei dem Wittenberger Historiker und Theologen *Wolfgang Franz* (1564-1628), der 1608 einen Band mit Disputationen allein über das Deuteronomium veröffentlichte. Franz setzte sich in seinen Werken streitbar und dogmatisch für das Luthertum ein. In der disputatio IX des genannten Buchs wird auch auf die Entstehung der Monarchie eingegangen: Am Anfang gab es keine übergeordneten Herrschaftsträger, das Gemeinschaftsleben organisierte sich in der Form der Familie[26]. Dies ging gut, bis Nimrod die Herrschaft an sich riß und als erster Gewaltherrscher in die Geschichte einging[27]. Eine Zeitlang mußte das Volk unter Nimrod und seinen Nachkommen leiden, bis schließlich Gott selbst die Macht übernahm und König der Israeliten wurde, indem er die Herrschaft durch verschiedene Amtsträger ausübte. Diese Art der Herrschaft dauerte unter den Richtern fort und beruhte weder auf Los noch Erhebung, sondern auf göttlicher Wahl[28]. Die Darstellung des Wunsches des Volkes nach einem König ist in dieser Abhandlung stark von judenfeindlichen Zügen geprägt. In Dt 17, 14 ff. wird nämlich die Undankbarkeit des Volkes vorausgesehen, und gleichzeitig dokumentiert Gott seine Güte trotz dieser Undankbarkeit, da er ihnen nachsichtige Bedingungen für die Wahl eines Königs stellt[29]. Über die Staatsgewalt heißt es: „Plenitudo potestatis politice non debet adversus leges naturae seu *DEI* sese extendere[30]." Aber es bleibt, daß die Israeliten der

---

[25] Oratio de Davide, Bl. Fff 4 a.

[26] Franz, disputatio IX, Bl. A 4 a.

[27] Ebenda, A 4 b: „adeoq; potens coram *DEO* venator factus est, quasi habens imperium in belluas Gen 10, 9".

[28] Ebenda.

[29] Ebenda, B 2 b.

[30] Franz, ebenda Marginalie.

Herrschaft Gottes überdrüssig waren. Die Gründe, die sie für ihren Wunsch anführen, sind nur vorgeschoben:

„Id quod confirmatum datur ex eo quod 1 Sam 8 unanimi consensu congregantur praecipui in Israel, id est, omnes seniores novandis rebus propensi & singuli forsan honoribus istis inhiantes & occasiones qualescunq; proferunt, allegato senio Samuelis & accusata iniquitate filiorum, quos nunquam praemonuerant de correctione vitae, & quod caput rei iniquissimae haberi debet, allegata & petita morum & consuetudinum gentilium introductione, praescribunt Deo, ut ipsis det regem[31]."

Wenig später wird die „diabolica malitia et ingratitudo" der Juden erwähnt. Gott läßt sich zwar seinen Zorn nicht sofort anmerken, aber die Strafe folgt gewiß[32]. Die Disputation endet mit einigen allgemein gehaltenen Sätzen über die gute Herrschaft, etwa „Pij Principes et pij subditi sunt fratres"[33].

Johannes Quistorp (1584-1648), ein bekannter lutherischer Theologe aus Rostock, bringt in seinen „Annotationes in omnes libros biblicos" kurze Erläuterungen zu wichtigen oder umstrittenen Textstellen. Er greift auch auf die rabbinischen Kommentare und auf Realienbücher, wie etwa das von Schickhard zurück[34]. Zu 1 Sam 8 schreibt Quistorp, die Diskussion zu diesem Punkt geschickt zusammenfassend[35]: Hier wird nicht das Recht des Königs vorgestellt, sondern den Israeliten wird gezeigt, auf welche Übel sie gefaßt sein müssen, wenn sie unter der Herrschaft von Königen sind, die ihre Macht mißbrauchen und ihre Untertanen nach Art der Nachbarvölker tyrannisch unterdrücken, der Sinn dieses Kapitels ergibt sich aus dem Willen Gottes, der das Volk warnen will. Weiter wird hier die Herrschaft als Strafe für die Blindheit des Volkes angekündigt. Die rechtmäßige Obrigkeit kann aber niemals Strafe für die Untertanen sein. Im übrigen widerspricht diese Stelle dem Gebot Gottes im Deuteronomium (Dt 17, 14 ff.); Gott aber widerspricht sich nicht. Also, so folgert Quistorp, kann hier nicht das wahre Königsrecht gemeint sein. Im übrigen sind in der Heiligen Schrift viele Beispiele dafür zu finden, daß die Macht der Könige nicht unbeschränkt ist. Quistorp zieht keine Parallelen zur Gegenwart. Aber es ist klar, daß sich hinter seinen Ausführungen das Bild des patriarchalischen lutherischen Obrigkeitsstaates verbirgt, in dem die Stände ihre herkömmlichen Rechte behalten und die Obrigkeit christlich handelt.

---

[31] Ebenda, B 3 a.
[32] Ebenda, B 4 a.
[33] Ebenda, B 4 b.
[34] Annotationes zu Dt 17, 15 ff.: S. 206 f.; zu 1 Sam 8: S. 266 f.
[35] Quistorp, Annotationes, 267.

IV. Zusammenfassung

Die Frage, warum das alttestamentliche Königtum für die Staatslehre der frühen Neuzeit wichtig werden konnte, wird durch die bedeutende Rolle, die das typologische Denken seit der Einbeziehung der christlichen Lehre in die politischen Vorstellungen des mittelalterlichen Europa spielte, beantwortet.

Die Geschichte der Auslegung von 1 Sam 8 in der Frühneuzeit ist zugleich ein Beispiel für die Auflösung des typologischen Denkens in Analogien durch empirisch begründeten Fortschrittsglauben, dem auf der Ebene der neuzeitlichen Staatstheorie das allmähliche Herauswachsen der Staatswissenschaften aus dem Bereich der politischen Ethik entspricht. Waren die Heiligen Schriften der Bibel und der Kirchenväter neben den Werken des Aristoteles unbestreitbare Fundamente einer christlichen politischen Ethik gewesen, so gilt die Bibel für das positivistisch verfahrende Staatsrecht als obsolet.

Die Reformation stellt auch in diesem Bereich eine Umbruchsphase dar. Die Steigerung der Gültigkeit der alttestamentlichen Gebote für das profane Leben förderte die Entwicklung, biblische Argumente aus der politischen und staatsrechtlichen Argumentation herauszuhalten. Konfessionelle Unterschiede spielen bei der Auslegung von 1 Sam 8 nur eine geringe Rolle.

Schon im unbefangen typologisierenden Mittelalter finden sich in der Auslegung und Interpretation biblischer Stellen neben typischen auch atypische Elemente.

Als hervorragendes Ergebnis der Auslegungsgeschichte bleibt festzuhalten, daß das typologische Verständnis an sich einer zeitbezogenen Veränderung unterzogen wurde. So interessierte im Mittelalter an 1 Sam 8 das Verhältnis von königlicher und priesterlicher Macht, während in der Zeit des sich formierenden Absolutismus die Frage nach den Rechten der Könige im Vordergrund stand.

Im einzelnen ergibt die systematische Betrachtung der Auslegung von 1 Sam 8, daß im Laufe der Jahrhunderte etliche Motive angesprochen werden, aber nur einige wenige ganz besonders häufig auftreten und in ihrer Veränderung einen entscheidenden Wandel in der geistigen Tradition markieren. Der Vollständigkeit halber seien die verschiedenen Motive in ihrer unterschiedlichen Ausgestaltung kurz aufgeführt:

1: Gottesreich
— Das Königtum beinhaltet die Gefahr der Entartung
— Gottes Herrschaft ist die beste

2: Gründe für die Errichtung des Königtums
— Ursache ist das törichte Verhalten der Israeliten
— Die Errichtung des Königtums erfolgte auf freiwilligen Entschluß des Volkes hin
— Das Königtum wird in Dt 17, 14 von Gott vorgeschrieben
— Hinweis auf die besondere Neigung der orientalischen Völker zur Despotie

Daraus ergeben sich Konsequenzen für die Schriftauslegung, nämlich:
— Diskussion um die Frage, welches Recht Samuel im Tempel niedergelegt hat, 1 Sam 8, 11 ff. oder Dt 17, 14 ff.
— Dt 17, 14 ff. und 1 Sam 8 werden in Übereinstimmung gebracht, bzw. gegeneinander ausgespielt

3: Rechtscharakter
— Sind die Rechte aus 1 Sam 8 tyrannisch oder nicht?
— Beinhaltet Dt 17, 14 ff. das wahre Königsrecht?
— 1 Sam 8, 11 ff. wird für die Regalienfrage herangezogen
— Recht wird moralisch bzw. abstrakt als Verfügung über Machtmittel definiert
— Das militärische Schutzargument
— Erörterung des Widerstandsrechtes

4: Diskussion der Rolle der Geistlichkeit

5: Ordnungskategorien
— Bezüge zum ordo-Denken
— Der König wird als imago-dei beschrieben
— Die Gültigkeit der alttestamentlichen Gebote wird diskutiert
— Erbauliche Elemente und Bezüge zur traditionellen Hofkritik als Verfallserscheinung von Ordnungskategorien.

Trotz der recht häufigen Bemerkung, das Königtum sei die Folge des sündhaften Verhaltens der Israeliten[1], oder gar, es sei an sich schlecht[2], ist die grundsätzliche Einschätzung des Amtes und seiner Möglichkeiten bei fast allen Autoren eher positiv. Allerdings wird dem Königtum die Gefahr der

---

[1] So Carion, Brenz, Müntzer, Carpzow, Bossuet, Franz, Besold, Quistorp, Lyncker, Probus, Zepper, Strigelius; anders aber Thomas von Aquin, Cunaeus, Schickhardt, Arnisaeus.

[2] Flavius Josephus, Luther, Carion, Brunfels, Müntzer, „An die Versammlung gemeiner Bauerschaft", Althusius.

Entartung bescheinigt, seit der Reformation wird der höfische Luxus kritisiert[3]. In der Regel folgt aus der Interpretation der Entstehung des Königtums die Bestätigung des status quo und die Forderung nach widerspruchsloser Unterordnung unter Gottes Willen, nur vereinzelt fordern Radikale, der Abschaffung der Sünde laufe die Vernichtung des Königtums parallel[4]. Aus diesem Grunde wird wohl Hosea 13, 11 recht selten zitiert, denn dessen radikale Königsfeindlichkeit ging den meisten Interpreten zu weit[5]. Einig ist man sich jedoch darin, daß ein König, der gegen Gottes Gebot handelt, auch von ihm zur Rechenschaft gezogen werden wird. Eine indifferente Haltung in dem Sinne, Gott ist es gleich, wie sich der einmal gewählte König verhält, ist in den Quellen nicht zu finden[6]. Viele Ausleger greifen auf Flavius Josephus und die rabbinische Auslegungstradition zurück. Josephus wird in der Regel positiv aufgenommen, während die Rabbiner oft kritisiert werden und zum Teil auch offen polemische Angriffe provozieren, in der Weise nämlich, daß ihnen bewußt entstellender Schriftgebrauch vorgeworfen wird[7]. Eine wichtige Vermittlerrolle haben dabei die Realienbücher zur jüdischen Geschichte und Verfassung.

Diejenigen, welche die obrigkeitsfreundliche Deutung von 1 Sam 8 ablehnen, befinden sich in einer schwierigen Position und versuchen diese durch philologische Argumente zu stärken, sei es daß über die genaue Übersetzung des hebräischen Wortes „Misphat" als Recht oder Gewohnheit gestritten wird, sei es daß der Bezugspunkt von 1 Sam 10, 25 in Dt 17, 14ff. statt in 1 Sam 8, 11ff. gesehen wird[8].

Bis ins 16. Jahrhundert zeigen die meisten Interpretationen ihre inhaltliche Bindung an das Denken in Ordnungskategorien, danach werden diese Verbindungen deutlich geringer[9].

Die interessantesten Beobachtungen im systematischen Vergleich ergeben sich ohne Zweifel im Hinblick auf die Definition und inhaltliche Bestim-

---

[3] Gefahr der Entartung kritisieren: Thomas von Aquin, Nikolaus von Lyra, Carion, Jakob I., Sidney, Einsiedel, Schoockius, Zepper, Arnisaeus, Conring, Strigelius. Hofkritische Elemente finden sich bei Zepper, Strigelius und in den erbaulichen Schriften von Leiser und Rhegius, daneben auch bei Brutus und Schoockius.

[4] So vor allem Müntzer und radikale Anhänger der Täufer.

[5] Außer Müntzer geht auf diese Stelle nur Besold beiläufig ein, Besold, Dissertatio de Majestate, 66.

[6] Dies legt aber Wolff-Windegg, 88 nahe.

[7] So etwa Ziegler und Franz. Ähnliches hat Maser in Bezug auf Luther festgestellt, daß nämlich seine Auseinandersetzung mit den Juden ihren Ausgang an deren abweichendem Schriftverständnis nimmt, nicht aber an üblichen bösartigen Vorurteilen und Gerüchten (Peter Maser, Luthers Schriftauslegung in dem Traktat „Von den Juden und ihren Lügen").

[8] Genebrard, Cunaeus, Besold, Buchanan, Hoenonius u. a.

[9] Ordnungselemente finden sich bei Thomas von Aquin, Peter von Andlau, Jakob Almain, Jakob I., Filmer, Bossuet.

mung des Rechtsbegriffs. So werden seit Melanchthon die in 1 Sam 8 aufgezählten Rechte als Regalien verstanden, insbesondere als Recht des Herrschers zur Steuereinnahme. Staatliche Tätigkeit erschöpft sich demnach im Wahrnehmen der institutionell-ständischen Rechte und Pflichten. Von daher ist es verständlich, warum die Möglichkeiten des Machtmißbrauchs, die dem heutigen Interpreten dieser Stelle sofort ins Auge springen, verhältnismäßig selten gesehen werden und ohne rechte Abschreckungskraft bleiben. Im Rahmen der ständischen Aufteilung von Rechten und Pflichten wird der Widerspruch zwischen Dt 17, 14 ff. und 1 Sam 8 aufgelöst, indem das eine die Pflicht der Untertanen, das andere die Pflicht der Fürsten beschreibt und so beide Textstellen sich gegenseitig relativieren. Hier wirkt außerdem die aristotelische Lehre nach, daß es von Natur aus Freie und Sklaven gebe[10].

Der Erweiterung der Staatstätigkeit ging im 16./17. Jahrhundert eine Ausdehnung der Regalien voraus, die neben der finanziellen Bedeutung auch die Souveränitätsrechte des Fürsten stärkte. Deswegen sind zweifellos die gerade in dieser Zeit sehr häufigen Hinweise, daß das Steuerregal dem Fürsten zusteht und das beredte Schweigen über die anderen Regalien als konservativ-ständische Gegenposition zu verstehen.

Weiter ist bemerkenswert, daß sich im 17. Jahrhundert allmählich die in Mittelalter und Neuzeit übliche moralische Definition von Recht wandelte. Nach dieser langen Zeit selbstverständlichen Vorstellung mußte Recht Gerechtigkeit bewirken — dies erklärt die zahlreichen philologischen Bemühungen, das Wort ius im Text der Vulgata durch Hinweis auf das hebräische Grundwort zu „Gewohnheit" herabzudrücken. Eine Folge dieses moralischen Rechtsbegriffes ist die mittelalterliche und frühneuzeitliche Definition des Tyrannen. Ein Tyrann wird nicht nach dem konkreten Verhalten, sondern nach der Intention seines Strebens beurteilt. Ein König handelt stets um des Gemeinwohls willen, ein Tyrann folgt stets seinen Launen und eigenen Interessen. Damit werden nicht die Mittel, sondern der Zweck des Handelns beurteilt. Ein alter Grundsatz der Staatsräson erlaubte auch dem rechtmäßigen Herrscher in Notfällen zu unrechtmäßigen Mitteln zu greifen, necessitas legem non habet, Not kennt kein Gebot[11]. Hier deutet sich schon der Übergang zu den im 17. Jahrhundert häufiger begegnenden Versuchen zur abstrakten Definition von Recht ohne moralische Kriterien an, die von Hoenonius, Schoockius, Ziegler, Arnisaeus und Conring, ja auch von Reinking übernommen wurden. Dies ist gleichzeitig ein Hinweis für ein grundsätzlich geändertes Staatsverständnis, nämlich obrigkeitlich statt patriarchalisch, „legibus solutus" statt konsensverpflichtet.

---

[10] Aristoteles, Politik, 1254 b, 1255 a.
[11] Straub, 211.

Quellen und Darstellungen

a) Quellen

Althusius, Johannes: Politica methodice digesta, Herborn [1]1603; Herborn [3]1614 (ND Aalen 1961).

Amyraut, Moyse: Discours de la Souverainete des Roys, Charenton 1650.

Anonymus: Anti-Iesuiste au Roy, Saumur 1611.

Aristoteles: Politik. Übersetzt und herausgegeben von Olof Gigon, München 1973.

Arnisaeus, Henning: De jure majestatis libri tres, Frankfurt 1610

— De auctoritate principum in populum semper inviolabili seu quod nulla ex causa subditis fas sit contra legitimum principem arma movere, Frankfurt 1612.

Arumaeus, Dominicus: Discursus academici de iure publico, 5 Bde., Jena 1615-1623.

Augustinus: De civitate Dei libri XXII (Corpus Christianorum Ser. lat. 47/48), Turn- holt 1955.

— Vom Gottesstaat 1/2, übersetzt von W. Thimme, Zürich 1955.

Bédé de la Gormandière, Jean: Le Droit des Roys contre le Cardinal Bellarmin et autres Jesuites, Antwerpen 1609.

Bertram, Cornelius Bonaventura: De Republica Ebraeorum, Leyden 1651.

Besold, Christoph: De Majestate in genere, ejusque juribus specialibus, in tres sectio- nes distributa, in: Opus Politicus editio nova, Straßburg 1642.

Beza, Theodor: Das Recht der Obrigkeiten gegenüber den Untertanen und die Pflicht der Untertanen gegenüber den Obrigkeiten (De iure magistratuum in subditos), in: Beza, Brutus, Hotman — Calvinistische Monarchomachen, hg. und eingeleitet von Jürgen Dennert, Köln und Opladen 1968 (Klassiker der Politik, Bd. 8), S. 1-60.

Bodin, Jean: Les six Livres de la Republique, Paris 1583, ND Aalen 1961.

— Methodus ad Facilem Historiarum Cognitionem, Amsterdam 1650.

Bornitius, Jacobus: Emblemata ethico-politica, Mainz 1669.

Bossuet, Jaques-Benigne: Politique tirée des propres paroles de l'écriture sainte à Monseigneur Le Dauphin, Paris 1709.

Boyd of Trochoredge, Robert: Ad Ephesos praelectiones, London 1652.

Brant, Sebastian: Das Narrenschiff, hg. von Hans-Joachim Mähl, Stuttgart 1964.

Brenz, Johannes: Operum Tomus II, Tübingen 1576.

— Frühschriften, Teil 2, hg. von Martin Brecht, Gerhard Schäfer und Frieda Wolf, Tübingen 1974.

Brutus, Stephanus Junius: Strafgericht gegen die Tyrannen, oder: Die legitime Macht des Fürsten über das Volk und des Volkes über den Fürsten (Vindiciae contra tyrannos), in: Beza, Brutus, Hotman — Calvinistische Monarchomachen, hg.

und eingeleitet von Jürgen Dennert, Köln und Opladen 1968 (Klassiker der Politik, Bd. 8), S. 61-202.

Buchanan, Georg: Opera Omnia, Edinburgh 1715.

Chailletus, Carolus: Theses Theologicae de origine Potestatum . . . sub praesidio D. Mosis Amyraldi, Saumur 1660.

(Carion, Johannes): Chronicon Carionis latine expositum et auctum multis et veteribus et recentibus historiis . . . a Philippo Melanchthone, Wittenberg 1558 (CR 12, Sp. 711 ff.).

Carpzow, Benedikt, *Carpzow,* Conrad, *von Einsiedel,* Conrad: Tractatus duo de regalibus, Halle [2]1678.

Conring, Hermann: Diss. de republica Ebraeorum, Helmstedt 1648, in: Opera, Bd. III, S. 839-862.

Crenius, Thomas (Hg): Opuscula, quae ad historiam ac philologiam sacram spectant, 2 Bde., Rotterdam 1693.

Cunaeus, Petrus: De Republica Hebraeorum, Leyden 1632.

Filmer, Robert: Patriarcha, in: John Locke, Zwei Abhandlungen über die Regierung nebst „Patriarcha" von Sir Robert Filmer. Deutsch von Hilmar Wilmanns, Halle 1906.

Franck, Sebastian: Chronica, Zeittbuch und Geschichtbibell . . ., Ulm 1536, ND Darmstadt 1969.

— Paradoxa, hg. von Heinrich Ziegler, Jena 1909.

Franz, Wolfgang: Deuteronomium, hoc est Quintus Liber Moysis Disputationibus quindecim breviter comprehensus, Wittenberg 1608.

Genebrard, Gilbert: Chronographia Libri Quattuor, Leyden 1609.

Gentilis, Albericus: Regales disputationes tres, London 1605.

von Goethe, Johann Wolfgang: Werke (Hamburger Ausgabe), München 1981 f.

Goldast, Melchior: Monarchia Sacri Romani Imperii, 3 Bde., Hannover 1611-1614.

(Goldschmidt, Lazarus): Der Babylonische Talmud, neu übertragen durch Lazarus Goldschmidt, Berlin 1929 ff.

Goor, Arnoldus a: Decas Problematum Practicorum, Groningen 1629.

(Gregor VII.): Das Register Gregors VII., hg. von Erich Caspar, Berlin [2]1955.

von Grimmelshausen, Hans Jacob Christoph: Simplicianischer Zweyköpffiger Ratio Status, in: Rolf Tarot (Hg.), Gesammelte Werke in Einzelausgaben, Bd. 5, Tübingen 1968.

Grotius, Hugo: Drei Bücher vom Recht des Krieges und des Friedens (De iure belli ac pacis libri tres), übersetzt und eingeleitet von Walter Schätzel (Klassiker des Völkerrechts Bd. 1), Tübingen 1950.

— Opera Omnia Theologica, 4 Bde., Basel 1732.

Gryphius, Andreas: Die sieben Brüder/ oder die Gibeoniter, in: Gesamtausgabe der deutschsprachigen Werke, hg. von Marian Szyrocki und Hugh Powell, Bd. 6, Tübingen 1966 (Neudrucke deutscher Literaturwerke NF 15)

Henkel, A./*Schöne,* A.: Emblemata. Handbuch zur Sinnbildkunst des 16. und 17. Jahrhunderts, Stuttgart 1967.

Hobbes, Thomas: Leviathan oder Stoff, Form und Gewalt eines bürgerlichen und kirchlichen Staates, hg. und eingeleitet von Iring Fetscher, Darmstadt und Neuwied 1966.

Hoenonius, Philipp Heinrich: Disputationum politicarum liber unus, Herborn [3]1615.

Hooker, Richard: On the Laws of ecclesiastical Polity, Buch 6-8, in: The Works of Richard Hooker, hg. von John Keble, Vol. III., Oxford 1865.

Horn, Johann Friedrich: Politicorum Pars Architectonica de Civitate, Utrecht 1664.

Hortleder, Friedrich: Des Römischen Kaiser und Königlichen Majestäten, auch deß Heiligen Römischen Reichs Geistlicher und Weltlicher Stände . . . Handlungen und Außschreiben von Rechtsmässigkeit . . . des Teutschen Kriegs Kaiser Carls deß fünfften . . . Gotha 1645.

Hubmaier, Balthasar: Von der brüderlichen Strafe, in: Schriften, hg. von G. Westin und T. Bergsten, Gütersloh 1962 (Quellen zur Geschichte der Täufer, Bd. IX), S. 337-346.

Irvinus, Alexander: De jure regni diascepsis, Helmstedt 1671.

Jacob I.: Opera, Frankfurt am Main und Leipzig 1689

Johann von Salisbury (Joannis Saresberiensis): Opera Omnia, hg. von J. A. Giles, Paris 1855 (Migne, PL, 199).

Josephus, Flavius: Jüdische Altertümer (Antiquitates), übersetzt und eingeleitet von Heinrich Clementz, Darmstadt, o. J.

von Justi, Johann Gottlob Heinrich: Ob ein Premierminister einem Staate zuträglich sei? in: Gesammelte politische und Finanzschriften, Bd. 1, Kopenhagen und Leipzig 1761, S. 235-247.

Jurieu, Pierre: Preservatif contre le changement de Religion, La Haye, o. J.

Kautzsch, Emil (Hg.): Die Apokryphen und Pseudoepigraphen des Alten Testamentes, Bd. 2, Tübingen 1900.

Karlstadt, Andreas: Von abtuhung der Bylder/ Vnd das keyn Betdler yntter den Christen seyn soll, in: Karl Simon (Hg.), Deutsche Flugschriften zur Reformation, Stuttgart 1980, S. 231-279.

Kirchner, Hermann: Respublica, Marburg [2]1609.

Lansius, Thomas: De lege Regia, in: Juris Publici utriusque, tam ecclesiastici quam politici, pars tertia, Frankfurt 1618, S. 57-122.

(Laube): Flugschriften der Bauernkriegszeit, unter Leitung von Adolf Laube, Hans Werner Seiffert bearb. von Christel Laufer (Hg. von der Akad. d. Wissenschaften der DDR), Köln-Wien [2]1978.

Lauterbeck, Georg: Regentenbuch, Wittenberg 1572.

(von Lehndorff, Ernst Ahasverus Heinrich): Aus den Tagebüchern des Grafen Lehndorff, herausgegeben und eingeleitet von Haug von Kuenheim, Berlin 1982.

Leiser, Polycarp: RegentenSpiegel gepredigt aus dem CI Psalm/ des Königlichen Propheten Davids, Leipzig 1605.

Locke, John: Zwei Abhandlungen über die Regierung, übersetzt von Jörn Hoffmann, hg. und eingeleitet von Walter Euchner, Frankfurt 1977.

Lohier D'Aussy, Jacob: Theses Theologicae de Regimine universae Ecclesiae Militantis (1628), in: Thesaurus Disputationum Theologicarum Sedensis Volumen secundum, Genf 1661, S. 573-586.

Lünig, Johann Christian: Theatrum Ceremoniale Historico-Politicum, Teil I, Leipzig 1719.

Lütkemann, Joachim: Regentenpredigt (1655), in: Friedrich Karl von Moser, Politische Wahrheiten, Bd. 2, Zürich 1796, S. 279-322.

Luther, Martin: Werke, Weimarer Ausgabe, 1883 ff. (WA).

— Sämtliche Werke, Erlangen 1826 ff. (EA).

von Lyncker, Nikolaus Christoph: De Resistentia quae fit Potestati Recusus, Wittenberg 1747.

Mariana, Johannes: De Rege et Regis institutione, Mainz 1605.

Der Triumphzug Kaiser Maximilians I. 1516-1518. 147 Holzschnitte von Albrecht Altdorfer, Hans Burgkmair, Albrecht Dürer u. a. Mit dem von Kaiser Maximilian diktierten Programm und einem Nachwort von Horst Appuhn, Dortmund 1979 (Die bibliophilen Taschenbücher 100).

Melanchthon, Philipp: Opera, hg. von C. G. Bretschneider und H. E. Bindseil, in: Corpus Reformatorum, Bde. 1-28, Halle 1834 ff.

Menochius, Johann Stephan: De Republica Hebraeorum libri octo, Paris 1648.

Milton, John: Complete Prose Works, New Haven and London, 1953 ff.

Molinaeus, Carolus: Tractatus de origine, progressu et praestantia Monarchiae regnique Francorum (1561), in: Goldast, Bd. 2, S. 45-66.

Müntzer, Thomas: Schriften und Briefe, Kritische Gesamtausgabe, unter Mitarbeit von Paul Kirn hg. von Günther Franz, Gütersloh 1968.

Nikolaus von Lyra: Postilla in Vetus Testamentum, o. O., o. J.

Osiander, Andreas d.Ä.: Gesamtausgabe, hg. von Gerhard Müller, Gütersloh 1975 ff.

Peter von Andlau: Libellus de Cesarea Monarchia, hg. von Joseph Hürbin, in: ZRG (GA) 12 (1891), S. 34-103.

Philo Alexandrinus: Opera quae supersunt, Vol. II, hg. von L. Cohn und P. Wendland, Berlin 1897.

(Anon. d. i. Johann Imhof), Deutsche Politica, Helmstedt 1665.

(Anon.), Politica Curiosa sive discursus iuridico-politicus de statistis Christianis. Bibliopolae Osterodami 1686.

Probus, Antonius: De Monarchia Regni Israelis Oratio, Eisleben 1586.

Quistorp, Johannes: Annotationes in omnes libros biblicos, Frankfurt und Rostock 1648.

Reformatio Sigismundi: Heinrich Koller (Hg.): Reformation Kaiser Siegmunds (MGH Staatsschriften des späteren Mittelalters, Bd. VI), Stuttgart 1964.

Reinking, Dietrich: Biblische Policey, Frankfurt 1656.

— Tractatus de regimine seculari et ecclesiastico, Marburg [2]1632.

Rhegius, Urban: Enchiridion oder Handtbüchlein eines Christlichen Fürsten/ darinnen lehr und trost/ aller Oberkeyt sehr nützlich/ Allein auß Gottes wort auffs kürtzest zusammen gezogen, in: Deutsche Schriften, Nürnberg 1562, Bl. 74b-89a.

Riessler, Paul (Hg): Altjüdisches Schrifttum außerhalb der Bibel, Heidelberg 1928 ND 1966.

von Rohr, Julius Bernhard: Einleitung zur Ceremoniel=Wissenschaft der großen Herren, Berlin 1733.

Salmasius, Claudius (Saumaise): Defensio Regio pro Carolo I, 1650.

Sarcerius, Erasmus: Hausbuch für die einfeltigen Hausveter/ von den vornemesten Artickeln der Christlichen Religion, Leipzig 1555.

Scheible, Heinz (Hg.): Das Widerstandsrecht als Problem der deutschen Protestanten 1523-1546 (Texte zur Theologie- und Kirchengeschichte Heft 10), Gütersloh 1969.

Schickard, Wilhelm: Jus Regium Hebraeorum e . . . tenebris Rabbinicis erutum luci donatum cum Animadversionibus & Notis Jo. Benedicti Carpzove . . ., Leipzig 1674.

Schoockius, Martinus: Tractatus de quadruplici lege Regia, Frankfurt/Oder 1668.

Schuwardt, Johannes, Regententaffell darinnen wolgegründeter christlicher Bericht von der Obrigkeit Standt/ Namen/ Ampt/ Glück/ Tugenden/ Lastern/ Nutz/ Schaden/ Belohnung und Straffen. Aus gewissem Grunde heiliger Göttlicher Schrift. . . Leipzig 1584.

— Spiegel der Unterthanen: Das ist/ wolgegründeter Christlicher Bericht von aller und jeder/ der Hohen und Niedrigen Obrigkeit unterworffenen Personen/ geburlicher Pflicht, Leipzig 1585.

Sigonius, Carolus: De Republica Hebraeorum Libri VIII, Speyer 1584.

Sprenger, Johann Theodor: Bonus princeps ex novissimis scriptoribus concinna methodo delineatus, Heidelberg 1655.

Strigelius, Victorinus: Libri Samuelis, Regum et Paralipomenon ad Ebraicam veritatem recogniti, et brevibus commentariis explicati. . . Leipzig 1591.

Suarez, Franz: Defensio fidei catholicae et apostolicae adversus anglicanae sectae errores, Cambridge 1613.

Thomas von Aquin: Summa Theologiae, in: Opera Omnia, Bd. 4 ff., Rom 1888 f.

— De regimine principum — Über die Herrschaft der Fürsten, übersetzt von Friedrich Schreyvogel, Stuttgart 1975.

Tilenus, Daniel: Disputatio Roberti Bellarmini Politiani Jesuitae et cardinalis de controversia prima fidei christianae. . . 3 Teile, Sedan 1618-1619.

— Examen d'un Escrit intitulé Discours des vrayes Raisons. . . Paris 1622.

Vultejus, Hermann: In institutiones juris civilis a Justiniano compositas commentarius. . . Marburg 1630.

Wagner, Georg Gottlieb: Dissertatio de legis mosaicae valore hodierno, in: Johann August Hellfeld, Opuscula et dissertationes juris civilis privati, hg. von Johann Christian Fischer, Jena, Leipzig und Frankfurt 1775.

von Weyhe, Eberhard (Waremundus de Erenbergk): Verisimilia theologica, iuridica ac politica de regni subsidiis atque oneribus subditorum libri I Samuelis c. 8 traditis. . . Frankfurt 1606.

Wilhelm von Ockham: Brevioloquium de principatu tyrannico, hg. von R. Scholz Schriften des Reichsinstituts für ältere deutsche Geschichte, Bd. 8), Leipzig 1944 ND Stuttgart 1952.

Zedler, Johann Heinrich: Grosses vollständiges Universallexikon aller Wissenschaften und Künste, Halle und Leipzig 1732 ff.

Zepper, Wilhelm: Legum Mosaicarum Forensium Explanatio, Herborn 1614.

Ziegler, Casparus: De juribus Majestatis tractatus academicus, Wittenberg 1681.

b) Darstellungen

Abel, Günter: Stoizismus und Frühe Neuzeit. Zur Entstehungsgeschichte modernen Denkens im Felde von Ethik und Politik, Berlin 1978.

Affeldt, Werner: Die weltliche Gewalt in der Paulusexegese. Röm 13, 1-7 in den Römerbriefkommentaren der lateinischen Kirche bis zum Ende des 13. Jahrhunderts, Göttingen 1969.

Auerbach, Erich: Figura, in: Archivum Romanicum XXII, (1938), S. 436-489.

— Typologische Motive in der mittelalterlichen Literatur (Schriften und Vorträge des Petrarca-Instituts 2), Krefeld 1953.

— Mimesis. Dargestellte Wirklichkeit in der abendländischen Literatur, Bern und München, [5]1971.

Baeumer, Max L. (Hg.): Toposforschung, Darmstadt 1973 (WdF 395).

Bainton, Roland H.: The parable of the tares as the proof text for religious liberty to the end of the sixteenth century, in: Church History 1 (1932), 62-89.

Baur, Jürgen: Gott, Recht und weltliches Regiment im Werke Calvins, Bonn 1965 (Schriften zur Rechtslehre und Politik 44).

Benrath, Gustav Adolf: Neuere Arbeiten zur mittelalterlichen Schriftauslegung (Literaturbericht), in: Verkündigung und Forschung 16 (1971), H. 2, 25-55.

Berber, Friedrich: Das Staatsideal im Wandel der Weltgeschichte, München [2]1978.

Berges, Wilhelm: Die Fürstenspiegel im hohen und späten Mittelalter, Leipzig 1938.

Beumann, Helmut: Die Historiographie des Mittelalters als Quelle für die Ideengeschichte des Königtums, in: HZ 180 (1955), S. 449-488.

Beyerhaus, Gisbert: Studien zur Staatsanschauung Calvins, Berlin 1910.

von Beyme, Klaus: Politische Ideengeschichte, Tübingen 1969.

Bloch, Marc: Les rois thaumaturges, Paris 1924.

Blühm, Elger/ *Garber,* Jörn/ *Garber,* Klaus (Hgg.): Hof, Staat und Gesellschaft in der Literatur des 17. Jahrhunderts, in: Daphnis, Bd. 11, H. 1-2, 1982.

Böckenförde, Ernst-Wolfgang: Die Entstehung des Staates als Vorgang der Säkularisation, in: ders., Staat, Gesellschaft, Freiheit. Studien zur Staatstheorie und zum Verfassungsrecht, Frankfurt 1976, 42-64.

Boecker, Hans Jochen: Die Beurteilung der Anfänge des Königtums in den deutero-nomistischen Abschnitten des 1. Samuelbuches. Ein Beitrag zum Problem des „deuteronomistischen Geschichtswerks", Neukirchen/Vluyn 1969.

Böld, Willy: Obrigkeit von Gott? Studien zum staatstheologischen Aspekt des Neuen Testamentes, Hamburg 1962.

Bohatec, Josef: Calvins Lehre von Staat und Kirche mit besonderer Berücksichtigung des Organismusgedankens, Breslau 1937.

Bornkamm, Heinrich: Luther und das Alte Testament, Tübingen 1948.

Bornscheuer, Lothar: Topik. Zur Struktur der gesellschaftlichen Einbildungskraft, Frankfurt 1976.

Borst, Arno: Der Turmbau von Babel. Geschichte und Meinungen über Ursprung und Vielfalt der Sprachen und Völker, Stuttgart 1957-1963.

Brackert, Helmut: Bauernkrieg und Literatur, Frankfurt 1975.

Breit, Herbert: Alttestamentliche Gestalten in modernen Romanen und Erzählungen (Literaturbericht), in: Verkündigung und Forschung 23 (1978), H. 1, 4-21.

Brettschneider, Werner: Die Parabel vom verlorenen Sohn. Das Gleichnis in der Entwicklung der europäischen Literatur, Berlin 1978.

Brunner, Otto: Vom Gottesgnadentum zum monarchischen Prinzip. Der Weg der europäischen Monarchie seit dem Hohen Mittelalter, in: Hanns Hubert Hofmann (Hg.), Die Entstehung des modernen souveränen Staates (Neue Wissenschaftliche Bibliothek 17) Köln und Berlin 1967, 115-136.

Buber, Martin: Königtum Gottes, in: Werke, Bd. 2, München 1964, 485 ff.

Buck, August: Das Geschichtsdenken der Renaissance (Schriften und Vorträge des Petrarca-Instituts 9), Krefeld 1957.

Bultmann, Rudolf: Die christliche Botschaft und die moderne Weltanschauung, in: Jesus Christus und die Mythologie. Das Neue Testament im Licht der Bibelkritik, Gütersloh 1980, 37-49.

Burckhardt, Jacob: Weltgeschichtliche Betrachtungen, München 1978.

Burdach, Konrad: Die nationale Aneignung der Bibel und die Anfänge der germanischen Philologie, in: Festschrift Eugen Mogk, Halle 1924, S. 231-334.

Chydenius, Johan: Medieval Institutions and the Old Testament, Helsinki 1965.

Clavier, Henri: The duty and the right of resistance according to the Bible and to the church, Oxford 1956.

Clements, R. E.: The deueronomistic interpretation of the founding of the monarchy in 1 Sam 8, in: Vetus Testamentum 24 (1974), S. 398-410.

Crüsemann, Frank: Der Widerstand gegen das Königtum. Die antiköniglichen Texte des Alten Testamentes und der Kampf um den frühen israelitischen Staat, Neukirchen/Vluyn 1978.

Cullmann, Oscar: Der Staat im Neuen Testament, Tübingen ²1961.

Dahlhaus-Berg, Elisabeth: Nova antiquitas et antiqua novitas. Typologische Exegese und isidorianisches Geschichtsbild bei Theodulf von Orleans, Köln-Wien 1975.

Del Vecchio, Giorgio: Über die verschiedenen Bedeutungen der Lehre vom Gesellschaftsvertrag, in: ders., Grundlagen und Grundfragen des Rechts, Göttingen 1963, 266-273.

Demandt, Alexander: Metaphern für Geschichte. Sprachbilder und Gleichnisse im historisch-politischen Denken, München 1978.

Demarest, Bruce: A History of Interpretation of Hebrews 7, 1-10 from the Reformation to the Present (Beiträge zur Geschichte der biblischen Exegese 19), Tübingen 1976.

Deutschle, Martha Julie: Die Verarbeitung biblischer Stoffe im deutschen Roman des Barock, Diss. Amsterdam 1927.

Diestel, Ludwig: Geschichte des Alten Testaments in der christlichen Kirche, Jena 1869.

Dinkler, Erich: Bibelautorität und Bibelkritik (Sammlung gemeinverständlicher Vorträge 193), Tübingen 1950.

Dismer, Rolf: Geschichte, Glaube Revolution. Zur Schriftauslegung Thomas Müntzers, Diss. Hamburg 1974.

Dohna, Lothar Graf von: Reformatio Sigismundi — Beiträge zum Verständnis einer Reformschrift des 15. Jahrhunderts, Göttingen 1960.

Dollinger, Heinz: Kurfürst Maximilian I. von Bayern und Justus Lipsius. Eine Studie zur Staatstheorie eines frühabsolutistischen Fürsten, in: Archiv für Kulturgeschichte 46 (1964), S. 227-308.

Dreitzel, Horst: Protestantischer Aristotelismus und absoluter Staat. Die „Politica" des Henning Arnisaeus (ca. 1575-1636), Wiesbaden 1970.

— Das deutsche Staatsdenken in der Frühen Neuzeit, in: NPL 16 (1971), S. 17-42, 256-271, 407-422.

van Dülmen, Richard: Reformation als Revolution. Soziale Bewegung und religiöser Radikalismus in der deutschen Reformation, München 1977.

— Entstehung des frühneuzeitlichen Europa 1550-1648 (Fischer Weltgeschichte Bd. 24), Frankfurt 1982.

Ebeling, Gerhard: Evangelische Evangelienauslegung. Eine Untersuchung zu Luthers Hermeneutik, München 1942, ND Darmstadt 1969.

— Kirchengeschichte als Geschichte der Auslegung der Heiligen Schrift (Sammlung gemeinverständlicher Vorträge 189), Tübingen 1947.

Eberhardt, Otto: Via regia. Der Fürstenspiegel Smaragds von St. Mihiel und seine literarische Gattung, München 1977.

Eccleshall, Robert: Order and Reason in Politics. Theories of absolute and limited monarchy in early modern England, Oxford 1978.

Eichhorn, Werner: Das Heilige und das Königsheil, Bern 1970.

Elias, Norbert: Die höfische Gesellschaft (Soziologische Texte 54), Darmstadt und Neuwied ³1977.

Elliger, Walter: Thomas Müntzer. Leben und Werk, Göttingen 1975.

Encyclopaedia Judaica, Jerusalem 1971 ff.

Engel, Josef: Von der spätmittelalterlichen republica christiana zum Mächte-Europa der Neuzeit, in: Handbuch der Europäischen Geschichte, hg. von Theodor Schieder, Bd. 3, Stuttgart 1971, S. 1-443.

Engelfried, Joseph: Der deutsche Fürstenstand des 16. und 17. Jahrhunderts im Spiegel seiner Testamente, Diss. Tübingen 1961.

Euchner, Walter: Einleitung zu: John Locke, Zwei Abhandlungen über die Regierung, hg. von Walter Euchner, Frankfurt 1977.

Evangelisches Soziallexikon, begründet von F. Karrenberg, hg. von Th. Schober, M. Honecker, H. Dahlhaus, Berlin [7]1980.

Ewig, Eugen: Zum christlichen Königsgedanken im Frühmittelalter, in: Das Königtum. Seine geistigen und rechtlichen Grundlagen (Mainauvorträge 1954), Lindau und Konstanz 1956 ND 1965, (Vorträge und Forschungen 3), S. 7-73.

Fenske, Hans/ *Mertens,* Dieter/ *Reinhard,* Wolfgang/ *Rosen,* Klaus: Geschichte der politischen Ideen. Von Homer bis zur Gegenwart, Königstein 1981.

Fetscher, Iring: Einleitung zu: Thomas Hobbes, Leviathan, hg. von I. Fetscher, Darmstadt-Neuwied 1966.

Fiebig, Paul: Altjüdische Gleichnisse und die Gleichnisse Jesu, Tübingen 1904.

Fild, Horst Albert: Leichenpredigten als Quelle der Geistesgeschichte, in: Rudolf Lenz (Hg.), Leichenpredigten als Quelle Historischer Wissenschaften, Köln-Wien 1975, S. 105-125.

Fohrer, Georg: Geschichte Israels. Von den Anfängen bis zur Gegenwart, Heidelberg 1977.

Frenzel, Elisabeth: Stoffe der Weltliteratur, Stuttgart [4]1976.

Fries, Friedrich: Die Lehre vom Staat bei den protestantischen Gottesgelehrten Deutschlands und der Niederlande in der zweiten Hälfte des 17. Jahrhunderts, Diss. Berlin 1912.

Fuchs, Ernst: Hermeneutik, Bad Cannstatt [3]1963.

Funkenstein, Josef: Das Alte Testament im Kampf von regnum und sacerdotium zur Zeit des Investiturstreits, (Diss. Basel) Dortmund 1938.

— Samuel und Saul in der Staatslehre des Mittelalters, in: Archiv für Rechts- und Sozialphilosophie 40 (1952/3), S. 129-140.

— Malkizedek in der Staatslehre, in: Archiv für Rechts- und Sozialphilosophie 41 (1954/55), S. 32-36.

Gamberoni, Johann: Die Auslegung des Buches Tobias in der griechisch-lateinischen Kirche der Antike und der Christenheit des Westens bis 1600, München 1969.

Geisendorf, Paul F.: Théodore de Bèze, Genf 1949.

Geschichtliche Grundbegriffe. Historisches Lexikon zur politisch-sozialen Sprache in Deutschland, hg. von Otto Brunner, Werner Conze u. a., Stuttgart 1972 ff.

Ginzburg, Carlo: Volksbrauch, Magie und Religion, in: Eva Maek-Gerard (Hg.), Die Gleichzeitigkeit des Ungleichzeitigen. Studien zur Geschichte Italiens, Frankfurt 1980, S. 226-304.

Goez, Werner: Translatio Imperii. Ein Beitrag zur Geschichte des Geschichtsdenkens und der politischen Theorien im Mittelalter und in der frühen Neuzeit, Tübingen 1958.

Gosselin, Edward A.: The Kings Progress to Jerusalem. Some Interpretations of David during the Reformation Period and their Patristic and Medieval Background, Malibu Udena Publications 2, 1976.

Graus, Frantisek: Volk, Herrscher und Heiliger im Reich der Merowinger, Prag 1965.
Greenleaf, W. H.: Order, Empiricism and Politics. Two traditions of English political thought 1500-1700, London 1964.
Grosse, Ernst Ulrich: Sympathie der Natur. Geschichte eines Topos (Freiburger Schriften zur romanischen Philologie 14), München 1968.
Gründer, Karlfried: Figur und Geschichte. Johann Georg Hamanns „Biblische Betrachtungen" als Ansatz einer Geschichtsphilosophie, Freiburg und München 1958.

Hackelsperger, Max: Bibel und mittelalterlicher Reichsgedanke, (Diss. München) Bottrop 1934.
Haeusler, Martin: Das Ende der Geschichte in der mittelalterlichen Weltchronistik (Beihefte zum Archiv für Kulturgeschichte H. 13), Köln-Wien 1980.
Hagen, Kenneth: Hebrews Commenting from Erasmus to Bèze 1516-1598 (Beiträge zur Geschichte der biblischen Exegese 23), Tübingen 1981.
Hammerstein, Notker: Jus und Historie. Ein Beitrag zur Geschichte des historischen Denkens an deutschen Universitäten im späten 17. und im 18. Jahrhundert, Göttingen 1972.
Hancke, Hansjochen: Die Lehre vom Divine Right of Kings bei Jacob I von England und ihre Bedeutung in den englischen Verfassungskonflikten des frühen 17. Jahrhunderts, Diss. Münster 1969.
Hartung, Fritz: Der deutsche Territorialstaat des 16. und 17. Jahrhunderts nach den fürstlichen Testamenten, in: Volk und Staat in der deutschen Geschichte. Gesammelte Abhandlungen, Leipzig 1940, S. 94-111.
Haug, Walter (Hg.): Formen und Funktion der Allegorie. (Symposion Wolfenbüttel 1978), Stuttgart 1979.
Hegel, Georg Wilhelm Friedrich: Vorlesungen über die Philosophie der Geschichte (Werke Bd. 12), Frankfurt 1970.
Heidelberger, Michael/ *Thiessen,* Sigrun: Natur und Erfahrung. Von der mittelalterlichen zur neuzeitlichen Naturwissenschaft, Reinbek 1981.
Hempel, Johannes: Politische Absicht und politische Wirkung im biblischen Schrifttum, Leipzig 1938.
Henschel, Martin: Figuraldeutung und Geschichtlichkeit, in: Kerygma und Dogma 5 (1959), S. 306-317.
Hertz, Frederick: The Development of the German Public mind: The Middle Ages, The Reformation, London 1957.
Hertzberg, Hans Wilhelm: Die Samuelbücher, Göttingen [5]1973 (Das Alte Testament Deutsch 10).
Hinrichs, Carl, Luther und Müntzer: ihre Auseinandersetzungen über Obrigkeit und Widerstandsrecht, Berlin 1952.
— Zur Selbstauffassung Ludwigs XIV. in seinen Mémoires, in: ders., Preußen als historisches Problem, hg. von Gerhard Oestreich, Berlin 1964, S. 299-315.
Hintze, Otto: Kalvinismus und Staatsräson in Brandenburg zu Beginn des 17. Jahrhunderts, in: HZ 144 (1931), S. 229-286.
Hirsch, Emanuel: Geschichte der neueren evangelischen Theologie, Bd. 1, Gütersloh 1960.
Hirschberg, L.: Saul-Tragödien, in: Allg. Zeitung des Judentums 74, 1910.

Höpfl, Harro: The Christian Polity of John Calvin, Cambridge University Press 1982 (Cambridge Studies in the History and Theory of Politics).

Hoffmann, Erich: Königserhebung und Thronfolgeordnung in Dänemark bis zum Ausgang des Mittelalters, Berlin-New York 1976.

Hoffmann, Manfred: Erkenntnis und Verwirklichung der wahren Theologie nach Erasmus von Rotterdam (Beiträge zur historischen Theologie 44), Tübingen 1972.

Hoke, Rudolf: Die Emanzipation der deutschen Staatsrechtswissenschaft von der Zivilistik im 17. Jahrhundert, in: Der Staat 15 (1976), S. 211-230.

Hürbin, Joseph: Peter von Andlau. Der Verfasser des ersten deutschen Reichsstaatsrechts. Ein Beitrag zur Geschichte des Humanismus am Oberrhein, Straßburg 1897.

Huizinga, Johan: Herbst des Mittelalters, Stuttgart [11]1975.

Lexikon der christlichen Ikonographie, Freiburg 1968 ff.

Iserloh, E./ *Glazik,* J./ *Jedin,* H.: Reformation, katholische Reformation und Gegenreformation (Handbuch der Kirchengeschichte IV), Freiburg-Basel-Wien 1967.

Jehn, Peter (Hg.): Toposforschung. Eine Dokumentation. Frankfurt 1972.

Jellinek, Georg: Adam in der Staatslehre, in: Rudolf Weber-Fas (Hg.), Der Staat. Dokumente des Staatsdenkens von der Antike bis zur Gegenwart, Bd. 2, Pfullingen 1977, S. 296-309.

Jeremias, Alfred: Das Alte Testament im Lichte des Alten Orients, Leipzig [2]1906.

— Handbuch der altorientalischen Geisteskultur, Leipzig 1913.

Jeremias, Jörg: Gott und Geschichte im Alten Testament. Überlegungen zum Geschichtsverständnis im Nord- und Südreich Israels, in: Evangelische Theologie 40 (1980), S. 381-396.

Jessen, Hauke: „Biblische Policey". Zum Naturrechtsdenken Dietrich Reinkings, Diss. Freiburg 1962.

Joachimsen, Paul: Geschichtsschreibung und Geschichtsauffassung in Deutschland unter dem Einfluß des Humanismus. Teil 1, Leipzig 1910.

Käsemann, Ernst: Römer 13, 1-7 in unserer Generation, in: ZThK 56 (1959), S. 316-376.

Kantorowicz, Ernst H.: The Kings two Bodies: A Study in Mediaeval Political Theology, Princeton 1957.

Keienburg, Fritzhermann: Die Geschichte der Auslegung von Römer 13, 1-7, Diss. Basel, Gelsenkirchen 1956.

Kern, Fritz: Gottesgnadentum und Widerstandsrecht im früheren Mittelalter. Zur Entwicklungsgeschichte der Monarchie, [2]1954 ND Darmstadt 1962.

Kiesel, Helmuth: Bei Hof, bei Höll. Untersuchungen zur literarischen Hofkritik von Sebastian Brant bis Friedrich Schiller, Diss. Tübingen 1979.

Kirn, Paul, Saul in der Staatslehre, in: Staat und Persönlichkeit. E. Brandenburg zum 60. Geburtstag, Leipzig 1928, S. 28-47.

Ki-Zerbo, Joseph: Die Geschichte Schwarz-Afrikas, Wuppertal 1979.

Klein, Thomas: Recht und Staat im Urteil mitteldeutscher Juristen des späten 16. Jahrhunderts, in: Festschrift für Walter Schlesinger, Bd. 1 (Mitteldeutsche Forschung 74), Köln-Wien 1973, S. 427-512.

— Conservatio Reipublicae per bonam educationem. Leben und Werk Hermann Kirchners (1562-1620), in: Academia Marburgensis. Beiträge zur Geschichte der Philipps-Universität Marburg Bd. 1, hg. von Walter Heinemeyer, Thomas Klein und Hellmut Seier, Marburg 1977, S. 181-230.

Kleinheyer, Gerd/ *Schröder,* Jan (Hgg.): Deutsche Juristen aus fünf Jahrhunderten. Eine biographische Einführung in die Rechtswissenschaft, Karlsruhe-Heidelberg 1976.

Klempt, Adalbert: Die Säkularisierung der universalhistorischen Auffassung. Zum Wandel des Geschichtsdenkens im 16. und 17. Jahrhundert, Göttingen 1960.

Kluxen, Kurt: Politik und Heilsgeschehen bei Bossuet, in: HZ 179 (1955), S. 449-469.

Kölmel, Wilhelm: Typik und Atypik. Zum Geschichtsbild der kirchenpolitischen Publizistik (11.-14. Jahrhundert), in: Speculum historiale. Geschichte im Spiegel von Geschichtsschreibung und Geschichtsdeutung, hg. von Clemens Bauer, Laetitia Böhm u. a., Freiburg-München 1965, S. 277-302.

Koller, Heinrich: Untersuchungen zur Reformatio Sigismundi, in: DA 13 (1957), S. 482-524.

Kottje, Raymund: Studien zum Einfluß des Alten Testamentes auf Recht und Liturgie des frühen Mittelalters (Bonner historische Forschungen 23), Bonn 1964.

Koyre, Alexandre: Von der geschlossenen Welt zum unendlichen Universum, Frankfurt 1969.

Kraus, Hans-Joachim: Geschichte der historisch-kritischen Erforschung des Alten Testamentes, Neukirchen/Vluyn [2]1969.

Kretzer, Hartmut: Calvinismus und französische Monarchie im 17. Jahrhundert. Die politische Lehre der Akademien Sedan und Saumur, mit besonderer Berücksichtigung von Pierre du Moulin, Moyse Amyraut und Pierre Jurieu, Berlin 1975.

Kunkel, Reinhard: Die Staatsraison in der Publizistik des 17. Jahrhunderts mit besonderer Berücksichtigung der deutschen Publizistik (Ein Beitrag zur Geschichte der Staatstheorien.), Diss. Kiel 1922 (Auszug).

Landfester, Rüdiger: Historia magistra vitae. Untersuchungen zur humanistischen Geschichtstheorie des 14.-16. Jahrhunderts, Genf 1972.

Lehmann, Hartmut: Das Zeitalter des Absolutismus. Gottesgnadentum und Kriegsnot (Christentum und Gesellschaft 9), Stuttgart 1980.

Lenz, Rudolf (Hg.): Leichenpredigten als Quelle historischer Wissenschaften, Köln-Wien 1975.

Link, Christoph: Herrschaftsordnung und bürgerliche Freiheit. Grenzen der Staatsgewalt in der älteren deutschen Staatslehre, Köln 1979.

Lurker, Manfred: Wörterbuch biblischer Bilder und Symbole, München 1973.

Löwith, Karl: Weltgeschichte und Heilsgeschehen, Stuttgart [6]1973.

Mandt, Hella: Tyrannislehre und Widerstandsrecht. Studien zur deutschen politischen Theorie des 19. Jahrhunderts, Darmstadt und Neuwied 1974 (Politica 36).

Marschalk, Juliane: Argumentation mit Geschichte, in: Hans Joachim Köhler (Hg.), Flugschriften als Massenmedium der Reformationszeit. Beiträge zum Tübinger Symposion 1980, Stuttgart 1981, S. 225-241.

Maser, Peter: Luthers Schriftauslegung in dem Traktat „Von den Juden und ihren Lügen", in: Judaica 29 (1973), S. 71-84 und 149-167.

Meinhold, Peter: Römer 13. Obrigkeit, Widerstand, Revolution, Krieg, Stuttgart 1960.

Menke-Glückert, E.: Die Geschichtsschreibung der Reformation und Gegenreformation. Bodin und die Begründung der Geschichtsmethodologie durch Bartholomäus Keckermann, Osterwieck/Harz 1912, ND Leipzig 1971.

Meuthen, Erich: Der Gesichtssymbolismus Gerhos von Reichersberg, in: Walter Lammers (Hg.), Geschichtsdenken und Geschichtsbild im Mittelalter, Darmstadt 1965, (WdF 21), S. 200-246.

Meyer, Friedel-Walter: Christoph Besold als Staatsrechtler, Diss. ms. Erlangen 1956.

Möbus, Gerhard: Die politischen Theorien von der Antike bis zur Renaissance (Politische Theorien 1), Köln ²1964.

— Die politischen Theorien im Zeitalter der absoluten Monarchie bis zur französischen Revolution (Politische Theorien 2), Köln ²1966.

Mohr, Hans: Predigt in der Zeit. Dargestellt an der Geschichte der evangelischen Predigt über Lukas 5, 1-11, Göttingen 1973.

Mommsen, Karl: Auf dem Wege zur Staatssouveränität. Staatliche Grundbegriffe in Basler juristischen Doktordisputationen des 17. und 18. Jahrhunderts, Bern 1970.

Monselewski, Werner: Der barmherzige Samariter. Eine auslegungsgeschichtliche Untersuchung zu Lukas 10, 25-37 (Beiträge zur Geschichte der biblischen Exegese 5), Tübingen 1967.

Moser, Dietz-Rüdiger: Veritas und fictio als Problem volkstümlicher Bibeldichtung, in: Zs. für Volkskunde 75 (1979), S. 181-200.

Nitschke, August: Wandlungen des Kraftbegriffs in den politischen Theorien des 16. und 17. Jahrhunderts, in: Sudhoffs Archiv 55 (1971), S. 180-206.

North, C. A.: The Religious Aspects of Hebrew Kingship, in: Zeitschrift für alttestamentliche Wissenschaft 50, NF IX (1932), S. 8-38.

Noth, Martin: Geschichte Israels, Göttingen ⁸1976.

Oberman, Heiko Augustinus: Werden und Wertung der Reformation. Vom Wegestreit zum Glaubenskampf, Tübingen 1977.

Oestreich, Gerhard: Justus Lipsius als Theoretiker des neuzeitlichen Machtstaates, in: Geist und Gestalt des frühmodernen Staates, Berlin 1969, S. 35-79.

— Strukturprobleme des europäischen Absolutismus, in: Geist und Gestalt des frühmodernen Staates, S. 179-197.

— Die antike Literatur als Vorbild der praktischen Wissenschaften im 16. und 17. Jahrhundert, in: Strukturprobleme der frühen Neuzeit, Berlin 1980, S. 358-366.

Ohly, Friedrich: Typologische Figuren aus Natur und Mythus, in: Haug (Hg.), Formen und Funktion der Allegorie (s. o.), S. 126-166.

Pannenberg, Wolfhart: Heilsgeschehen und Geschichte, in: Kerygma und Dogma 5 (1959), S. 218-237 und 259-288.

Philipp, Wolfgang: Das Werden der Aufklärung in theologiegeschichtlicher Sicht, Göttingen 1957.

von Rad, Gerhard: Theologie des Alten Testamentes, München [7]1978.
— Die Botschaft der Propheten, München [3]1977.
— Das fünfte Buch Moses (Deuteronomium) (Das Alte Testament Deutsch 8) Göttingen [2]1968.

Quaritsch, Helmut: Staat und Souveränität, Band 1: Die Grundlagen, Frankfurt 1970.

Rassem, Mohammed/ *Stagl,* Justin (Hgg.): Statistik und Staatsbeschreibung in der Neuzeit, vornehmlich im 16.-18. Jahrhundert (Bericht über ein interdisziplinäres Symposion in Wolfenbüttel 1978), Paderborn 1980.

Rauh, Horst Dieter: Das Bild des Antichrists im Mittelalter: Von Tyconius zum deutschen Symbolismus, Münster 1973.

Reibstein, Ernst: Johannes Althusius als Fortsetzer der Schule von Salamanca (Freiburger Rechts- und Staatswissenschaftliche Abhandlungen Bd. 5), Karlsruhe 1955.

— Volkssouveränität und Freiheitsrechte. Texte und Studien zur politischen Theorie des 14.-18. Jahrhunderts (hg. von Clausdieter Schott), 2 Bde., Freiburg-München 1972.

Reinitzer, Heimo (Hg.): Aspekte des religiösen Dramas, Hamburg 1979.

von Raumer, Kurt: Absoluter Staat, korporative Libertät, persönliche Freiheit, in: HZ 183 (1957), S. 55-96.

Reventlow, Henning Graf: Bibelautorität und Geist der Moderne. Die Bedeutung des Bibelverständnisses für die geistesgeschichtliche und politische Entwicklung in England von der Reformation bis zur Aufklärung, Göttingen 1980.

RGG: Die Religion in Geschichte und Gegenwart. Handwörterbuch für Theologie und Religionswissenschaft, Tübingen [3]1957 ff.

Rödel, Friedrich: Die anarchistischen Tendenzen bei den Wiedertäufern des Reformationszeitalters, Diss. Erlangen 1950.

Rückert, Hanns: Vorrede zu J. Calvin, Predigten über das zweite Buch Samuel, hg. von H. Rückert, Neukirchen-Moers, 1936-61 (Supplementa Calviana, Vol. I).

Rupprecht, Walter: Die Predigt über alttestamentliche Texte in den lutherischen Kirchen Deutschlands, Stuttgart 1962.

Schäfer, Rolf: Die Bibelauslegung in der Geschichte der Kirche, Gütersloh 1980.

Schaeffler, Richard: Einführung in die Geschichtsphilosophie, Darmstadt 1973.

Scharffenorth, Gerta: Römer 13 in der Geschichte des politischen Denkens. Ein Beitrag zur Klärung der politischen Traditionen in Deutschland seit dem 15. Jh., Diss. Heidelberg 1962.

Schieder, Theodor: Politische Ideengeschichte, in: HZ 212 (1971), S. 615-622.

Schlierer, Richard: Weltherrschaftsgedanke und altdeutsches Kaisertum, Tübingen 1934, ND Darmstadt 1968.

Schmelzeisen, Gustav Klemens: Staatsrechtliches in den Trauerspielen des Andreas Gryphius, in: Archiv f. Kulturgeschichte 53 (1971), S. 93-126.

Schmidt, Klaus: Religion, Versklavung und Befreiung: Von der englischen Reformation bis zur amerikanischen Revolution, Stuttgart 1978.

Schmidt, Robert H. (Hg.): Methoden der Politologie, Darmstadt 1967 (WdF 86) darin: Waldemar Besson, Typologisierendes Verfahren in der Geschichtswissenschaft, S. 484-486; Theodor Schieder, Der Typus in der Geschichtswissenschaft, S. 108-123; Bernhard Zittel, der Typus in der Geschichtswissenschaft, S. 124-137.

Schnur, Roman: Individualismus und Absolutismus. Zur politischen Theorie vor Thomas Hobbes, Berlin 1963.

Schochet, Gordon J.: Patriarchalism in political thougth. The autoritarian family and political attitudes, especially in 17th. century England, New York 1975.

Schöffler, Herbert: Abendland und Altes Testament. Untersuchungen zur Kulturmorphologie Europas, insbesondere Englands, Bochum Langendreer ²1941.

Schönstädt, Hans-Jürgen: Antichrist, Weltheilsgeschehen und Gottes Werkzeug. Römische Kirche, Reformation und Luther im Spiegel des Reformationsjubiläums 1617, Wiesbaden 1978.

Scholder, Klaus: Ursprünge und Probleme der Bibelkritik im 17. Jahrhundert, München 1966.

Schramm, Percy Ernst: Herrschaftszeichen und Staatssymbolik. Beiträge zu ihrer Geschichte vom dritten bis zum sechzehnten Jahrhundert, Bd. 1-3, Stuttgart 1954-56 (Schriften der Monumenta Germaniae Historica 13).

— Das Alte und das Neue Testament in der Staatslehre und Staatssymbolik des Mittelalters, in: La bibbia nell'alto medioevo (Settimane di Studio del Centro Italiano di Studi sull' alto medioevo X), Spoleto 1963, S. 229-255.

Schwarz, Reinhard: Die apokalyptische Theologie Thomas Müntzers und der Taboriten, Tübingen 1977 (Beiträge zur historischen Theologie 55).

Schwenke, Olaf: Zur Ovid-Rezeption im Mittelalter. Metamorphosen-Exempel in biblisch-exegetischen Volksschriften, in: Zs. f. dt. Phil. 89 (1970), S. 336-346.

Sedlmayr, Hans: Zur Revision der Renaissance, in: Epochen und Werke, Bd. 1, Wien 1959, S. 202-234.

Seils, Ernst Albert: Die Staatslehre des Jesuiten Adam Contzen, Beichtvater Kurfürst Maximilian I von Bayern, Lübeck 1968.

Skalweit, Stephan: Das Herrscherbild des 17. Jahrhunderts, in: HZ 184 (1957), S. 65-80.

Soggin, J. Alberto: Zur Entwicklung des alttestamentlichen Königtums, in: Theologische Zeitschrift 15 (1959), S. 401-418.

Sola Scriptura. Ringvorlesung der theologischen Fakultät der Philipps-Universität Marburg, hg. von C.-H. Ratschow, Marburg 1977; darin: Stephan H. Pfürtner, Das reformatorische „sola scriptura" — theologischer Auslegungsgrund des Thomas von Aquin? S. 48-80; Heinz Liebing, Sola Scriptura — die reformatorische Antwort auf das Problem der Tradition, S. 81-95.

Steger, Hugo: David rex et propheta. König David als vorbildliche Verkörperung des Herrschers und Dichters im Mittelalter nach Bilddarstellungen des 8.-12. Jahrhunderts, Nürnberg 1961.

Stierle, Beate: Schriftauslegung der Reformationszeit (Literaturbericht), in: Verkündigung und Forschung 16 (1971) Heft 2, S. 55-88.

Stintzing, Roderich: Geschichte der deutschen Rechtswissenschaft, 1. Abt., München und Leipzig 1880, 2. Abt., München und Leipzig 1884.

Stolleis, Michael: Staatsraison, Recht und Moral in philosophischen Texten des späten 18. Jahrhunderts, Meisenheim am Glan 1972.

— (Hg.), Staatsdenker im 17. und 18. Jahrhundert, Reichspublizistik, Politik, Naturrecht, Frankfurt am Main 1977.

Straka, Gerald: The Final Phase of Divine Right Theory in England, 1688-1702, in: English Historical Review 77 (1962), S. 638-658.

Straub, Eberhard: Zum Herrscherideal im 17. Jahrhundert vornehmlich nach dem „Mundus Christiano Bavaro Politicus", in: Zs. f. bayerische Landesgeschichte 32 (1969), S. 193-221.

Tinnefeld, Franz Hermann: Kategorien der Kaiserkritik in der byzantinischen Historiographie, München 1971.

Treitinger, Otto: Die oströmische Kaiser- und Reichsidee, Darmstadt [2]1956.

TRE: Theologische Realenzyklopädie, Berlin 1976 ff.

Troeltsch, Ernst: Die Bedeutung des Protestantismus für die Entstehung der modernen Welt, München und Berlin 1911.

Ullmann, Walter: The Bible and Principles of Government in the Middle Ages, in: La bibbia nell' alto medioevo (Settimane di Studio del Centro Italiano di Studi sull' alto medioevo X), Spoleto 1963, S. 181-227.

Urbanek, Gisela: Die Gestalt König Davids in der deutschen dramatischen Dichtung, Diss. Wien 1964.

Veijola, Timo: Das Königtum in der Beurteilung der deuteronomistischen Historiographie, Helsinki 1977.

Vierhaus, Rudolf: Deutschland im Zeitalter des Absolutismus (Deutsche Geschichte 6), Göttingen 1978.

Vischer, Lukas: Die Auslegungsgeschichte von 1 Kor 6, 1-11. Rechtsverzicht und Schlichtung, Tübingen 1953.

Wallmann, Johannes: Zwischen Reformation und Humanismus. Eigenart und Wirkungen Helmstedter Theologie unter besonderer Berücksichtigung Georg Calixts, in: Zs. f. Theologie und Kirche 74 (1977), S. 344-370.

Weber, Gottfried: Grundlagen und Normen politischer Ethik bei Melanchthon, München 1962.

Weber, Max: Die protestantische Ethik I. Eine Aufsatzsammlung, hg. von Johannes Winckelmann, Gütersloh [5]1979.

Weinacht, Paul-Ludwig: Staat. Studien zur Bedeutungsgeschichte des Wortes von den Anfängen bis ins 19. Jahrhundert, Berlin 1968.

Wendel, Francois: Calvin- Ursprung und Entwicklung seiner Theologie, Neukirchen-Vluyn 1968.

Wiedemann, Conrad: Barocksprache, Systemdenken, Staatsmentalität, in: Internationaler Arbeitskreis für Barockliteratur, Erstes Jahrestreffen 1973, Vorträge und Berichte, Wolfenbüttel 1973, S. 21-51.

Willoweit, Dietmar: Rechtsgrundlagen der Territorialgewalt. Landesobrigkeit, Herrschaftsrechte und Territorium in der Rechtswissenschaft der Neuzeit, Köln-Wien 1975.

Winters, Peter Jochen: Die „Politik" des Johannes Althusius und ihre zeitgenössischen Quellen, Freiburg 1963.

Wolf, Erik: Große Rechtsdenker der deutschen Geistesgeschichte, Tübingen [4]1963.

Wolff-Windegg, Philipp: Die Gekrönten. Sinn und Sinnbilder des Königtums, Stuttgart 1958.

Wolgast, Eike: Die Religionsfrage als Problem des Widerstandsrechts im 16. Jahrhundert (Sitzungsberichte der Heidelberger Akademie der Wissenschaften, Phil.-hist. Klasse 1980), Heidelberg 1980.

Wuttke, Gottfried: Melchisedech, der Priesterkönig von Salem. Eine Studie zur Geschichte der Exegese, Giessen 1927.

Yates, Frances A.: Aufklärung im Zeichen des Rosenkreuzes, Stuttgart 1975.

Zimmermann, Albert (Hg.): Antiqui und Moderni. Traditionsbewußtsein und Fortschrittsbewußtsein im späten Mittelalter, Berlin 1974.

Personenregister

A = Anmerkungen

Abraham 14, 21, 146, 153, 171
Adam 22, 28, 131, 146
Almain, Jacob 100f, 193A
Althusius, Johannes 162, 164, 166ff, 192A
Ambrosiaster 23
Amyraut, Moyse 131f
Anonymus von York 18
Aristoteles 154, 173, 177, 180, 194
Arnisaeus, Henning 40, 154, 162, 172ff, 192A
Augustinus, Aurelius 16, 23, 28, 145
Averoes 51

Barclay, William 158, 166ff
Bédé de la Gormandière, Jean 130f
Bellarmin, Robert 130
Bertram, Cornelius Bonaventura 181
Besold, Christoph 156ff, 161f, 176, 192A, 193A
Beza, Theodor 126ff
Bodin, Jean 23, 53f, 62, 79, 150f, 155, 157, 165, 167, 175
Bornitius, Jacobus 84
Bossuet, Jacques-Benigne 23, 133f, 192A, 193A
Boyd of Trochoredge, Robert 134, 138
Brant, Sebastian 48
Brenz, Johannes 35A, 87f, 106ff, 111A, 117A, 118, 184, 192A
Brothers, Richard 64A
Brunfels, Otto 109, 192A
Brutus, Stephanus Junius 126, 128f, 193A
Bucer, Martin 84
Buchanan, George 135, 138f, 193A
Bugenhagen, Johannes 118
Burckhardt, Jacob 54

Calvin, Jean 48, 54A, 67, 78, 83, 86ff, 116, 120ff, 130, 145, 172A
Carion, Johannes 78, 105, 192A, 193A

Carpzow, Benedikt und Konrad 161f, 180, 192A
Chailletus, Carolus 78, 132
Childebert 20
Chlodwig 20
Chlothar II. 28
Conring, Hermann 154, 176f
Cromwell, Oliver 65, 138
Cunaeus, Petrus 21A, 154, 172A, 179f, 192A, 193A

David 10, 18, 21, 25f, 27A, 28, 63, 65, 76f, 80ff, 88ff, 92, 105, 107, 112ff, 122, 125f, 132, 144, 148, 166f, 170, 184, 189
Demokrit 41
Denck, Hans 67, 111
Duns Scotus 51
Duplessis-Mornay, Philippe 128, 134

von Einsiedel, Conrad 161f, 193A
Elisabeth I. 8, 65
Erasmus von Rotterdam 33

Filmer, Robert 66, 145ff, 193A
Franck, Sebastian 36A, 84, 94, 111
Franklin, Benjamin 65
Franz, Wolfgang 189f, 192A
Friedrich Barbarossa 27A
Fundling, Johannes 84A

Genebrard, Gilbert 179
Gentilis, Albericus 88, 141, 158
Gerhard, Johann 119
Gerhoh von Reichersberg 44
von Goethe, Johann Wolfgang 61, 62A, 92A, 155A
a Goor, Arnoldus 67
Gregor VII. 29, 100
Grimmelshausen, Hans Jacob Christoph 89ff
Grotius, Hugo 135f
Gryphius, Andreas 92
Gumpelzhaimer, Georg 31, 78

Historische Forschungen

1. **Geschichte der Menschenrechte und Grundfreiheiten im Umriß.** Von G. Oestreich. 2. durchges. und ergänzte Aufl. 158 S. 1978. DM 24,60

2. **Subjektivität und Geschichtswissenschaft.** Grundzüge einer Historik. Von H.-W. Hedinger. 691 S. 1969. DM 129,—

3. **Untersuchungen zu Johann Gustav Droysens „Historik".** Von K. Spieler. 152 S. 1970. DM 28,60

4. **Die Deutsche Marinepolitik 1916 - 1968.** Von R. Stegemann. 179 S. 1970. DM 33,60

5. **Sir Roger Casement und die deutsch-irischen Beziehungen.** Von K. Wolf. 205 S. 1972. DM 46,60

6. **Rationales Naturrecht als revolutionäre Praxis.** Untersuchungen zur „Erklärung der Menschenrechte und Bürgerrechte" von 1789. Von J. Sandweg. 345 S. 1972. DM 68,60

7. **Kant und die Französische Revolution.** Von P. Burg. 283 S. 1974. DM 66,60

8. **Calvinismus und französische Monarchie im 17. Jahrhundert.** Die politische Lehre der Akademien Sedan und Saumur, mit besonderer Berücksichtigung von Pierre Du Moulin, Moyse Amyraut und Pierre Jurieu. Von H. Kretzer. 486 S. 1975. DM 126,—

9. **David Hume und das Problem der Geschichte.** Von U. Voigt. 188 S. 1975. DM 49,80

10. **Reformation und Bauernkrieg im Geschichtsbild der DDR.** Zur Methodologie eines gewandelten Geschichtsverständnisses. Von J. Foschepoth. 170 S. 1976. DM 40,—

11. **Cognitio Historica.** Die Geschichte als Namengeberin der frühneuzeitlichen Empirie. Von A. Seifert. 202 S. 1976. DM 68,—

12. **Aufklärung und katholisches Reich.** Untersuchungen zur Universitätsreform und -politik katholischer Territorien des Heiligen Römischen Reichs deutscher Nation im 18. Jahrhundert. Von N. Hammerstein. 276 S. 1977. DM 78,—

13. **Der Einfluß der niederländisch-neustoischen Ethik in der politischen Theorie zur Zeit Sullys und Richelieus.** Von K. Siedschlag. 263 S. 1978. DM 80,—

14. **Image und Intervention.** Innere Lage Deutschlands und britische Beeinflussungsstrategien in der Entscheidungsphase des Ersten Weltkriegs. Von J. Kuropka. 304 S. 1978. DM 78,—

15. **Staatsverfassung und Mächtepolitik.** Zur Genese von Staatenkonflikten im Zeitalter des Absolutismus. Von J. Kunisch. 87 S. 1979. DM 28,—

16. **Gleichheit und Gleichberechtigung.** Das Gleichheitspostulat in der alteuropäischen Tradition und in Deutschland bis zum ausgehenden 19. Jahrhundert. Von O. Dann. 266 S. 1980. DM 58,—

17. **Historische Grundlagenforschung als Problem der Geschichtswissenschaft.** Zur Analyse der historischen Aussagen. Von R. Uhlig. 435 S. 1980. DM 158,—

18. **Das alte Preussen im deutschen Geschichtsbild seit der Reichsgründung.** Von J. Mirow. 401 S. 1981. DM 128,—

19. **Deutscher und polnischer Adel im Vergleich.** Adel und Adelsbezeichnungen in der deutschen und polnischen verfassungsgeschichtlichen Entwicklung sowie die rechtliche Problematik polnischer Adelsbezeichnungen nach deutschem Recht. Von P. Mikliss. 136 S. 1981. DM 66,—

20. **Jacob Mauvillon.** Ein Offizier und Schriftsteller im Zeitalter der bürgerlichen Emanzipationsbewegung. Von J. Hoffmann. 345 S. 1981. DM 98,—

21. **Der dynastische Fürstenstaat.** Zur Bedeutung von Sukzessionsordnungen für die Entstehung des frühmodernen Staates. In Zusammenarbeit mit H. Neuhaus hrsg. von J. Kunisch. XV, 424 S. 1982. DM 148,—

22. **Zwei Gesichter der Aufklärung.** Spannungsvorlagen in Montesquieus ,Esprit des lois'. Von C.-P. Clostermeyer. 276 S. 1983. DM 88,—

23. **Hermann Conring (1606 - 1681).** Beiträge zu Leben und Werk. Hrsg. von M. Stolleis. 591 S. 1983. DM 198,—

24. **Aufklärung und Erneuerung des juristischen Studiums.** Verfassung, Studium und Reform in Dokumenten am Beispiel der Mainzer Fakultät gegen Ende des Ancien régime. Von E. Pick. 251 S. 1983. DM 96,—

25. **Das Krisenmanagement der Vereinigten Staaten während der Berliner Blockade (1948/1949).** Intentionen, Strategien und Wirkungen. Von G. Gerhardt. 366 S. 1984. DM 128,—

26. **Cleve — ein unerfülltes Schicksal.** Aufstieg, Rückzug und Verfall eines Territorialstaates. Von A. Glezerman und M. Harsgor. 360 S. 1985. DM 98,—

D U N C K E R & H U M B L O T / B E R L I N

9934 041